Brian Hill • Sandra Truscott • José Escribano

SPANISCH
ganz leicht

Deutsche Bearbeitung
Elisabeth Stiefenhofer

Max Hueber Verlag

Bildnachweis

SuperStock, München: Coverfoto • Jürgen Frank, München: Seite 13, 14, 36, 48, 49, 53, 55, 61, 62, 65, 67, 75 (oben), 76, 79, 80, 89, 94, 98, 101 (unten), 102, 103, 104, 110, 119, 120, 122, 130, 131, 137, 145 (links unten & rechts oben), 150, 157, 160, 164, 165, 172, 173, 174 (oben & links unten), 185, 186, 197, 203, 211, 212, 213 • Spanisches Generalkonsulat – Handelsabteilung, Düsseldorf: Seite 60, 144, 145 (links oben & rechts unten) • FAE R.A. Steiger, Germering: Seite 71, 75 (unten), 84, 146, 158, 159, 198 • Claus Breitfeld, Madrid: Seite 90, 184 • Región de Murcia, Consejería de Industria, Comercio, Turismo y Nuevas Tecnologías: Seite 101 (oben) • Turespaña Ministerio de Economía y Hacienda: Seite 174 (rechts unten).

Dieses Werk folgt der seit dem 1. August 1998 gültigen Rechtschreibreform.

E 3. 2. 1. | Die letzten Ziffern bezeichnen
2005 04 03 02 01 | Zahl und Jahr des Druckes.
Alle Drucke dieser Auflage können, da unverändert,
nebeneinander benutzt werden.
1. Auflage

Lizenzausgabe von Palgrave Publishers Ltd, Basingstoke, England
Titel der deutschen Originalausgabe: Hueber-Selbstlernkurs Spanisch für Beruf und Urlaub, © 1986 Max Hueber Verlag
Titel der englischen Originalausgabe: Breakthrough Spanish, Pan Books, London 1982
Umschlaggestaltung: Atelier Kontraste, München
Aktualisierung der Texte: Hildegard Rudolph, Taufkirchen
Zeichnungen: Riccardo Rinaldi, München
Realienzeichnungen: Claudia Martelli, Mailand
Projektberatung: Professor Dr. Reinhold Freudenstein, Universität Marburg
Druck und Bindung: Friedrich Pustet, Regensburg
Printed in Germany
ISBN 3-19-004175-X (Package)
1. 4175 (Übungsbuch)

Inhalt

Symbole und Abkürzungen

(2/39) Die erste Zahl gibt an, um welche der vier CDs es sich handelt, die zweite den Track, den Sie ansteuern können.

► Dieses Zeichen weist auf wichtige Wörter und Ausdrücke hin.

f.	= feminin (weiblich)
m.	= maskulin (männlich)
Sing.	= Singular (Einzahl)
Pl.	= Plural (Mehrzahl)
wörtl.	= wörtlich
Adj.	= Adjektiv (Eigenschaftswort)
Adv.	= Adverb (Umstandswort)

Nehmen Sie sich die Zeit, diese Einführung genau durchzulesen, denn die allgemeinen Hinweise, die wir Ihnen hier geben, werden Ihnen das Lernen erleichtern. Wenn Sie den Lernstoff Schritt für Schritt durcharbeiten, werden Sie am Ende die spanische Sprache so weit beherrschen, dass Sie sich in Alltagssituationen zurechtfinden und Spaß daran haben, sich mit Spanischsprechenden zu unterhalten.

Was zeichnet diesen Sprachkurs besonders aus?

- Das Spanischlernen soll Ihnen Freude machen und wir haben den Kurs deshalb so abwechslungsreich aufgebaut, dass keine Langeweile aufkommen kann. Jedes Kapitel - das wir *Unidad* nennen - beginnt mit Tonaufnahmen, die in Spanisch sozusagen „auf der Straße" gemacht wurden. Die Personen, die Sie hören, sind „Menschen wie du und ich", also keine besonders ausgebildeten Sprecher oder Schauspieler.
- Eine Sprache ist eine sehr komplexe Angelegenheit und Sie sollten von Anfang an wissen, dass Sie nach Abschluss dieses Kurses die spanische Sprache nicht „perfekt" beherrschen. Was Sie lernen werden, sind die Grundstrukturen des Spanischen. Wir haben uns deshalb auch bei der Auswahl der Wörter und Ausdrücke auf das konzentriert, was Sie im Gespräch mit Spanisch Sprechenden tatsächlich brauchen.
- Jede *Unidad* beschäftigt sich mit einem ganz bestimmten Thema, z. B. wie man sich begrüßt und verabschiedet, wie man im Lokal etwas bestellt oder wie man sagt, dass einem etwas gefällt - oder auch nicht ... Auf der ersten Seite einer jeden *Unidad* sagen wir Ihnen, was Sie im jeweiligen Kapitel lernen werden (siehe auch „Aufbau des Selbstlernkurses" S. 6).
- Zuhören und verstehen ist einfacher als eine Sprache selbst zu sprechen. Darum werden Sie auch in jeder *Unidad* dieses Sprachkurses zunächst nur zuzuhören brauchen. Über verschiedene Lernschritte, wie Erklärungen der Dialoge, Lesen, Grammatikerläuterungen etc., führen wir Sie dann zum selbständigen Sprechen. Wir unterscheiden sehr genau zwischen der Sprache, die Sie nur zu verstehen brauchen, und solchen Äußerungen, die Sie unbedingt beherrschen müssen, wenn Sie sich mit Spanisch Sprechenden unterhalten wollen.
- Ehe dieser Sprachkurs entstanden ist, haben wir Hunderte von Erwachsenen danach gefragt, warum sie Fremdsprachen lernen und wie sie dabei vorgehen. Nach ihren Antworten und Wünschen haben wir uns bei der Erarbeitung der Materialien gerichtet. Auf diese Weise ist ein sehr praktischer Sprachkurs entstanden, der Ihnen das Wichtigste vermittelt, was Sie als Besucher spanischsprachiger Länder wissen müssen.

Ein paar allgemeine Tipps

- Die menschliche Sprache ist eine komplizierte Sache und Sie werden darum in jeder *Unidad* immer wieder auf Erscheinungen stoßen, die nicht bis in die letzte Einzelheit hinein erklärt werden. Machen Sie sich deswegen keine Sorgen! Wir möchten Ihre Spanischkenntnisse stufenweise aufbauen

 Vorwort

und Sie sollen nur das lernen, was wirklich unerlässlich ist.

- Wenn Sie einmal eine Erklärung, eine Äußerung oder auch nur ein Wort nicht verstehen, dann arbeiten Sie ruhig weiter. Das Lernen einer Sprache hat nämlich viel mit einem Puzzlespiel gemeinsam: Man muss immer wieder ausprobieren, bis man schließlich zum Ziel gelangt.
- Versuchen Sie, möglichst regelmäßig zu arbeiten, am besten häufig und kurz. In der Regel sind 20 bis 30 Minuten pro Tag Erfolg versprechender, als wenn Sie sich nur einmal in der Woche drei oder vier Stunden lang hintereinander mit dem Spanischen befassen.
- Benutzen Sie dieses Lehrbuch als Arbeitsmaterial - schreiben Sie ruhig hinein und machen Sie Notizen, wo Sie das für nötig halten. Oft werden die Freiräume in den Übungen nicht ausreichen, weil wir die unterschiedlichen Handschriften nicht alle berücksichtigen können. Machen Sie sich in diesen Fällen Notizen auf einem Extrablatt. Scheuen Sie sich auch nicht davor, die spanischen Wörter und Sätze laut auszusprechen; das gehört zum Spanischlernen einfach dazu, denn Ihre Sprachwerkzeuge - vor allem die Zunge - müssen sich an die neuen Laute gewöhnen.
- Nach jeder fünften *Unidad* bieten wir Ihnen eine Wiederholungslektion an (siehe S. 214 ff.). Zusätzlich sollten Sie die bereits erarbeiteten *Unidades* in regelmäßigen Abständen noch einmal durchnehmen, damit sich der Stoff im Gedächtnis festsetzen kann. Bei solchen Wiederholungen werden Sie übrigens häufig überrascht sein, an wie vieles Sie sich tatsächlich ohne weiteres erinnern können.
- Es wäre gut, wenn Sie jemand abhören könnte. Diese Person braucht nicht unbedingt Spanisch zu können. Auch ist der Kurs gut dazu geeignet, zu zweit oder in einer Gruppe zu lernen, denn dann können Sie sich gegenseitig helfen.
- Das Erlernen der spanischen Sprache kann länger dauern, als Sie sich vorgestellt haben. Haben Sie darum Geduld und werden Sie nicht nervös, wenn Sie glauben, nicht schnell genug voranzukommen.

Aufbau des Selbstlernkurses

Dieser Kurs ist in 15 *Unidades* eingeteilt. Jede *Unidad* besteht aus mehreren Dialogen, Erklärungen zu den Dialogen und zur Grammatik, aus Übungen und einem landeskundlichen Kapitel. Im Anhang des Buches finden Sie die Wiederholungslektionen und ein alphabetisches spanisch-deutsches Wortschatzverzeichnis. Zum Buch gehören vier CDs: Auf drei CDs sind die Dialoge und ausgewählte Übungen aufgenommen, während die vierte CD den Wortschatz der Rubrik „Wichtige Wörter und Ausdrücke" enthält. Diese vierte CD eignet sich besonders zum Lernen ohne Buch. In einem Begleitheft bieten wir Ihnen die Lösungen zu den Übungen, die deutsche Übersetzung der Dialoge und einen systematischen Überblick über die behandelte Grammatik.

Modell für Ihr Lernprogramm

Für einen guten Lernerfolg ist es wichtig, dass Sie nach einem sinnvollen Programm arbeiten. Wir empfehlen Ihnen, sich zunächst an unseren „Wegweiser" zu halten. Fachleute haben

Vorwort

ihn für Sie erstellt, damit Sie alle Möglichkeiten, die Ihnen dieses Material bietet, in vollem Umfang nutzen können. Sollten Sie im Laufe der Arbeit an den ersten Lektionen aber feststellen, dass Sie aufgrund persönlicher Lerngewohnheiten mit anderen Lernschritten besser zurechtkommen, können Sie Ihren Lernplan ohne weiteres individuell gestalten. Und vergessen Sie bei jeder Zeitplanung nicht: regelmäßig eine halbe Stunde am Tag ist besser als mehrere Stunden einmal in der Woche!

Die erste Seite

Jede Einheit gibt Ihnen unter dem Titel „Sie lernen in dieser *Unidad*" einen Überblick über den jeweiligen Lernstoff. Ab der zweiten *Unidad* bieten wir Ihnen unter der Rubrik „Bevor Sie anfangen" Vorschläge für die Wiederholung von Sprachmaterial aus vorangegangenen *Unidades* an. Lesen Sie beide Rubriken aufmerksam durch, bevor Sie sich an die Arbeit machen. Der Wegweiser erinnert Sie immer wieder an die Lernschritte, die wir Ihnen vorschlagen. Was Sie beherrschen, können Sie hier (und im Begleitheft) systematisch abhaken.

Die Dialoge

Hören Sie sich die Dialoge oder Dialoggruppen bei geschlossenem Buch zunächst immer erst einmal von Anfang bis Ende an, ohne die CD anzuhalten. Auf diese Weise können Sie sich am besten in das „einhören", was Sie anschließend erarbeiten sollen. Beschäftigen Sie sich dann mit jedem einzelnen Dialog: Hören Sie ihn sich mehrmals an, zuerst wieder ohne Buch, dann mit dem Text vor Augen und schließlich in Verbindung mit dem Wortschatz und den Anmerkungen. (Die für das allgemeine Verständnis unbedingt notwendigen Wörter stehen unmittelbar unter dem Dialog. Ausführliche Erläuterungen schließen sich an.) Lesen Sie jeden Dialog mehrmals laut. Wichtig ist in dieser Lernphase nicht, jedes einzelne Wort zu verstehen, sondern die Gesamtaussage des Dialogs erfassen zu lernen. Wir legen darauf besonderen Wert, weil Sie als Ausländer ständig damit konfrontiert sein werden, dass Sie nicht jedes Wort verstehen. Um so entscheidender ist es dann, dass Sie nicht „am Wort kleben bleiben", sondern lernen, Zusammenhänge trotzdem zu erfassen. Wenn Sie im Wortschatz oder bei den Erläuterungen auf das Zeichen ▶ stoßen, dann zeigen wir Ihnen damit an, dass wir dieses Wort oder diesen Ausdruck für besonders wichtig halten.

Wichtige Wörter und Ausdrücke

Unter dieser Rubrik fassen wir noch einmal alles besonders „Behaltenswerte" zusammen. Prägen Sie sich dieses Sprachmaterial gut ein. Die vierte CD (Trainings-CD) wird Ihnen dabei eine Hilfe sein. Was wir Ihnen hier anbieten, ist die Grundlage für viele Übungen und für die weiteren *Unidades.*

Übungen

In diesem Abschnitt finden Sie Übungen, die sich auf die wichtigsten Sprachstrukturen der *Unidad* beziehen. Sie arbeiten dabei sowohl mit dem Buch als auch mit dem CD-Player. (Zuweilen werden Sie aufgefordert, eine Übung zu machen und die Lösungen dann auf der CD nachzuprüfen.) Bei den Übungen auf der CD haben wir Sprechpausen eingeschnitten. Da das Sprechtempo bei jedem einzelnen aber unterschiedlich ist, können Sie die CD für Ihre Antwort auch anhalten und damit die Zeit für die Lösung selbst bestimmen.

Vorwort

Grammatik
Für viele ist das ein lästiges Kapitel. Trotzdem möchten wir nicht darauf verzichten, denn es bietet uns die Möglichkeit, Ihnen im Überblick zu zeigen, wie die Sprache, die Sie lernen, aufgebaut ist. Lesen Sie sich diesen Teil zumindest einmal durch. Außerdem finden Sie hier Übungen, die auf besondere grammatische Probleme abgestimmt sind.

Lesen und Verstehen
In diesem Teil der *Unidad* geht es darum, dass Sie geschriebene Texte lesen und im Ganzen verstehen lernen. Anhand von Realien aus dem spanischen Alltagsleben wie Speisekarten, Fahrplänen usw. können Sie wiederum üben, Inhalte zu erfassen.

Wissenswertes
Eine Sprache zu erlernen, heißt nicht nur, sich mit Wortschatz und Grammatik zu beschäftigen, sondern auch Land und Leute kennen zu lernen. Das Kapitel „Wissenswertes" führt Sie in diese Thematik ein und gibt Ihnen Hintergrundinformationen und Tipps, die Sie bei Ihrem Spanienaufenthalt gut verwerten können.

Jetzt haben Sie das Wort
An dieser Stelle sind Sie aufgefordert, das Gelernte aktiv anzuwenden. Von der CD werden Ihnen Aufgaben gestellt, die Sie mündlich lösen müssen. In den meisten Fällen geht es darum, dass Sie an einem Gespräch teilnehmen sollen. Bei Ihrem Gesprächspartner hören Sie eine Ansage auf Deutsch, die Sie dann ins Spanische übertragen sollen. Anschließend geben wir Ihnen die richtige Version auf der CD. Wahrscheinlich müssen Sie diese Übungen mehrmals durchmachen, bis Sie sie fehlerfrei beherrschen.

Die CDs
Sie spielen in diesem Sprachkurs eine besondere Rolle, denn sie übernehmen über weite Strecken die Funktion eines Sprachlehrers. Miguel wird Sie auf der CD durch diesen Kurs begleiten. Folgen Sie seinen Hinweisen bei der Durcharbeitung der einzelnen Abschnitte. Machen sie häufig von der Pausentaste und von der Rücklauftaste an Ihrem CD-Player Gebrauch. Sie bestimmen selbst, wie viel Zeit Sie zum Nachdenken brauchen, und Sie können sich die einzelnen Äußerungen mehrfach anhören. Im Buch finden Sie dort, wo Sie mit der CD arbeiten sollen, ein Piktogramm mit zwei Zahlen. Die erste Zahl gibt an, um welche der vier CDs es sich handelt, die zweite den Track, den Sie ansteuern können. Falls Sie beim Sprachenlernen noch nie einen CD-Player benutzt haben, empfiehlt es sich ganz zu Anfang, sich mit der Technik vertraut zu machen.

Das Begleitheft
Im Begleitheft finden Sie die Lösungen von allen Übungen (mit Ausnahme der „freien Übungen", bei denen die Antwort dem Lernenden überlassen bleibt). Außerdem bieten wir Ihnen hier die Übersetzungen aller Dialoge aus dem Lehrbuch an. Es handelt sich dabei nicht um wörtliche Übersetzungen, sondern um idiomatisch richtige Übertragungen ins Deutsche. Wir wollen Ihnen damit eine Verständnishilfe für den Notfall geben und empfehlen Ihnen nicht, sich bei Ihrer Arbeit grundsätzlich auf die Übersetzung zu stützen. Versuchen Sie lieber zuerst, die Dialoge selbst zu verstehen und anhand der Hilfen durchzuarbeiten. Nur so prä-

Vorwort

gen Sie sich die Strukturen ein. Gewöhnen Sie sich an, das Begleitheft nur bei Schwierigkeiten, die Sie anderweitig nicht lösen können, zu Rate zu ziehen. Auch der systematische Grammatiküberblick ist eher zum Nachschlagen als zum Lernen gedacht. Und zum Schluss noch ein Tipp: Scheuen Sie sich nicht, jede Gelegenheit zu nutzen, um mit Spaniern zu sprechen und richtiges Spanisch zu hören. Auch wenn Ihr Spanisch zwangsläufig am Anfang lückenhaft und mit Sicherheit nicht fehlerfrei ist, werden Sie ein Erfolgserlebnis haben, wenn Ihr Gesprächspartner Sie versteht. Eine gute Ergänzungsübung ist es auch, sich spanischsprachige Sendungen im Fernsehen und Radio anzusehen bzw. anzuhören.

Die spanische Sprache

Für jede Sprache gibt es ein System von Regeln und Ausnahmen und keine Sprache ist in ihrem Aufbau identisch mit anderen. Für das Spanische haben wir Ihnen hier ein paar Überlegungen zusammengestellt, die Sie lesen sollten, bevor Sie mit dem Lernen beginnen.

Die Schreibung des Spanischen ist leichter als die des Deutschen. Man kann davon ausgehen, dass ein Wort so geschrieben wird, wie man es ausspricht, vorausgesetzt, man beherrscht das spanische Alphabet und einige Ausspracheregeln. Näheres hierzu finden Sie im Begleitheft. Grundsätzlich werden alle Wörter außer Eigennamen (und dem Satzanfang) klein geschrieben.

Natürlich können die korrekte Aussprache einzelner Laute und Wörter und die Betonung ganzer Sätze nicht durch ein Buch vermittelt werden. Deshalb ist es unerlässlich, dass Sie den Sprechern auf der CD genau zuhören und sie so exakt wie möglich imitieren.

Wie das Deutsche ist auch das Spanische eine Sprache, in der die Endungen bestimmter Wortklassen je nach ihrer Funktion verändert werden. Während im Deutschen der Satzbau durch mehr oder weniger starre Regeln festgelegt ist, können im Spanischen die Satzteile mit größerer Flexibilität aneinander gefügt werden. Wie die Endungen der einzelnen Wörter im Spanischen lauten und wie sie sich verändern, wird durch einfache Regeln festgelegt. Die wichtigsten davon lernen Sie in diesem Kurs. Machen Sie sich nichts daraus, wenn Sie einmal eine falsche Endung an ein Wort gesetzt haben. Ihr spanischer Gesprächspartner versteht Sie trotzdem fast immer und das ist zu Beginn viel wichtiger als hundertprozentige Richtigkeit.

Die spanische Sprache hat einen großen Verbreitungsradius (siehe S. 35). Dementsprechend groß sind die dialektalen und regionalen Varianten dieser Sprache. Wir können Ihnen in diesem Kurs nur die spanische Standardsprache vermitteln, mit der Sie sich in allen spanischsprachigen Ländern verständigen können. Aber denken Sie daran, wenn Sie an Ort und Stelle mit sprachlichen Äußerungen konfrontiert werden, die dieser Norm nicht entsprechen. Sie werden in jedem Fall in der Lage sein, das richtige Verständnis durch Rückfragen zu sichern.

Und jetzt wünschen wir Ihnen, *¡que se divierta!:* Viel Vergnügen beim Lernen!

1 ¿Habla Vd. español?

Sie lernen in dieser Unidad

- wie man einfache Fragen zur eigenen Person, zum Beruf etc. versteht und beantwortet
- wie man selbst einfache Fragen stellt
- wie man jemanden begrüßt
- Wissenswertes über die Anrede im Spanischen

Lesen Sie, bevor Sie mit *Unidad 1* beginnen, die allgemeinen Tipps auf S. 5 ff. noch einmal aufmerksam durch. Auf der CD sind die Dialoge in Gruppen eingeteilt. Hören Sie sich zuerst jeweils eine Gruppe bei geschlossenem Buch an. Miguel wird Ihnen auf der CD den Inhalt der Dialoge erklären. Nachdem Sie sich alle Dialoge einer Gruppe angehört haben, hören Sie sie nochmals einzeln an und lesen sie zur gleichen Zeit im Buch mit. Lernen Sie dann den Wortschatz und prägen Sie sich die anschließenden Erklärungen gut ein. Gehen Sie nicht zum nächsten Dialog über, bevor Sie nicht alles verstanden haben. Schließlich gehen Sie wieder zurück und hören sich nochmals alle Dialoge an. Versuchen Sie dabei, sich so viel wie möglich zu merken, ohne die Erklärungen im Buch zu Hilfe zu nehmen. Lesen Sie nur nach, was Sie nicht verstanden haben, und wiederholen Sie dieses Vorgehen so oft, bis Sie keine Verständnislücken mehr haben. Diese Arbeitsanweisungen beziehen sich auf alle *Unidades* des Buches.

Nachdem Sie die Dialoge auf diese Weise durchgearbeitet haben, gehen Sie zu den nächsten Lernschritten über, solange die Texte noch frisch in Ihrem Gedächtnis sind.

Wegweiser

Dialoge: Hören Sie sich die Dialoggruppen in der unten aufgeführten Reihenfolge bei geschlossenem Buch an. Hören Sie dann jeden Dialog einzeln an, lesen Sie ihn und arbeiten Sie ihn durch.

Reihenfolge: Dialoge 1–4; 5–8; 9–10.

Lernen Sie *Wichtige Wörter und Ausdrücke.*

Machen Sie die *Übungen* auf S. 19.

Arbeiten Sie die *Grammatik* durch.

Bearbeiten Sie den Abschnitt *Lesen und Verstehen.*

Lesen Sie den Abschnitt *Wissenswertes.*

Jetzt haben Sie das Wort.

Hören Sie sich alle Dialoge noch einmal ohne Buch an.

Dialoge

1 (1/1)

Hallo, grüß dich!

(P = Pepe, M = Miguel)

P – ¡Hola!
M – ¡Hola! ¿Qué hay?
P – ¿Eres de aquí, de Sevilla?
M – Sí, soy sevillano.

hola	hallo, grüß dich
¿qué hay?	was gibt's, was ist?
aquí	hier
sí	ja

Besonders wichtige Ausdrücke sind mit einem Pfeil gekennzeichnet. Sie sollten sie sich einprägen.

► **¿eres de Sevilla?** – bist du aus Sevilla? Im Spanischen wird die Frage durch die Betonung gekennzeichnet. Hören Sie genau zu, wie Pepe Miguel fragt: **¿Eres de Sevilla?** Ohne diese Betonung würde aus der Frage eine Feststellung: **eres de Sevilla** – du bist (also) aus Sevilla. Im geschriebenen Spanisch wird der Beginn einer Frage oder eines Ausrufs durch ein umgekehrtes Frage- bzw. Ausrufezeichen gekennzeichnet.

Miguel, ¿eres de Sevilla? Diese umgekehrten Satzzeichen müssen nicht unbedingt am Satzanfang stehen. Man setzt sie dort, wo die eigentliche Frage oder der Ausruf beginnt.

► **soy sevillano** – (ich) bin Sevillaner. Die Personalpronomina ich, du, er, sie etc. entfallen im Spanischen normalerweise, weil das Verb die Person ausdrückt: **soy** – ich bin, **eres** – du bist. Nur wenn zwischen zwei Personen unterschieden werden soll, wird auch im Spanischen das Personalpronomen verwendet (siehe Dialog 2). Das ganze Verb **ser** – sein finden Sie in der *Grammatik* auf S. 21.

sevillano/de Sevilla – Sevillaner/aus Sevilla. Wie im Deutschen wird im Spanischen der Unterschied gemacht, ob jemand in einer Stadt geboren ist, oder in ihr wohnt. Vgl. ich bin Münchner/ich wohne in München, ich komme aus München.

2 (1/2)

Woher kommst du?

(P = Pepe, A = Alejandro)

P - ¿Y tú?
A - Yo soy valenciano.
P - ¿De la ciudad de Valencia misma?
A - Sí, sí, de Valencia.

la ciudad	die Stadt
la ciudad de Valencia	die Stadt Valencia
mismo, misma	selbst

¿y tú? - und du?

► **la ciudad de Valencia** - die Stadt Valencia. Substantive können im Spanischen männlich oder weiblich sein (siehe *Grammatik* S. 23). **La** ist der weibliche Artikel: **la ciudad** - die Stadt; **el** der männliche: **el sevillano** - der Sevillaner.

¿de la ciudad de Valencia misma? - aus der Stadt Valencia selbst? Um diese Frage zu verstehen, muss man wissen, dass Valencia sowohl die Stadt als auch die autonome Region Valencia *(Comunidad Valenciana)* bezeichnet. **Mismo** richtet sich nach dem Geschlecht des Substantivs: **la ciudad misma** - die Stadt selbst; **el valenciano mismo** - der Valencianer selbst.

Valencia: Rathaus (Ayuntamiento) an der Plaza del Ayuntamiento

3 (1/3)

Bist du Spanier?

(P = Pepe, I = Ingo)

P - ¿Y tú, eres español?

I - No, no, yo no soy español, soy alemán, de Bonn.

español	spanisch
el español	der Spanier
no	nein
(el) alemán	Deutscher; deutsch

▶ **no soy español** - ich bin kein Spanier. Prägen Sie sich ein, dass im Spanischen die Verneinung **no** immer vor dem Verb steht: **no soy** - ich bin *nicht*.

Dialoge

4 (1/4)

Woher sind Sie?

(P = Pepe, M = Marcos, A = Angeles)

P - Y usted, señor, ¿de dónde es?

M - Soy de Corella, de la provincia de Navarra.

P - Y tú, ¿de dónde eres?

A - Yo soy de Sevilla.

▶ **y tú, ¿de dónde eres? / y usted, ¿de dónde es?** - und du, woher bist du?/ und Sie, woher sind Sie? **Usted** (Abkürzung **Vd.** oder **Ud.**) ist die Form der Anrede zwischen Personen, die sich nicht sehr gut kennen oder die respektvolle Anrede gegenüber älteren Menschen. **Tú** wird als Anrede zwischen Freunden und im Gespräch mit Kindern verwendet. Sie wissen bereits, dass die Personalpronomina **yo, tú** etc. normalerweise weggelassen werden. **Usted** dagegen wird zur Abgrenzung gegenüber der 3. Person Singular häufiger gebraucht: **Pablo es de Madrid. Es español.** - Pablo kommt aus Madrid. Er ist Spanier. **¿Es usted de Madrid? ¿Es usted español?** - Sind Sie aus Madrid? Sind Sie Spanier?

¿dónde? - wo?; **¿de dónde?** - woher?

Plaza de España in Sevilla

5 (1/5)

Ich bin Stewardess

(M = Mercedes, C = Claudia)

M - ¿Eres estudiante?
C - No, yo trabajo, soy azafata.
M - ¿En Iberia? ¿Trabajas en Iberia?
C - No, trabajo en Lufthansa.

el/la estudiante	der/die Student/in
la azafata	die Stewardess
trabajo en	ich arbeite bei

¿eres estudiante? - bist du Student/Studentin? Substantive auf **-e** können im Spanischen männlich oder weiblich sein. Substantive auf **-a** sind dagegen meist weiblich: **la azafata** - die Stewardess.

► **trabajo en Lufthansa** - ich arbeite bei der Lufthansa. Im Spanischen gibt es drei Klassen von regelmäßigen Verben: Verben mit der Endung **-ar, -er,** und **-ir. trabajar** - arbeiten gehört zu den regelmäßigen Verben auf **-ar** (siehe S. 22). Beachten Sie: **trabajo** - ich arbeite; **trabaja** - er/sie arbeitet.

6 (1/6)

Was bist du?

(P = Pedro, L = Luisa)

P - Y tú, ¿qué eres?
L - Yo soy profesora.
P - Ah ¿de qué? ¿De qué das clases?
L - De idiomas, de francés e inglés.

el idioma	die Sprache
inglés	englisch
francés	französisch

¿qué eres? - was bist du?

► **(yo) soy profesora** - ich bin Lehrerin. Pedro würde sagen: **(yo) soy profesor** - ich bin Lehrer. Ebenso: **el español** - der Spanier; **la española** - die Spanierin; **el alemán** - der Deutsche; **la alemana** - die Deutsche; **el francés** - der Franzose; **la francesa** - die Französin.

¿de qué das clases? - was unterrichtest du? (wörtl. wovon gibst du Unterricht?) **dar** - geben gehört zu den Verben auf **-ar**, ist aber nicht regelmäßig (**doy** - ich gebe).

 Dialoge

7 (1/7)

Arbeitest du hier?

(P = Pepe, R = Roger)

P - ¿Eres español?
R - No, soy francés.
P - ¿Y trabajas aquí?
R - No, en Benidorm, soy peluquero.

el peluquero	der Friseur

► **en Benidorm** - in Benidorm; **en Colonia** (Köln), **en Munich** (München).

Sie haben nun schon einige spanische Berufsbezeichnungen gelernt. Schlagen Sie doch mal in einem Wörterbuch nach, wie Ihr Beruf auf Spanisch heißt.

8 (1/8)

Auf einer Behörde

(E = empleado, MT = María Teresa)

E - ¿Nombre, por favor?
MT - ¿Mi nombre? María Teresa Rodríguez.
E - ¿Señora o señorita?
MT - Señorita.
E - ¿Nacionalidad?
MT - Mexicana.

el empleado	der Beamte, der Angestellte
por favor	bitte
mi	mein, meine
la nacionalidad	die Staatsangehörigkeit
mexicano, -a	mexikanisch

¿nombre, por favor? - (Ihr) Name bitte? Auf diese - sehr offizielle - Frage nach Ihrem Namen reagieren Sie richtig, wenn Sie sagen: **soy** (Helga Schmidt) - ich bin (…) oder nur Ihren Namen nennen.

► **Señor** - Herr kennen Sie bereits aus Dialog 4. **Señora** - Frau und **señorita** - Fräulein sind die weiblichen Anredeformen, die allein oder in Verbindung mit dem Namen stehen können: **y Vd. señor, ¿de dónde es?** - und Sie (mein Herr; im Deutschen meist unübersetzt), woher sind Sie? **¿dónde trabaja Vd., señorita Rodríguez?** - wo arbeiten Sie, Frl. Rodríguez? Beachten Sie: vor **señor, señora, señorita** steht im Spanischen - im Gegensatz zum Deutschen - der bestimmte Artikel: **¿es Vd. *el* señor García?** - sind Sie Herr García? ***la* señorita Rodríguez es azafata.** - Frl. Rodríguez ist Stewardess. Der Artikel entfällt nur in der direkten Anrede: **es Vd. de Madrid, señora Gómez?** - Frau Gómez, sind Sie aus Madrid? Die Abkürzungen für diese Anredeformen lauten: **Sr.** (H.), **Sra.** (Fr.), **Srta.** (Frl.).

María Teresa Rodríguez

Calle Margaritas, Casa 357 J, Colonia Florida
01030 México D.F., Teléfono 534 60 23

Dialoge

9 (1/9)

Das ist mein Freund Juan

(P = Pepe, L = Luisa, J = Juan, A = Antonia)

L - Hola, Pepe, ¿qué tal?
P - Hola, Luisa.
L - Mira, Pepe, éste es mi amigo Juan y ésta es Antonia.
P - Ah, encantado.
J - Mucho gusto.
A - El gusto es mío.

mira	schau (von *mirar* – schauen, sehen)
éste	dieser
ésta	diese
el amigo, la amiga	der Freund, die Freundin
el gusto es mío	ganz meinerseits (die Freude ist meine)

► **¿qué tal?** - wie geht's? Diese Frage ist familiär und sollte so nur an Freunde oder Bekannte gerichtet werden.

► **éste es Juan** - das (dieser) ist Juan; **ésta es Antonia** - das (diese) ist Antonia; **ésta es la señorita Müller** - das (diese) ist Frl. Müller. Die Antwort auf diese Vorstellung kann lauten: **encantado,** wenn Sie ein Mann sind, oder **encantada,** wenn Sie eine Frau sind, bzw. **mucho gusto.** Beide Floskeln entsprechen etwa unserem deutschen „angenehm, sehr erfreut, freut mich“.

10 (1/10)

Sprichst du Französisch?

(P = Pepe, A = Alejandro)

P - ¿Hablas francés?
A - No, francés no sé.
P - ¿E inglés?
A - Pues tampoco. Oye, yo hablo español ... y mallorquín, claro, soy de Mallorca, de Palma.

tampoco	auch nicht
oye	hör zu, hör mal (von *oir* - hören)
claro	natürlich, klar
mallorquín	die Sprache Mallorcas, mallorquinisch

► **¿hablas francés?** - sprichst du Französisch? **Hablar** - sprechen ist ein weiteres Beispiel aus der Gruppe der **-ar**-Verben (siehe *Grammatik* S. 22).

Das Gegenteil von **tampoco** - auch nicht ist **también** - auch.

► **no sé** - kann ich nicht. **Sé** kommt von **saber** - können, wissen (siehe S. 114).

e inglés - und Englisch. Sie haben bereits gelernt, dass **y** „und“ bedeutet. Aus Gründen der Aussprache wird dieses **y** zu **e**, wenn das folgende Wort mit „i“ oder „hi“ beginnt.

Wichtige Wörter und Ausdrücke

4/1

Unter dieser Rubrik fassen wir Schlüsselwörter und -sätze zusammen, die Sie auswendig lernen sollten, damit Sie sie in den nachfolgenden Übungen und später im Gespräch mit Spanisch sprechenden Partnern aktiv anwenden können.

¡hola!	hallo
¿qué tal?	wie geht's
soy (Helga Schmidt)	ich bin (Helga Schmidt)
éste es (Juan)	das ist (Juan)
ésta es (Antonia)	das ist (Antonia)
encantado/encantada	angenehm (Vorstellung)
mucho gusto	sehr erfreut
¿qué es usted?	was sind Sie/was machen Sie?
¿de dónde es usted?	woher kommen Sie/ woher sind Sie?
¿es Vd. …	sind Sie …
de (Torremolinos)?	aus (Torremolinos)?
español/española?	Spanier/Spanierin?
estudiante?	Student/Studentin?
soy …	ich bin …
de (Hamburgo)	aus (Hamburg)
inglés/inglesa	Engländer/Engländerin
peluquero/peluquera	Friseur/Friseuse
camarero	Kellner, Ober
trabajo …	ich arbeite …
en (Lufthansa)	bei (der Lufthansa)
en (Munich)	in (München)
¿habla Vd. alemán?	sprechen Sie deutsch?

Merken Sie sich auch die folgenden wichtigen Wörter und Ausdrücke:

sí	ja
no	nein
y	und
en	in, bei
¿dónde?	wo
por favor	bitte
aquí	hier
no sé	ich weiß nicht; ich kann es nicht
también	auch
tampoco	auch nicht

Der Übungsteil wird Ihnen helfen, das in den Dialogen enthaltene Sprachmaterial besser verstehen und anwenden zu lernen. Sie brauchen dafür sowohl das Buch als auch die CD. Am Ende einer jeden *Unidad* haben Sie darüber hinaus noch Gelegenheit, nur mit dem CD-Player das Sprechen zu üben.

Beginnen Sie jede Übung erst, wenn Sie die Übungsanweisung gelesen (gehört) und verstanden haben. Den Übungsanweisungen entnehmen Sie, ob Sie den Text lesen, Antworten aufschreiben oder die CD anhören sollen.

1 (1/11)

Ana hat Jaime für eine Zeitung interviewt, aber der Setzer hat das Gespräch leider durcheinander gebracht. Können Sie die nachfolgenden Sätze wieder in die richtige Reihenfolge bringen? Wenn Sie diese Aufgabe gelöst haben, hören Sie den Dialog so, wie er richtig lauten müsste, von der CD.

Ana: ¿Eres estudiante?
Jaime: No, soy mexicano.
Ana: Trabajo en Iberia.
Jaime: De Puebla.
Ana: ¿Oye, tú eres español?
Jaime: No, soy profesor de idiomas, ¿y tú?
Ana: ¿De dónde eres?

____
____
____
____
____
____
____

2 (1/12)

Zwei Personen werden auf dem Flughafen Madrid-Barajas befragt. Finden Sie mit Hilfe der Informationen, die wir Ihnen geben, die Antworten auf die Fragen heraus und tragen Sie sie in die Lücken ein. Dann hören Sie sich auf der CD den ganzen Dialog an.

José García, Spanier, Lehrer für Englisch und Französisch, aus Madrid, arbeitet in Berlin.

E = empleado; J = José
E – ¿Nombre, por favor?
J – ____________________
E – ¿Qué es Vd.?
J – ____________________
E – ¿Habla inglés?
J – ____________________
E – ¿Habla francés?
J – ____________________
E – ¿Nacionalidad?
J – ____________________
E – ¿De dónde es Vd.?
J – ____________________
E – ¿Dónde trabaja Vd.?
J – ____________________

Ruth Sattler, Deutsche, Friseuse, aus Frankfurt, arbeitet in Madrid.

E = empleado; R = Ruth

E – ¿Nacionalidad?
R – ____________________
E – ¿Nombre, por favor?
R – ____________________
E – ¿Señora o señorita?
R – ____________________
E – ¿Qué es usted?
R – ____________________
E – ¿De dónde es usted?
R – ____________________
E – ¿Trabaja aquí?
R – ____________________

3 (1/13)

Wir zeigen Ihnen hier fünf Personen. Fragen Sie sie nach ihrem Beruf und schreiben Sie unter jede Zeichnung die richtige Frage. (Beginnen Sie Ihre Frage immer mit ¿Es usted …? Die erste Aufgabe haben wir als Muster bereits für Sie gelöst.) Hören Sie sich dann die Fragen und Antworten auf der CD an.
Sie haben eine zusätzliche Übungsmöglichkeit, wenn Sie die Fragen verneinen. Beispiel:
- ¿Es usted profesor? - No, no soy profesor.

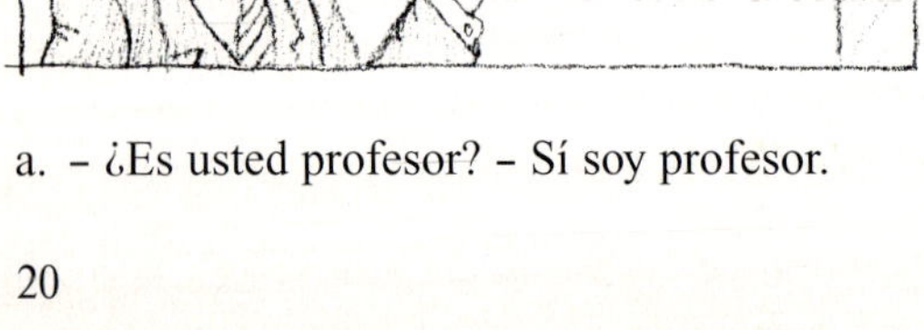

a. - ¿Es usted profesor? - Sí soy profesor.

b. ____________________

c. ____________________

d. ____________________

e. ____________________

4 (1/14)

Hören Sie sich die folgenden Beschreibungen von fünf Personen mehrmals an. Entscheiden Sie dann, ob die unten stehenden Aussagen richtig oder falsch sind. Die Antworten finden Sie im Lösungsschlüssel.

Sie hören ein neues Wort: *pero* – aber.

	richtig	falsch
a. Pepe ist aus Valencia.	☐	☐
b. María ist Spanierin.	☐	☐
c. Sie ist auch aus Valencia.	☐	☐
d. Cristina ist Friseuse.	☐	☐
e. Sie ist aus Valencia.	☐	☐
f. Peter ist Österreicher.	☐	☐
g. Er ist Friseur.	☐	☐
h. Er arbeitet in Hamburg.	☐	☐
i. Roger ist Franzose.	☐	☐
j. Er arbeitet in Paris.	☐	☐

5 (1/15)

Auf der CD sagen Ihnen nun sechs Personen, woher sie sind. Können Sie diese Informationen in die Leerräume eintragen? Sie sollten sich die CD mehr als einmal anhören.

a. ___ Miguel ______________________

b. ___ Laura ______________________

c. ___ John ______________________

d. ___ Isabel ______________________

e. ___ Roger ______________________

f. ___ Carmen ______________________

Das Verb *ser* – sein ist ein wichtiges Element der spanischen Sprache. Deshalb beginnen wir das Grammatikkapitel dieser ersten *Unidad* mit den Präsensformen von *ser*. Sie haben schon gelernt, dass im Spanischen die Entsprechungen für «ich, du, er etc.» im Normalfall nicht verwendet werden. In dieser ersten *Unidad* geben wir sie noch an, später werden wir aber in den Verbtabellen darauf verzichten. Dies gilt auch für die Übersetzung der Verbformen.

Um Ihnen einen besseren Überblick über das System der spanischen Sprache zu geben, führen wir im Grammatikkapitel alle zu einem grammatischen Phänomen gehörenden Formen auf, auch wenn in den Dialogen nicht alle diese Formen vorgestellt wurden. Ein Beispiel: die folgende Übersicht über die Präsensformen von *ser* zeigt Ihnen auch die Pluralformen *somos, sois, son*, obwohl in den Dialogen nur die Präsensformen *soy, eres, es* vorgekommen sind.

ser – sein

(yo)	*soy*	ich bin
(tú)	*eres*	du bist
(él)	*es*	er ist
(ella)	*es*	sie ist
(Vd.)	*es*	Sie sind (Singular)
(nosotros) *(nosotras)*	*somos*	wir sind
(vosotros) *(vosotras)*	*sois*	ihr seid
(ellos)	*son*	sie (männl.) sind
(ellas)	*son*	sie (weibl.) sind
(Vds.)	*son*	Sie (Plural) sind

Grammatik

Ser hat viele Anwendungsmöglichkeiten. In *Unidad 1* haben Sie gelernt, dass *ser* verwendet wird

a. wenn Sie über Berufe sprechen: *soy ingeniero* - ich bin Ingenieur
b. wenn Sie sagen, wer Sie sind: *soy María* - ich bin Maria
c. wenn Sie sagen, woher Sie kommen: *soy francés* - ich bin Franzose; *soy de Colonia* - ich bin aus Köln.

Übung 1

Stellen Sie diese Personen nach dem Muster vor:

a. Anna - Munich - Augsburgo - secretaria
Esta es Anna. Es de Munich pero trabaja en Augsburgo. Es secretaria.

b. Pedro - Madrid - Barcelona - peluquero
c. Antonietta - Venezia - Mestre - profesora
d. Teresa - México - Hamburgo - secretaria
e. Paul - París - Toulouse - ingeniero
f. Brian - Londres - Birmingham - profesor

Verben mit der Endung -ar

Im Spanischen gibt es drei Klassen von Verben: Verben auf **-ar** (*fumar* - rauchen), Verben auf **-er** (*comer* - essen) und Verben auf **-ir** (*escribir* - schreiben).

Prägen Sie sich die Endungen der *-ar*-Verben, die wir Ihnen am Beispiel des Verbs *hablar* zeigen, gut ein. Sie gelten für alle Verben dieser Klasse. Und denken Sie daran, dass im Spanischen die Endung die Person angibt: *habl**amos*** - *wir* sprechen.

hablar - sprechen

(yo)	*hablo*	ich spreche
(tú)	*hablas*	du sprichst
(él)	*habla*	er spricht
(ella)	*habla*	sie spricht
(Vd.)	*habla*	Sie sprechen
(nosotros) *(nosotras)*	*hablamos*	wir sprechen
(vosotros) *(vosotras)*	*habláis*	ihr sprecht
(ellos)	*hablan*	sie sprechen
(ellas)	*hablan*	sie sprechen
(Vds.)	*hablan*	Sie sprechen

Übung 2

Aus den Dialogen kennen Sie bereits ein anderes Verb auf *-ar: trabajar* - arbeiten. Ein weiteres, das Sie sich leicht merken können, ist *estudiar* - lernen, studieren. Schreiben Sie die Präsensformen dieser beiden Verben auf und kontrollieren Sie dann mit Hilfe des Lösungsteils, ob Sie die Aufgabe richtig gemacht haben.

Das Geschlecht der Substantive

Spanische Substantive (und Adjektive) sind entweder maskulin oder feminin. Der maskuline Artikel heißt *el*, der feminine Artikel *la: el señor* - der Herr, *el libro* - das Buch; *la peluquera* - die Friseuse, *la mesa* - der Tisch. Wie Ihnen diese Beispiele zeigen, stimmt das Geschlecht der Substantive im Deutschen und im Spanischen oft nicht überein. Wir empfehlen Ihnen deshalb, jedes neue Substantiv von Anfang an mit dem dazugehörigen Artikel zu lernen und nicht zu versuchen, vom Deutschen direkt auf das Spanische zu übertragen. Merken Sie sich auch, dass die meisten Substantive, die auf *-o* enden, männlich sind, während die meisten Substantive auf *-a* weiblich sind.

Wörter, die sich auf *männliche Personen* beziehen, sind immer maskulin, solche, die sich auf *weibliche Personen* beziehen, immer feminin.

Wie würden Sie z.B. die weibliche Form von *sevillano* bilden? Hier drei Grundregeln für die Ableitung weiblicher Formen:

a. Wenn das Wort auf **-o** endet, wird dieses -o durch **-a** ersetzt:
   el sevillan**o** - der Sevillaner
   la sevillan**a** - die Sevillanerin
b. Endet das männliche Wort auf einen *Konsonanten*, wird in der weiblichen Form meist ein **-a** angehängt:
   el profeso**r** - der Lehrer
   la profesor**a** - die Lehrerin
   el inglé**s** - der Engländer
   la inglés**a** - die Engländerin
c. Endet das Wort auf **-e**, so sind die männliche und die weibliche Form gleich:
   el canadiens**e** - der Kanadier
   la canadiens**e** - die Kanadierin

Lesen und Verstehen

Der nachstehende kleine Text enthält Sprachmaterial, das Sie in dieser ersten *Unidad* gelernt haben. Prüfen Sie, ob Sie den Text verstehen können:

Pepe es de Sevilla, es sevillano. Trabaja en Valencia, es profesor de inglés y habla francés y valenciano también.
Juanita es de Corella. Es azafata y trabaja en Iberia. Habla francés y español.
Teresa es estudiante de inglés.

Können Sie nun diese Fragen auf Deutsch beantworten?

a. Woher kommt Juanita?
   ____
b. Welche Sprachen spricht sie?
   ____
c. Welchen Beruf übt sie aus?
   ____
d. Wo arbeitet Pepe?
   ____
e. Was macht er?
   ____
f. Welche Sprache lernt Teresa?
   ____

Wissenswertes

Die Anrede *señor, señora, señorita* wird im Spanischen viel häufiger verwendet als ihre Entsprechungen in der deutschen Anrede. Sie können allein oder in Verbindung mit dem Familiennamen stehen.

Beispiele: ¿Es Vd. español? – *Sí, señor.* Sind Sie Spanier? – Ja. ¿Habla Vd. español, *señorita*? – Sprechen Sie Spanisch? Buenos días, *señora.* – Guten Tag. Buenas tardes, *señorita García.* – Guten Tag, Fräulein García.

Familiennamen

Es überrascht Sie vielleicht, dass die Spanier zwei Familiennamen haben: José G. Escribano Pérez. Der Grund dafür liegt darin, dass spanische Frauen bei der Heirat ihren Mädchennamen behalten und die Kinder dann jeweils den ersten Familiennamen ihrer Eltern annehmen, wenngleich häufig auch nur der Name des Vaters gebraucht wird.

Obwohl die spanischen Frauen, wie schon gesagt, offiziell ihren Mädchennamen behalten, werden sie im täglichen Leben häufig mit dem Namen ihres Mannes angesprochen: *Señora de Sánchez* oder *María Gómez de Sánchez.* (Das *de* ist also kein Adelsprädikat.) Beachten Sie auch: *Los señores Cuesta* (Herr und Frau Cuesta).

Begrüßung und Verabschiedung

Den familiären Gruß *hola* – hallo, Servus kennen Sie bereits aus den Dialogen der ersten *Unidad.* Lernen Sie nun noch die offiziellen Grußformen:

buenos días – guten Tag. Dieser Gruß wird von morgens bis etwa 1 h mittags verwendet.

buenas tardes – guten Tag (wörtl.: guten Nachmittag) sagen Sie in der Zeit zwischen ca. 13 h und 20 h, bzw. bis zum Einbruch der Dunkelheit und

buenas noches – gute Nacht zur Begrüßung und Verabschiedung in der Zeit danach.

Von den vielen Möglichkeiten der Verabschiedung wollen wir Ihnen nur nennen: *adiós* – auf Wiedersehen; *hasta luego* – bis dann, bis bald; *hasta la próxima vez* – bis zum nächsten Mal.

Jetzt haben Sie das Wort

Bei dieser Übung sollen Sie einen Teil des neu erlernten Sprachmaterials in der gesprochenen Sprache anwenden. Schalten Sie, wenn Sie die Übungsanweisung gelesen haben, Ihren CD-Player ein. Sie werden sich an einem Gespräch beteiligen und Fragen auf Spanisch beantworten. Miguel wird Ihnen auf Deutsch sagen, was Sie antworten sollen. Halten Sie jeweils nach Miguels Aufforderung die CD an und sprechen Sie den Satz laut auf Spanisch. Dann lassen Sie die CD wieder laufen, um zu hören, was Sie hätten sagen sollen. Vielleicht brauchen Sie ein wenig Zeit, um sich an diese Art von Übung zu gewöhnen, aber es wird Ihnen sicher gelingen. Diese Übung begegnet Ihnen im Selbstlernkurs übrigens immer wieder am Ende der jeweiligen *Unidad.*

1/16

Für die nun folgende Übung übernehmen Sie die Rolle einer Frau. Stellen Sie sich vor, Sie sind in einer spanischen Bar (siehe S. 61) und Ihr Barnachbar spricht Sie an. Sie werden sich wundern, was Sie auf Spanisch schon alles sagen können.

Vergessen Sie zu guter Letzt nicht, ohne Buch alle Dialoge noch einmal auf der CD zu hören.

2 ¿Cómo se llama Vd.?

Bevor Sie anfangen

Wiederholen Sie die wichtigsten Grammatikkapitel aus *Unidad 1*:

1. Verben:
   ser: soy, eres, es, somos, sois, son
   -ar-Klasse
   trabajar: trabajo, trabajas, trabaja, trabajamos, trabajáis, trabajan
2. Substantive: das Geschlecht
   maskulin: peluquer**o**, señor
   feminin: azafat**a**
   maskulin/feminin: *el/la* estudiante
3. Artikel:
   maskulin: *el*
   feminin: *la*

Sie lernen in dieser Unidad

- Fragen über die eigene Person und die Familie zu verstehen und zu beantworten
- selbst ähnliche Fragen an andere zu stellen
- die Zahlen von 1–10

Wegweiser

Dialoge: Hören Sie sich die Dialoggruppen in der unten aufgeführten Reihenfolge bei geschlossenem Buch an. Hören Sie dann jeden Dialog einzeln an, lesen Sie ihn und arbeiten Sie ihn durch.

Reihenfolge: Dialoge 1–4; 5–7.

Lernen Sie *Wichtige Wörter und Ausdrücke.*

Machen Sie die *Übungen* auf S. 31.

Arbeiten Sie die *Grammatik* durch.

Bearbeiten Sie den Abschnitt *Lesen und Verstehen.*

Lesen Sie den Abschnitt *Wissenswertes.*

Jetzt haben Sie das Wort.

Hören Sie sich alle Dialoge noch einmal ohne Buch an.

1 (1/17)

Wie heißt du?

(P = Pepe, M = Miriam)

P – ¡Hola!
M – ¡Hola!
P – Oye, ¿cómo te llamas?
M – Miriam.
P – ¿Y eres de aquí?
M – No, yo soy de Estany.
P – ¡Ah! ¿Dónde está eso? ¿En el Norte?
M – Bueno, está en Cataluña, en el Noroeste.
P – Ah, ya … Yo me llamo Pepe.
M – Tú tampoco eres de aquí, ¿no?
P – Uy, no, yo soy del Sur, soy andaluz.

¿dónde está eso?	wo ist das?
el Norte*	der Norden
el Este	der Osten
el Oeste	der Westen
el Sur	der Süden
el Noroeste	der Nordwesten
bueno, -a (Adjektiv)	gut; nun
el andaluz	der Andalusier
Cataluña	Katalonien

* Himmelsrichtungen findet man oft auch kleingeschrieben.

► **¿cómo te llamas?** – wie heißt du?; **¿cómo se llama Vd.?** – wie heißen Sie? [wörtl.: wie nennen Sie sich?] (siehe Dialog 7). Auf diese Frage können Sie anworten mit **me llamo** … (Werner Maier, Gisela Schmid) oder einfach mit Ihrem Namen.

Estany está en Cataluña – E. ist/liegt in Katalonien. Dieses Beispiel zeigt Ihnen, dass es im Spanischen für das deutsche Verb „sein" zwei Verben gibt: **ser** (Sie kennen es bereits aus *Unidad 1*) und **estar** (siehe *Grammatik* S. 33). Achten Sie in den folgenden Dialogen besonders auf die Sätze, in denen eine Form von **estar** vorkommt und lesen Sie dann in der Grammatik die Erklärungen über den Gebrauch von **ser** und **estar** nach.

2 (1/18)

Hast du eine Freundin?

(P = Pepe, Pa = Pablito)

P – ¡Hola, Pablito! ¡Hola, guapa! Pablito, ¿es tu novia?
Pa – ¡No!
P – ¿De verdad?
Pa – ¡De verdad, hombre! Y tú, ¿tienes novia?
P – Uy yo, yo no tengo novia, hijo. Yo estoy casado.

la guapa	das hübsche Mädchen
¿de verdad?	wirklich?
la novia	die Braut, die Freundin
¡hombre!	Mensch!
el hijo	der Sohn

► **¿tienes novia?** – hast du eine (feste) Freundin?/bist du verlobt? **Tener** – haben ist unser erstes Beispiel für Verben der **-er**-Klasse. **Tener** ist ein unregelmäßiges Verb, aber es ist so wichtig, daß Sie seine Präsensformen unbedingt auswendig lernen müssen (siehe *Grammatik* S. 32). Achten Sie auch auf den Unterschied zum Deutschen: **tener novia** – *eine* Freundin haben.

estoy casado – ich bin verheiratet.

3 (1/19)

Bist du verheiratet?

(P = Pepe, M = Miriam)

P – Y tú, ¿estás casada?
M – No, no estoy casada, tengo novio, bueno, un amigo.

el novio	der Freund, Verlobte
el amigo	der Freund

¿estás casada? – bist du verheiratet? Beachten Sie in diesem Dialog die weibliche Form „**casada**".
Haben Sie bemerkt, wie Miriam etwas abschwächend sagt: «bueno, un amigo?»
Novio/novia bezeichnet eine feste (verlöbnisähnliche) Beziehung.

4 (1/20)

Haben Sie Kinder?

(P = Pepe, N = Neni)

P – Y Vd., ¿está casada?
N – Sí, estoy casada y tengo dos hijos.
P – Ah, ¿y cuántos años tienen?
N – El chico tiene ya cinco y la chica dos añitos.

dos	zwei
los hijos	die Kinder
¿cuánto?	wie viel
el año	das Jahr
ya	schon
cinco	fünf

¿está Vd. casada? – sind Sie verheiratet? (Höflichkeitsform!)

► **tengo dos hijos** – ich habe zwei Kinder. **Hijo** bedeutet Sohn. Die Pluralform **hijos** kann sowohl Söhne als auch Kinder ganz allgemein bedeuten. Im Dialog geht erst aus dem Zusammenhang hervor, ob die Kinder zwei Söhne oder Sohn und Tochter sind. Wenn von mehreren Personen beiderlei Geschlechts die Rede ist, wird im Spanischen immer die männliche Form verwendet, auch wenn das weibliche Geschlecht in der Mehrzahl sein sollte. Vgl.: **los señores González** – Herr und Frau González. „Ich habe keine Kinder" heißt: **No tengo hijos.**

► Lernen Sie die Zahlen von 1–10. Sie finden sie auf S. 30.

Dialoge

▶ **¿cuántos años tienen?** - wie alt sind sie? [wörtl.: wie viele Jahre haben sie?] Achten Sie auf die Pluralform des Verbs **tener**: **tienen** - sie haben. Ein weiteres Beispiel: **¿Cuántos años tienes?** - Wie alt bist du? **Tengo 10 años.** - Ich bin zehn Jahre alt. **añito** - [Jährchen] ist übrigens eine Verkleinerungsform von **año.**

¿cuánto? - wie viel? verändert sich je nach dem Substantiv, auf das es sich bezieht: **¿cuánto tiempo?** - wie lange? [wie viel Zeit] **¿cuántas personas?** - wie viele Personen? etc.

5 (1/21)

Ich habe keinen Cent

(P = Pepe, D = Dorita)

P - Dorita, ¿cuánto dinero tienes?

D - No sé, un momento, sí, tengo diez euros, ¿por qué?

P - ¡Porque yo no tengo ni un céntimo! ¡Qué bien!

el dinero	das Geld
ni	nicht einmal
el céntimo	der Cent
un momento	einen Augenblick
mil	tausend
¿por qué?	warum?
porque	weil
bien (Adverb)	gut

▶ **el euro** - der Euro, **diez euros** - zehn Euro. Sie haben vielleicht selbst schon festgestellt, dass bei Substantiven, die auf Vokal enden, im Plural einfach ein „s“ angehängt wird: **hijo - hijos, año - años** etc. (s. auch S. 33).

▶ Achten Sie auf Schreibung und Betonung von **¿por qué?** - warum und **porque** - weil.

▶ **¡qué bien!** - wie gut! Merken Sie sich auch gleich die Ausdrücke **está bien** - es ist gut, in Ordnung und **muy bien** - sehr gut. Übrigens: **bien** steht immer in Verbindung mit einem Verb: **está bien** - es ist gut, **habla bien** - er spricht gut etc.; **bueno** bezieht sich auf ein Substantiv: **el profesor es bueno** - der Lehrer ist gut.

Dialoge

6 (1/22)

Bitte, wo gibt es ...?

(P = Pepe, M = María)

P – Por favor, ¿cremas para la piel, la sección de perfumería, dónde está?
M – Planta baja, en la planta baja, a la izquierda.
P – Y juguetes, ¿dónde venden juguetes y demás para niños?
M – Eso está todo en la tercera planta.
P – Gracias.
M – De nada.

la crema para la piel	die Hautcreme
la sección	die Abteilung
la perfumería	die Parfümerie
la planta baja	das Erdgeschoss
a la izquierda	links
vender	verkaufen
el juguete	das Spielzeug
demás	anderes
el niño	das Kind, der Junge
todo	alles
la tercera planta	der dritte Stock
gracias	danke
de nada	bitte (als Antwort auf „danke“)

► **¿dónde venden juguetes?** – wo gibt es [verkaufen Sie] Spielzeug? **vender** – verkaufen ist ein regelmäßiges Verb auf **-er**. Seine Präsensformen finden Sie auf S. 32.

7 (1/23)

Bitte etwas langsamer!

(A = Ana, S = Susanne)

A – Por favor, ¿cómo se llama Vd.?
S – ¿Cómo? No comprendo. Más despacio, por favor.
A – ¿Cómo se llama Vd.? ¿Su nombre, por favor?
S – Ah, sí, Susanne Müller.
A – ¿Está Vd. casada?
S – No, soy soltera.

¿cómo?	wie, wie bitte?
más despacio	langsamer
su nombre	Ihr Name
soltero, -a	ledig

► **(no) comprendo** – ich verstehe (nicht). Grundform: **comprender** – verstehen.

► Prägen Sie sich ein: **estoy casado,-a** aber **soy soltero,-a**. Dazu noch die Begriffe: **estoy divorciado,-a** – ich bin geschieden und **soy viudo,-a** – ich bin Witwer/Witwe.

Wichtige Wörter und Ausdrücke

4/2

¿dónde está (Estany)?	wo ist/liegt (Estany)?
(Estany) está en el Noroeste	(Estany) liegt im Nordwesten
¿cómo te llamas?	wie heißt du?
¿cómo se llama Vd.?	wie heißen Sie?
me llamo	ich heiße
no comprendo	ich verstehe nicht
más despacio, por favor	bitte langsamer
¿cuántos años tiene?	wie alt sind Sie?/wie alt ist er/sie?
¿cuántos años tienes?	wie alt bist du?
tengo (diez) años	ich bin (10) Jahre alt
¿está casado/casada?	sind Sie verheiratet?
no, soy soltero/soltera	nein, ich bin ledig
sí, estoy casado/casada	ja, ich bin verheiratet
¿tiene novio/novia?	haben Sie einen Freund/eine Freundin?
¿tiene hijos?	haben Sie Kinder?
sí, tengo hijos	ja, ich habe Kinder
sí, tengo tres hijos	ja, ich habe drei Kinder
no, no tengo hijos	nein, ich habe keine Kinder

Die Zahlen von 1–10

uno	eins
dos	zwei
tres	drei
cuatro	vier
cinco	fünf
seis	sechs
siete	sieben
ocho	acht
nueve	neun
diez	zehn

 Übungen

1 (1/24)

Auf der CD hören Sie nun ein Gespräch ähnlich dem ersten Dialog. Lesen Sie die nachstehenden Behauptungen und kreuzen Sie an, ob sie richtig (verdad) oder falsch (mentira) sind.

a. San Sebastián está en el norte de España.
verdad ☐ *mentira* ☐
b. Huelva está en el sur de España.
verdad ☐ *mentira* ☐
c. Badajoz está en el sur.
verdad ☐ *mentira* ☐
d. Valencia está en el oeste de España.
verdad ☐ *mentira* ☐
e. Alonso no es español.
verdad ☐ *mentira* ☐

2 (1/25)

Hören Sie nun von der CD, wie vier Personen über sich selbst berichten. Hören Sie sich die Texte aufmerksam und so oft wie nötig an und schauen Sie dann die Zeichnungen an. Schreiben Sie zur entsprechenden Zeichnung und Beschreibung den richtigen Namen. Die vier Personen heißen: Julio, Juanito, Pili und Mari-Carmen.

a. ______________________________
sevillana, soltera, tiene novio

b. ______________________________
casado, dos hijas, una de dos años, otra de cinco

c. ______________________________
soltero, tiene amiga – Valencia

d. ______________________________
de Corella, tiene novio de Corella

3 (1/26)

Sie hören eine kurze Beschreibung des bekannten spanischen Kaufhauses *El Corte Inglés*. Setzen Sie die Artikel, die im jeweiligen Stockwerk verkauft werden, an die richtige Stelle. Sie lernen zwei neue Wörter: *el pan* – das Brot und *(la planta) sótano* – das Untergeschoss.

El Corte Inglés

Tercera planta 3. Stock

____

____

Planta baja Erdgeschoß

____

____

Planta sótano Untergeschoß

____

____

4 (1/27)

Von der CD hören Sie nun Zahlen zwischen eins und zehn. Schreiben Sie erst die Ziffern auf und dann die spanischen Wörter daneben.

a. ____________ d. ____________

b. ____________ e. ____________

c. ____________ f. ____________

vender – verkaufen

vendo	ich verkaufe
vendes	du verkaufst
vende	er/sie verkauft; Sie verkaufen (Sg.)
vendemos	wir verkaufen
vendéis	ihr verkauft
venden	sie verkaufen; Sie verkaufen (Pl.)

tener – haben

tengo	ich habe
tienes	du hast
tiene	er/sie hat; Sie haben
tenemos	wir haben
tenéis	ihr habt
tienen	sie haben; Sie haben

Übung 1

Übertragen Sie diese Sätze ins Spanische:

a. Wir haben zwei Kinder: Peter ist zehn und Claudia ist sechs Jahre alt.
b. Miriam hat einen Freund. Er heißt Pepe. Pepe verkauft Spielzeug im Corte Inglés.
c. Ana und Susanne haben kein Geld. Sie sind Studentinnen.
d. Der Corte Inglés hat eine Parfümerie-Abteilung im Erdgeschoss.
e. Wir haben viele spanische Freunde. Habt ihr auch Freunde in Mexiko?
f. Maria Teresa ist aus Chile, aber sie hat die deutsche Staatsangehörigkeit: sie ist mit einem Deutschen verheiratet.
g. Der Lehrer meiner Tochter ist Spanier. Er kommt aus Madrid und unterrichtet Spanisch und Französisch.

 Grammatik

Plural der Substantive

An Substantive, die auf Vokal enden, wird ein **-s** angehängt:

el amigo	der Freund
los amigos	die Freunde
la hija	die Tochter
las hijas	die Töchter

An Substantive, die auf Konsonant auslauten, wird die Endung **-es** angehängt:

el profesor	der Lehrer
los profesores	die Lehrer
la ciudad	die Stadt
las ciudades	die Städte

Einen Sonderfall bilden Substantive, die auf **- z** enden. Ihre Pluralform hat die Endung **-ces**:

el lápiz	der Bleistift
los lápices	die Bleistifte
la actriz	die Schauspielerin
las actrices	die Schauspielerinnen

Beachten Sie auch die Pluralformen des Artikels: *el* → *los; la* → *las*

estar - sein

Sie haben schon gelernt, dass es im Spanischen für das deutsche Verb „sein" zwei verschiedene Verben gibt: *ser* (vgl. *Unidad 1*) und *estar*. Hier die Präsensformen von *estar*:

estoy	ich bin
estás	du bist
está	er/sie ist; Sie sind
estamos	wir sind
estáis	ihr seid
están	sie sind; Sie sind

Und nun ein paar Grundregeln, wann *ser* und wann *estar* gebraucht wird:

ser wird u. a. verwendet

- zur Identifizierung oder Definition von Personen oder Sachen: *soy Ana* - ich bin Anna; *soy español* - ich bin Spanier; *soy azafata* - ich bin Stewardess

estar wird u. a. verwendet

- zur Angabe eines Ortes, eines Zustandes oder einer Lage: *la sección de perfumería está en la planta baja* - die Parfümerieabteilung ist im Erdgeschoss.
  Julio está casado. - Julio ist verheiratet.
  Madrid está en el centro de España. - Madrid liegt im Zentrum Spaniens.

Der Gebrauch von *ser* oder *estar* gehört für den Ausländer zu den schwierigsten Kapiteln der spanischen Sprache. Prägen Sie sich deshalb nach Möglichkeit die Zusammenhänge ein, in denen Ihnen *ser* bzw. *estar* begegnen.

Übung 2

ser oder *estar?*

a. La sección de perfumería ______ en la primera planta.
b. Mercedes ______ española. es de Barcelona pero ahora ______ en Alemania para estudiar alemán.
c. ¿Manuel Blanco ______ casado? No, ______ viudo.
d. – ¿ ______ Vd. la señora Müller?
   – Sí, ______ Susanne Müller.
   – ¿De dónde ______ Vd.?
   – ______ de Berlín.
e. – ¿Dónde ______ Burgos?
   – ______ en el Norte de España.
f. Gloria y Luisa ______ azafatas. Trabajan en Iberia y ______ muy bien.

Lesen und Verstehen

Nachstehend finden Sie eine Auflistung verschiedener Abteilungen des *Corte Inglés*. Einige davon sind für Sie neu, aber nicht schwer zu erschließen (außerdem geben wir Ihnen auch die Übersetzung dafür an).

El Corte Inglés

Tercera planta
sombreros, pantalones

Segunda planta
pan, café, vino

Primera planta
juguetes

Planta baja
perfumería

Planta sótano
servicios

el sombrero	der Hut
el pantalón	die Hose
el café	der Kaffee
el vino	der Wein
los servicios	die Toiletten

Beantworten Sie die folgenden Aussagen mit ja *(sí)* oder nein *(no)*:

a. Los sombreros están en la planta baja.
b. El vino está en la planta sótano.
c. El café está en la planta baja.
d. Los servicios están en la planta sótano.
e. Los juguetes están en la planta baja.

Wissenswertes

Spanien ist mit über 500 000 km² das viertgrößte Land Europas. Sein Hoheitsgebiet umfasst auch die Balearen (Mallorca, Menorca, Formentera und Ibiza) und die Kanarischen Inseln (Teneriffa, Gran Canaria, Lanzarote, Fuerteventura, La Palma, Hierro, Gomera).

Die geographischen Gegebenheiten des Landes (Spanien zählt zu den gebirgigsten Ländern Europas) sind verantwortlich für die ungleiche Verteilung der Bevölkerung: Valencia, Galicien, Katalonien und die baskischen Provinzen sind dichter besiedelt als die kargen Hochlandflächen der *Meseta* (Kastilien und Aragonien), die unter Wassermangel leiden. Jeder spanische Landstrich, jede Bevölkerungsgruppe hat einen eigenen Charakter und ihre eigene volkstümliche Ausprägung. Dementsprechend groß ist auch die Vielfalt an sprachlichen Varianten und Dialekten.

Sie lernen in diesem Kurs die spanische Hochsprache, das *castellano* (kastilische Spanisch), das auch offizielle Amtssprache ist. *Castellano* ist eine romanische Sprache, die aus dem Lateinischen hervorgegangen ist. Daneben werden in Spanien drei weitere selbständige Sprachen gesprochen:

- das Katalanische *(el catalán)*, das in *Cataluña* (Katalonien), in der Region Valencia und auf den Balearen gesprochen wird. Es zählt ebenfalls zur romanischen Sprachfamilie.
- das Baskische *(el vascuence* oder *el vasco)*, das im Norden der Iberischen Halbinsel verbreitet ist und als einzige lebende nichtindogermanische Sprache in Westeuropa gilt, und
- das mit dem Portugiesischen verwandte Galicische *(el gallego)*, die Sprache eines historischen Landstriches im Nordwesten Spaniens an der Grenze zu Portugal.

 Wissenswertes

In Mittel- und Südamerika ist das Spanische Nationalsprache aller Länder von Mexiko bis Argentinien. Nur in Brasilien wird Portugiesisch gesprochen.

Natürlich hat auch das Spanische Amerikas im Laufe der Jahrhunderte seit der Kolonisierung Eigenständigkeiten in Bezug auf Wortschatz, Aussprache und Grammatik entwickelt. Die Abweichungen vom *castellano* sind aber, vor allem in der Schriftsprache, geringer als man annehmen könnte.

Spanisch wird von über 300 Millionen Menschen als Muttersprache gesprochen und ist damit die am meisten verbreitete romanische Sprache.

Kartographie: Mathias Bleher, Ismaning

Jetzt haben Sie das Wort

Jetzt haben Sie das Wort

1 (1/28)

Miguel stellt Ihnen ein paar einfache Fragen zu Ihrer Person. Halten Sie nach jeder Frage die CD an und geben Sie die entsprechende Antwort. Haben Sie keine Angst davor, Fehler zu machen. Wichtig ist, dass Sie die Fragen verstehen und, so gut es geht, darauf antworten lernen. Eine der Fragen enthält ein Wort, das Sie noch nicht kennen: *hermano* - Bruder (*hermana* - Schwester; *hermanos* - Geschwister). Und wenn Sie nach Ihrem Beruf gefragt werden, schlagen Sie im Wörterbuch nach oder besser noch, ziehen Sie jemanden zu Rate, der Spanisch spricht.

2 (1/29)

Sie haben bei Freunden einen Spanier kennen gelernt, der Ihnen ein paar persönliche Fragen stellt. Beantworten Sie seine Fragen. Miguel sagt Ihnen auf Deutsch, wie Sie reagieren sollen.

3 (1/30)

Jetzt sind Sie beim Einkaufen in einem Kaufhaus. Sie erkundigen sich nach verschiedenen Artikeln. Miguel begleitet Sie wieder durch die Übung.

3 ¿Dónde está?

Bevor Sie anfangen

Die meisten Unterhaltungen beinhalten eine Frage nach etwas oder jemandem und das Verständnis einer entsprechenden Auskunft. Beim Erlernen einer Fremdsprache ist es wichtig, die Fähigkeit zu entwickeln, das Wesentliche einer Information zu erfassen. Viele Leute geraten unnötigerweise in Panik, wenn sie nicht jedes Wort verstehen. Dabei haben sie meist die für sie notwendigen Informationen richtig erfasst.
Versuchen Sie deshalb bewusst, diese Fähigkeiten zu trainieren. Der Wegweiser hilft Ihnen dabei.

Wiederholen Sie zunächst:
1. *vender – tener – ser – estar* (S. 32/33).
2. Die Pluralformen der Substantive und der Artikel (S. 33).
3. Die Frage *¿Dónde está …?/¿Dónde están …?*

Sie lernen in dieser Unidad

- wie man Hotelzimmer und Campingplätze reserviert
- wie man nach bestimmten Dingen fragt
- die Zahlen von 11–20
- wie in Spanien das Beherbergungsgewerbe organisiert ist

Wegweiser

Dialoge: Hören Sie sich die Dialoggruppen in der unten aufgeführten Reihenfolge bei geschlossenem Buch an. Hören Sie dann jeden Dialog einzeln an, lesen Sie ihn und arbeiten Sie ihn durch.

Reihenfolge: Dialoge 1–4; 5–7.

Lernen Sie *Wichtige Wörter und Ausdrücke.*

Machen Sie die *Übungen* auf S. 45.

Arbeiten Sie die *Grammatik* durch.

Bearbeiten Sie den Abschnitt *Lesen und Verstehen.*

Lesen Sie den Abschnitt *Wissenswertes.*

Jetzt haben Sie das Wort.

Hören Sie sich alle Dialoge noch einmal ohne Buch an.

Dialoge

1 (1/31)

Wo wohnen Sie?

(M = María, P = Pepe)

M - ¿Dónde vive Vd.? ¿En una casa o en un piso?

P - En una casa. Tengo una casa.

M - Ah, ¡qué bien! ¿Y es una casa grande, con jardín?

P - Pues sí, es grande. Tiene ocho habitaciones ... y ...

M - ¡Qué grande! ¿no?

P - Pues sí ... Pero el jardín no es grande. Bueno, en fin, tiene jardín.

la casa	das Haus
el piso	die Wohnung
la habitación	das Zimmer
grande	groß
el jardín	der Garten
en fin	immerhin, schließlich

► **¿vive Vd. en una casa?** - wohnen Sie in einem Haus? **Vivir** - wohnen, leben gehört zu den Verben der dritten Konjugation, die auf **-ir** enden. Die Frage **¿dónde vives?/¿dónde vive Vd.?** sollten Sie sich gut einprägen, ebenso wie die Antwort: **Vivo en** ... - ich lebe in ... oder **vivo aquí** - ich lebe hier.

► **es una casa grande** - es ist ein großes Haus; **el jardín no es grande** - der Garten ist nicht groß; **¡qué grande!** - wie groß! Das Adjektiv **grande** bleibt in der männlichen und weiblichen Form gleich. Beachten Sie außerdem Pepes Antwort: **tiene jardín**: der unbestimmte Artikel entfällt hier. Vergleichen Sie mit der deutschen Wendung: ein Haus mit Garten.

2 (1/32)

Wo sind die Toiletten?

(P = Pepe, M = María)

P – Por favor, ¿dónde están los servicios?
M – Hay en todas las plantas, de señoras y de caballeros, ah, menos abajo. La planta baja no tiene.
P – Muchas gracias.
M – De nada.

por favor	bitte
los servicios	die Toiletten
hay	es gibt, es sind
el caballero	der Herr, der Mann
menos	weniger, hier: mit Ausnahme von
abajo	unten

► **por favor, ¿dónde están los servicios?** – entschuldigen Sie (bitte), wo sind die Toiletten?

hay en todas las plantas – (es gibt sie) in allen Stockwerken.

caballero ist ein Begriff mit sehr verschiedenen Bedeutungen wie z. B. Reiter, Ritter, Ehrenmann etc. Es ist wichtig, das Wort passiv zu kennen. In Ihren aktiven Sprachschatz brauchen Sie es nicht zu übernehmen.

► Vergleichen Sie: **bajo, -a** (Adj.) – niedrig, tief (gelegen) wie z. B. **la planta baja** – das tief gelegene Geschoss = Erdgeschoss, aber: **los servicios están abajo** (Adverb) – die Toiletten sind unten.

Dialoge

3 (1/33)

Gibt es hier in der Nähe eine Apotheke?

(P = Pepe, A = Alejandro)

P – Por favor, ¿hay una farmacia por aquí cerca?
A – Sí, hay una aquí al lado, mire, aquí a la derecha.

la farmacia	die Apotheke
aquí cerca	hier in der Nähe
al lado	nebenan [wörtl. an der Seite]
mire (Vd.)	schauen Sie

► **¿hay una farmacia por aquí cerca?** – ist eine Apotheke hier in der Nähe? Diesen Satz sollten Sie sich gut einprägen, denn Sie können damit so ziemlich alles lokalisieren. Sie brauchen nur **farmacia** auszutauschen, etwa durch **bar, café, banco, peluquería** etc.: **¿hay un banco por aquí?** – ist hier in der Nähe eine Bank?, **¿hay una peluquería por aquí?** – ist hier in der Nähe ein Friseursalon? Wenn Sie allerdings nach *bestimmten* Dingen fragen, muss die Frage lauten: **¿dónde está …?** z. B. **¿Dónde está la peluquería «Ana María»?** – wo ist der Friseursalon „Ana María“?

► **a la derecha (a la izquierda)** – rechts (links). Wenn Sie nach dem Weg fragen, können Sie z. B. auch Antworten hören wie: **al final de la calle** – am Ende der Straße; **todo recto** – immer geradeaus; **en el cruce** – an der Kreuzung. Eine weitere nützliche Frage: **¿está lejos?** – ist das weit weg?

4 (1/34)

Hast du Zigaretten?

(P = Pepe, M = Miguel)

P - Oye, ¿tienes agua mineral?
M - Sí, ¿la prefieres con gas o sin gas?
P - Con gas.
M - Pero mira, aquí en la mesa hay de todo. Hay también vino, si quieres, y Coca-Cola, y ... si prefieres ...
P - ¿Tienes cigarrillos?
M - Sí, sí, en la mesa hay también cigarrillos y cerillas, aquí ...

el agua mineral (f.)	das Mineralwasser
con/sin gas	mit/ohne Kohlensäure
la mesa	der Tisch
todo	alles
el vino	der Wein
los cigarrillos	die Zigaretten
las cerillas	die Streichhölzer

► Eine Flasche Wein heißt auf Spanisch **una botella de vino**. Unterscheiden Sie **vino blanco** - Weißwein, **vino tinto** - Rotwein, **clarete** - heller Rotwein, **vino rosado** - Roséwein. **Tinto** bedeutet rot übrigens nur in Verbindung mit Wein. In anderen Zusammenhängen heißt rot - **rojo**: un vestido **rojo** - ein rotes Kleid.

► **¿qué prefiere Vd., vino o agua mineral?** - was möchten Sie lieber, Wein oder Mineralwasser? **¿la prefiere con gas?** - wollen Sie es mit Kohlensäure? **Agua** ist weiblich. Der männl. Artikel **el** steht im Singular nur, weil das Wort mit einem betonten „a“ beginnt. *Aber:* **las aguas** - die Gewässer. **Preferir** - bevorzugen, lieber mögen ist ein unregelmäßiges Verb der Konjugation auf **-ir.** Beachten Sie auch: **¿quieres Coca-Cola?** - willst du Coca-Cola? Auch **querer** ist unregelmäßig (siehe *Gr.* S. 59).

5 (1/35)

Haben Sie ein Zimmer frei?

(P = Pepe, R = Recepcionista)

P – ¿Tienen una habitación libre, por favor?
R – ¿Doble o sencilla?
P – Doble, para dos personas.
R – Pues sí, tengo dos … ¿la prefiere con cama de matrimonio o con dos camas?
P – Con dos camas, sí.
R – ¿Es para cuántas noches?
P – Para una, solamente para una.
R – ¿La prefiere con ducha o sin ducha?
P – ¿Tienen con baño?
R – No, con baño, no … lo siento.
P – Vale, pues, con ducha.

el recepcionista	der Hotelportier
libre	frei

Dialoge

doble	doppelt
sencillo, -a	einfach
la cama	das Bett
el matrimonio	das Ehepaar
la noche	die Nacht
solamente	nur
la ducha	die Dusche
el baño	das Bad
vale	in Ordnung, ok
pues	also, dann

► **¿tienen una habitación libre?** – haben Sie ein Zimmer frei?

► **¿es para cuántas noches?** – es ist für wie viele Nächte?

¿tienen con baño? – haben Sie (ein Zimmer) mit Bad?

 Dialoge

6 (1/36)

Camping

(P = Pepe, C = Carmen)

P – ¿Dónde podemos acampar?
C – Al final del camping hay mucho sitio libre. ¿Qué traen?
P – ¿Cómo?
C – ¿Traen Vds. coche y tienda?
P – No, coche y caravana.
C – ¿Cuántas personas son?
P – Dos personas mayores y cuatro niños.
C – ¿Qué edad tienen los niños?
P – Uno tiene más de catorce años, y los otros son de tres, doce y ... uno de diez.
C – Vale, entonces, tres adultos y tres niños. ¿Me deja su pasaporte o el carnet de campista?
P – Sí, aquí tiene mi pasaporte.
C – Vale, gracias.

acampar	campen
al final	am Ende, ganz hinten
el sitio	der Platz
el coche	der Wagen, das Auto
la tienda	das Zelt
la caravana	der Wohnwagen
las personas mayores/los adultos	die Erwachsenen
entonces	dann
la edad	das Alter
más de	mehr als
los otros	die anderen
catorce	vierzehn
doce	zwölf
el pasaporte	der Pass
el carnet de campista	der Campingausweis

► **¿dónde podemos acampar?** – wo können wir campen? **poder** – können (unregelmäßiges Verb, siehe S. 114)

► **¿qué traen?** – was haben Sie dabei? **traer** – mit sich führen, mitbringen (1. Pers. Singular Präsens: **traigo** – ich bringe)

► **¿cómo?** – wie bitte? Eine wichtige Floskel, wenn Sie etwas nicht verstanden haben und Ihren Gesprächspartner zur Wiederholung auffordern möchten.

hijo/hija kennen Sie bereits aus *Unidad 2*. Hier taucht nun ein weiteres Wort für „Kinder" auf: **los niños** (**el niño** – der Junge; **la niña** – das Mädchen). Die Frage **¿qué edad tienen?** – wie alt sind sie? [wörtl. welches Alter haben sie] entspricht inhaltlich der Frage **¿cuántos años tienen?**

Dialoge

más de catorce años – mehr als 14 Jahre. „Mehr als …" heißt in Verbindung mit Zahlen **más de**. Bei anderen Vergleichen heißt es **más que: Pepe trabaja más que Juan** – Pepe arbeitet mehr als Juan.

¿me deja el pasaporte? – überlassen Sie mir (geben Sie mir) den Pass? Grundform: **dejar** – lassen, überlassen.

▶ **mi pasaporte** – mein Pass; **su pasaporte** – sein Pass, ihr Pass, Ihr Pass. **Su pasaporte, por favor** – Ihren Pass, bitte.

7 (1/37)

Wohnen Sie im Hotel?

(S = Serafín, J = Janet)

S – Y usted, ¿está usted en un hotel o en un apartamento aquí?
J – Yo estoy en un apartamento.
S – Pues, yo estoy en un hotel, en el hotel Ducal.
J – Ah, es ese hotel grande que hay cerca de aquí ¿no?
S – Sí, aquí al lado está.
J – Pues, es un hotel muy lujoso, con cuatro estrellas o así …
S – Sí, está muy bien, estoy muy contento con él.

el hotel	das Hotel
el apartamento	das Appartement, die (kleine) Wohnung
lujoso, -a	luxuriös
la estrella	der Stern
contento, -a con/de	zufrieden mit

▶ **ese hotel grande** – dieses große Hotel. Wenn das Adjektiv „grande" *vor* dem Substantiv steht, wird es verkürzt zu **gran: una ciudad grande → una gran ciudad** – eine große Stadt; **un coche grande → un gran coche** – ein großer Wagen.

un hotel de / con cuatro estrellas – ein Vier-Sterne-Hotel. Mehr über die Beherbergungskategorien auf S. 49.

Serafín está contento de / con su hotel – Serafín ist mit seinem Hotel zufrieden. **Janet está contenta** de su apartamento – Janet ist mit ihrem Appartement zufrieden.

Wichtige Wörter und Ausdrücke

4/3

hay	es gibt
¿hay (una farmacia) por aquí?	ist hier in der Nähe (eine Apotheke)?
sí, a la derecha	ja, rechts
sí, a la izquierda	ja, links
¿dónde están los servicios?	wo sind die Toiletten?
señoras y caballeros	Damen und Herren (Männer/Frauen)
al final de la calle	am Ende der Straße
¿dónde vive Vd.?	wo wohnen/leben Sie?
¿dónde vives?	wo wohnst/lebst du?
vivo aquí	ich wohne hier
vivo en Madrid	ich lebe in Madrid
vivo en España	ich wohne/lebe in Spanien
¿dónde podemos acampar?	wo können wir campen?
¿tiene(n) una habitación libre?	haben Sie ein Zimmer frei?
¿qué prefiere Vd./ qué prefieres?	was haben Sie/hast du lieber?
sencillo o doble	Einzel- oder Doppelzimmer
¿para cuántas noches?	für wie viele Nächte?
para tres noches	für drei Nächte
aquí tiene el pasaporte	hier haben Sie den Pass
¿cómo es el hotel?	wie ist das Hotel?
¿cómo?	wie?
sin	ohne
bueno, -a	gut
para	für

Die Zahlen von 11–20

once	elf
doce	zwölf
trece	dreizehn
catorce	vierzehn
quince	fünfzehn
dieciséis	sechzehn
diecisiete	siebzehn
dieciocho	achtzehn
diecinueve	neunzehn
veinte	zwanzig

Übungen

Übungen

1 (1/38)

Vier verschiedene Personen, die an der Costa Brava Urlaub machen, erzählen wie sie untergebracht sind. Hören Sie zuerst die CD an und ordnen Sie dann diesen Personen die folgenden Symbole zu.

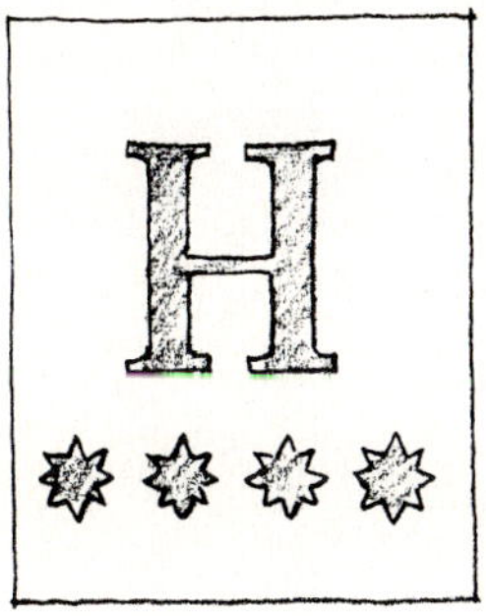

a. ____________________

b. ____________________

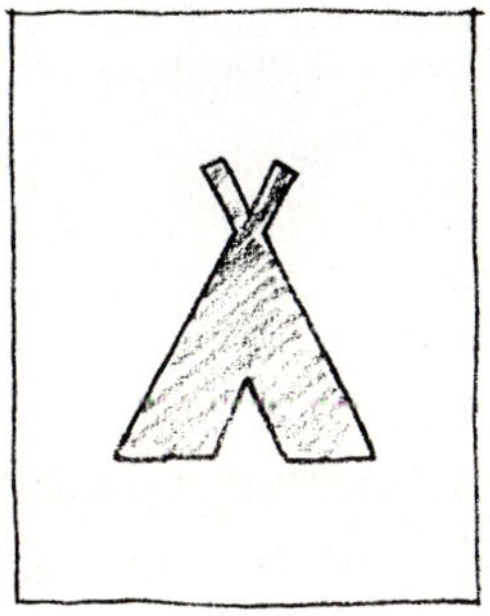

c. ____________________

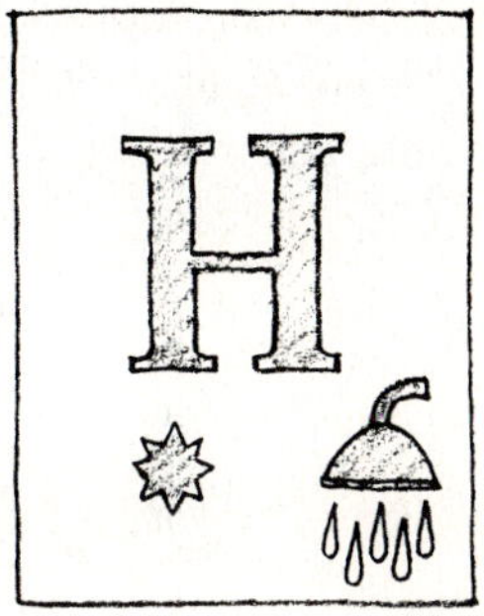

d. ____________________

2 (1/39)

Auf der CD hören Sie nun die Unterhaltung zwischen einem Hotelportier und einem Gast. Kreuzen Sie an, welche Merkmale das Zimmer aufweist, das der Portier dem Gast anbietet.

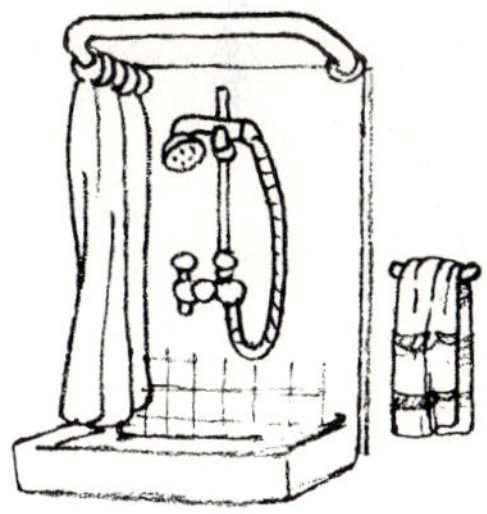

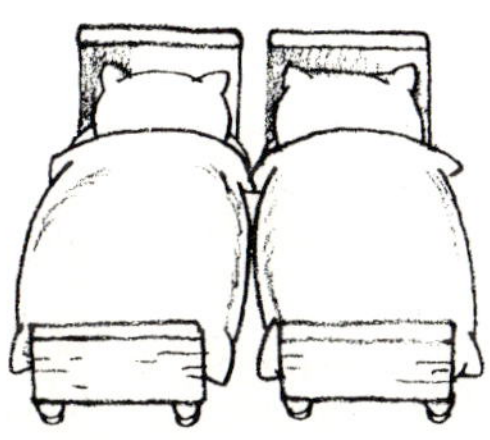

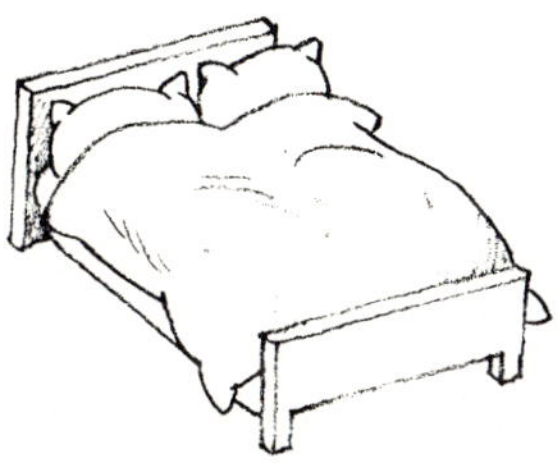

Übungen

3 (1/40)

Hören Sie sich das Gespräch von der CD an. Ordnen Sie jeder der beiden Personen die Dinge zu, die sie haben möchte, indem Sie die jeweilige Person durch Linien mit den gewünschten Gegenständen verbinden.

4 (1/41)

Von der CD hören Sie, wie sich zwei Freunde über Marias Ferienwohnung unterhalten. Wenn Sie in dem Gespräch einige der unten aufgeführten Merkmale entdecken, kreuzen Sie die entsprechenden Kästchen an. Drei Wörter kennen Sie noch nicht: *la terraza* - die Terrasse; *el salón* - das Wohnzimmer; *el dormitorio* - das Schlafzimmer.

terraza	☐	dos dormitorios	☐
jardín	☐	baño	☐
salón	☐	cama de matrimonio	☐
ducha	☐	dos camas	☐

5 (1/42)

Die folgenden Teile einer Unterhaltung sind durcheinander geraten. Versuchen Sie zuerst, sie in eine sinnvolle Ordnung zu bringen und vergleichen Sie dann Ihre Lösung mit der CD-Aufnahme.

¿Hay sitio libre?
Tres personas.
Aquí lo tiene.
Bien, ¿me deja el carnet de camping?
Al final hay mucho.
¿Cuántas personas son?

Grammatik

vivir - leben, wohnen

Sie haben schon gelernt, dass *vivir* zur dritten Konjugationsklasse der spanischen Verben gehört. Hier die Präsensformen:

vivo	ich wohne
vives	du wohnst
vive	er/sie wohnt; Sie wohnen
vivimos	wir wohnen
vivís	ihr wohnt
viven	sie wohnen; Sie wohnen

Übung 1

Schreiben Sie nach dem Muster von *vivir* die Formen von *escribir* - schreiben auf.

hay

hay	es gibt; hier ist/sind
no hay	es gibt nicht hier ist/sind nicht
¿hay …?	gibt es …? ist/sind hier …?
¿no hay …?	gibt es nicht …? ist/sind hier nicht …?

hay ist einfach zu handhaben, denn es ändert seine Form nicht:
¿hay una farmacia por aquí cerca? -
gibt es hier in der Nähe eine Apotheke?
¿hay cigarrillos? - gibt es Zigaretten?

Achten Sie beim Anhören der Dialoge auch noch einmal auf die unterschiedliche Betonung von Frage und Feststellung.

Übung 2: *hay* oder *estar*?

a. Wo sind bitte die Toiletten?
b. Gibt es hier in der Nähe eine Bank?
c. Sind Zigaretten da?
d. Wo ist der Wein?
e. Gibt es ein Zimmer mit Dusche?
f. Es ist noch viel Platz frei.

preferir - bevorzugen, lieber haben

preferir ist ein unregelmäßiges Verb, weil bei einigen Formen vor das Stamm -e ein -i tritt. Da es noch mehrere Verben gibt, die diese Eigenheit aufweisen, empfehlen wir Ihnen, sich diese Formen gut einzuprägen:

prefiero	ich bevorzuge
prefieres	du bevorzugst
prefiere	er/sie bevorzugt; Sie bevorzugen
preferimos	wir bevorzugen
preferís	ihr bevorzugt
prefieren	sie bevorzugen; Sie bevorzugen

un, una

Der bestimmte Artikel *el* - der, *la* - die und die entsprechenden Pluralformen *los* (männlich) und *las* (weiblich) sind Ihnen schon bekannt. Auch der unbestimmte Artikel hat zwei Formen:
un - ein: un señor - ein Herr
una - eine: una señora - eine Dame

Die Pluralformen *unos/unas* bedeuten „einige“:
unos cigarrillos - einige/ein paar Zigaretten
unas personas - einige/ein paar Personen

Steht *un* getrennt von seinem Bezugswort, so nimmt es eine selbständige Form an:
uno.
un amigo - ein Freund *aber: uno de los amigos* - einer der Freunde

 Lesen und Verstehen

Agencia Inmobiliaria
Fernández

Calle Princesa: Vendemos casa, cuatro dormitorios, salón, comedor, terraza, jardín grande, baño, teléfono, cocina. 340.000 €

Calle Aragón: Piso, dos dormitorios, cocina amueblada, baño y ducha, garaje, salón muy grande, cerca club naútico. 210.000 €

Calle Forti: Piso pequeño, un dormitorio, baño, cocina, salón, 5 minutos del centro. 170.000 €

la agencia inmobiliaria	das Immobilienbüro
el comedor	das Esszimmer, der Speisesaal
la cocina amueblada	die eingerichtete Küche
el teléfono	das Telefon
el garaje	die Garage
el club náutico	der Segelclub

Beantworten Sie nun die folgenden Fragen durch Ankreuzen des richtigen Kästchens:

1. Die Wohnung in der Calle Forti ist
a. groß ☐
b. schön ☐
c. klein ☐

2. Wie viele Zimmer hat die Wohnung in der Calle Aragón?
a. drei ☐
b. zwei ☐
c. fünf ☐

3. Welche der in der Anzeige angebotenen Wohnungen hat Wohn- und Esszimmer getrennt?
a. calle Princesa ☐
b. calle Aragón ☐
c. calle Forti ☐

 Wissenswertes

Campingplätze

Sie heißen in Spanien „Camping". *Camping* ist nicht nur bei den Touristen, sondern auch bei den Spaniern selbst populär geworden. Viele Campingplätze sind in den Sommermonaten ausgebucht. Es empfiehlt sich deshalb, rechtzeitig einen Platz zu reservieren.
Die meisten Campingplätze liegen an der Küste. Im Landesinneren gibt es nur wenige, weit auseinander gelegene Plätze. Wild campen ist mit Genehmigung der Behörden oder des Grundstückseigentümers möglich, es gibt jedoch eine Reihe gesetzlicher Bestimmungen, wo campen verboten ist. Die spanischen Fremdenverkehrsämter und die Automobilclubs können Ihnen Auskunft geben. Erkundigen Sie sich am besten vor Antritt der Reise.
Spanische Campingplätze sind im Allgemeinen gut ausgestattet. Sie haben die Wahl zwischen vier Kategorien. Sogar auf Campingplätzen dritter Klasse gibt es noch Duschen, Strom und Gas.

Hotels

Es gibt in Spanien eine Vielzahl unterschiedlicher Hotels und Unterkünfte. Entsprechende Verzeichnisse, die ständig aktualisiert werden, sind in deutschsprachigen Ländern bei den spanischen Fremdenverkehrsämtern oder an Ort und Stelle bei den Verkehrsbüros (Oficinas de información y turismo) zu bekommen.
Die Hotels sind in folgende Kategorien eingeteilt: *****L Fünf-Sterne-Luxushotel; ***** Fünf-Sterne-Hotel für sehr hohe Ansprüche; **** Vier-Sterne-Hotel mit besonderem Komfort; *** Drei-Sterne-Hotel mit gutem Komfort; ** Zwei-Sterne-Hotel mit mittlerem Komfort und * Ein-Sterne-Hotel mit einfachem Komfort.
Pensionen und „Hostales" (Gästehäuser) sind entsprechend in drei Kategorien (drei und zwei Sterne bzw. ein Stern) eingeteilt. Sie sind meist preiswerter als Hotels und haben oft den Vorteil der zentralen Lage.

Daneben hat das Spanische Fremdenverkehrsministerium eine Kette von Unterkünften besonderer Art eingerichtet:

a. *Paradores.* Das sind Hotels, die in Bauwerken von besonderem künstlerischen oder historischen Wert untergebracht sind und den Komfort von Luxushotels aufweisen.
b. *Albergues de carretera* sind moderne Hotels, die an den Hauptverkehrsstraßen liegen und dem Autofahrer eine komfortable Zwischenstation bieten.
c. *Refugios* schließlich sind Rasthäuser in landschaftlich besonders schöner Lage.

Die Preise sind staatlich festgelegt.

Und falls Sie einmal Grund zur Klage haben sollten: Hotels und Campingplätze sind gesetzlich verpflichtet, auf Verlangen des Gastes Beschwerdeformulare *(hojas de reclamaciones)* auszugeben. Sie können sicher sein, dass man Ihrer Beschwerde nachgehen wird.

Staatliche Spanische Fremdenverkehrsbüros gibt es z. B. in Düsseldorf, Frankfurt, Hamburg, München, Wien, Genf und Zürich.

1 (1/43)

Sie sind an der Rezeption eines Hotels und brauchen ein Zimmer für die Nacht. Sagen Sie dem Portier, was Sie gerne hätten. In dieser Übung wenden Sie aktiv alle Wörter an, die Sie für die Reservierung eines Hotelzimmers brauchen.

2 (1/44)

Sie sind mit Freunden unterwegs in Spanien und haben einen Campingplatz gefunden, auf dem Sie ein paar Tage bleiben möchten.

3 (1/45)

Sie sind bei guten Freunden eingeladen und möchten gern etwas trinken. Es stehen verschiedene Getränke zur Auswahl.

4 ¿Qué desean los señores?

Bevor Sie anfangen

Wiederholen Sie die wichtigsten Grammatikkapitel aus *Unidad 3*:

1. die Verben *vivir* und *preferir*
   vivir: vivo, vives, vive, vivimos, vivís, viven
   preferir: prefiero, prefieres, prefiere, preferimos, preferís, prefieren
2. *hay*
3. unbestimmter Artikel:
   maskulin Singular: *un*; Plural: *unos*
   feminin Singular: *una*; Plural: *unas*

Sie lernen in dieser Unidad

- zu verstehen, welche Getränke und welchen kleinen Imbiss Sie bekommen können
- zu verstehen, wenn Sie gefragt werden, was Sie lieber essen oder trinken möchten
- Getränke und einen kleinen Imbiss zu bestellen
- die Zahlen von 20–1000
- Wissenswertes über Ess- und Trinkgewohnheiten in Spanien

Wegweiser

Dialoge: Hören Sie sich die Dialoggruppen in der unten aufgeführten Reihenfolge bei geschlossenem Buch an. Hören Sie dann jeden Dialog einzeln an, lesen Sie ihn und arbeiten Sie ihn durch.

Reihenfolge: Dialoge 1–3; 4–6.

Lernen Sie *Wichtige Wörter und Ausdrücke.*

Machen Sie die *Übungen* auf S. 57.

Arbeiten Sie die *Grammatik* durch.

Bearbeiten Sie den Abschnitt *Lesen und Verstehen.*

Lesen Sie den Abschnitt *Wissenswertes.*

Jetzt haben Sie das Wort.

Hören Sie sich alle Dialoge noch einmal ohne Buch an.

Dialoge

1 (1/46)

Wem gehört das Geld?

(P = Pepe, M = Mari Carmen)

P – Aquí en la mesa hay 50 céntimos, ¿de quién es este dinero?
M – ¡Es tuyo, hombre!

el dinero	das Geld
cincuenta	fünfzig
tuyo, -a	deines (deiner, deine)
el hombre	der Mensch

► **¿de quién es este dinero?** – wem gehört dieses Geld? Achten Sie in dieser Einheit besonders auf die verschiedenen Frageformen. Zusammenstellung s. S. 59.

2 (1/47)

Die Rechnung, bitte!

(P = Pepe, C = Camarera)

P – Señorita, por favor, ¿cuánto es todo?
C – ¿Cómo dice, señor?
P – La cuenta, por favor.
C – Sí, ahora mismo … Son 7,50 € en total.

la camarera	die Bedienung, die Kellnerin
la cuenta	die Rechnung
ahora mismo	jetzt gleich
en total	insgesamt

¿cómo dice? – wie bitte? [wörtl.: wie sagen Sie?] Eine einfachere Form rückzufragen ist: **¿cómo?** – wie? **dice** kommt von **decir** – sagen (unregelmäßiges Verb).

Dialoge

3 (1/48)

Ein Euro gleich 100 Cent

(P = Peter, M = Margarita)

P – Oye, Margarita, este billete, ¿qué es?
M – ¿No ves que son diez euros?
P – Ah sí, diez euros. ¿Y cuánto vale un euro en céntimos?
M – Son cien céntimos.

el billete	der Geldschein
ver	sehen
valer	wert sein

▶ **oye** – entschuldige [wörtl.: hör mal], **oiga** – entschuldigen Sie [wörtl.: hören Sie]. Mit diesem Ausruf können Sie die Aufmerksamkeit auf sich lenken. In einem Restaurant ist das die übliche Form, um die Bedienung zu rufen.

▶ **¿cuánto vale?** oder **¿cuánto es?** – was ist das wert/was macht das? Antwort: **Son … céntimos** – das macht … Cent.

4 (1/49)

Ich habe Durst!

(C = Carmen, M = María)

C – Ay, ¡qué sed tengo! Voy a beber …
M – Sí, pero de este agua no, no es potable. Vamos ahí enfrente, a ese kiosko y tomamos algo.

la sed	der Durst
beber	trinken
el agua	das Wasser
potable	trinkbar
tomar	nehmen
algo	etwas
el kiosko	der Kiosk
enfrente	gegenüber

¡qué sed tengo! – was habe ich für einen Durst! Beachten Sie die Wortstellung im Ausrufesatz und vergleichen Sie dazu die einfache Feststellung: **tengo sed** – ich habe Durst (**tengo hambre** – ich habe Hunger)

▶ **voy a beber** – ich werde trinken [wörtl.: ich gehe trinken, von **ir** – gehen]; **vamos a tomar algo** – wir werden etwas zu uns nehmen. Mit dieser Konstruktion können Sie eine Handlung in naher Zukunft beschreiben, ohne die Futurformen kennen zu müssen. (Vgl. die Präsensformen von **ir**, S. 127)

▶ **tomar** – nehmen gehört zu den regelmäßigen Verben auf **-ar** (siehe S. 22)

5 (1/50)

Möchtest du Eis?

(N = Neni, A = Alvaro, P = Pedro)

N - Alvaro, ¿quieres helado?
A - Sí, ¿de qué es?
N - Tengo de mantecado y también de fresa, ¿de qué quieres?
A - De mantecado y de fresa.
N - ¿De los dos?
N - ¿Queréis alguno café?
P - Yo quiero.
N - ¿Solo o con leche?
P - Solo.
N - ¿Y para ti?
A - Para mí con un poco de leche, por favor.
N - Enseguida os lo traigo.

el helado	das Eis
el mantecado	das Vanille-Sahne-Eis
la fresa	die Erdbeere
la leche	die Milch
enseguida	sofort

▶ **¿quieres helado?** - möchtest du Eis? **¿quiere Vd. café?** - möchten Sie Kaffee? Alle Präsensformen von **querer** finden Sie auf S. 59.

▶ **¿de qué es/quieres?** - welche Sorte ist es/möchtest du? [wörtl.: von was möchtest du ...?]

▶ **¿para ti?** - für dich?; **para mí con un poco de leche** - für mich mit ein bisschen Milch (siehe *U10*, S. 142); **¿y para Vd.?** - und für Sie?

café solo - schwarzer Kaffee ohne Milch, eine Art Espresso; **café con leche** - Milchkaffee. **Un (café) cortado** ist übrigens ein Kaffee mit wenig Milch.

▶ **enseguida os lo traigo** - ich bringe ihn euch sofort. Dem Verb **traer** sind Sie schon in *Unidad 3* begegnet. Erinnern Sie sich? **Traigo** ist die erste (unregelmäßige) Person Singular. Beachten Sie auch: **¿Trae Vd. el café?** - bringen Sie den Kaffee? **Sí, lo traigo.** - Ja, ich bringe ihn.

6 (1/51)

Was wünschen Sie?

(C = Camarero, L = Luisa, D. A. = Don Antonio, P = Pepe)

C – Buenos días, ¿qué desean los señores?
L – Yo, una cerveza. Y Vd., Don Antonio, ¿qué quiere?
D. A. – Pues, yo no sé ... a ver ... ¿qué hora es? La una, bueno, pues yo casi prefiero vino. Sí, un vaso de vino.
C – ¿Blanco o tinto?
D. A. – Tinto, tinto ...
C – ¿Y Vd., señor?
P – Para mí una cerveza, y ... ¿qué tienen de tapas?
C – Bueno, tenemos calamares, ensaladilla, jamón, queso ...
P – ¿Calamares fritos?
C – Sí, fritos.
P – Bueno, pues, unos calamares, una ración grande de calamares.

la cerveza	das Bier
el vaso	das Glas
las tapas	die Appetithappen, kleine Vorspeisen
los calamares	die Tintenfische
frito, -a	gebacken
la ensaladilla	(eine Art) russischer Salat
el jamón	der Schinken
el queso	der Käse
la ración	die Portion

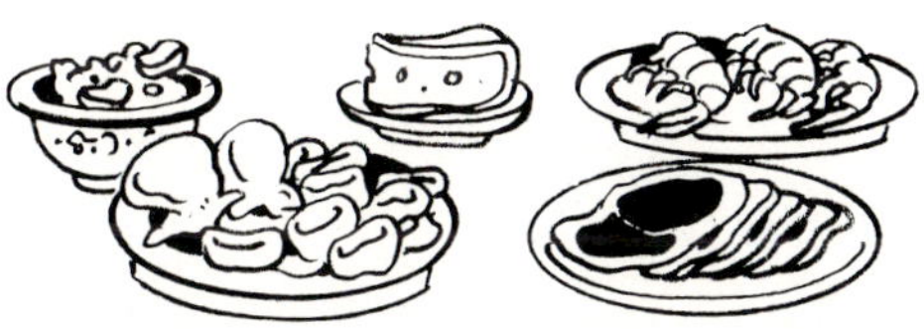

► **¿qué desean los señores?** – was wünschen Sie [wörtl.: die Herrschaften]; **¿qué desea/quiere Vd.?** – was möchten Sie? (eine Person)

► **¿qué hora es?** – wie spät [wörtl.: welche Stunde] ist es?; **es la una** – es ist ein Uhr [wörtl.: es ist die eins] → S. 83 und 87.

► **un vaso de vino** – ein Glas Wein (vgl. *U3*, Dialog 4, S. 40)

Wichtige Wörter und Ausdrücke

4/4

¡oiga!	hallo, entschuldigen Sie!
¿qué desea Vd./ desean Vds.? ¿qué quiere Vd./ quieren Vds.? ¿qué prefiere Vd./ prefieren Vds.?	was möchten/ wünschen Sie?
¿quiere helado?	wollen Sie Eis?
prefiero un café sólo	ich möchte lieber einen schwarzen Kaffee
café con leche	Milchkaffee
yo quiero	ich möchte
beber algo	etwas trinken
cerveza	Bier
un vaso de vino tinto	ein Glas Rotwein
¿para Vd.?	für Sie?
para mí	für mich
¿de qué es …?	woraus besteht …?
¿de qué es el helado?	was für ein Eis ist es?
¿cuánto es?	wie viel ist es?
¿cómo dice?	wie bitte? [was sagen Sie?]
la cuenta, por favor	die Rechnung bitte
¿de quién es?	wem gehört das? [wessen ist das?]
es tuyo	es ist deins, es gehört dir

Die Zahlen von 30–1000

treinta	dreißig
cuarenta	vierzig
cincuenta	fünfzig
sesenta	sechzig
setenta	siebzig
ochenta	achtzig
noventa	neunzig
ciento/cien	hundert
doscientos, -as	zweihundert
trescientos, -as	dreihundert
cuatrocientos, -as	vierhundert
quinientos, -as	fünfhundert
seiscientos, -as	sechshundert
setecientos, -as	siebenhundert
ochocientos, -as	achthundert
novecientos, -as	neunhundert
mil	tausend

Übungen

1 (1/52)

Auf der CD hören Sie jetzt einen Dialog zwischen einer Kellnerin und einem Gastehepaar in der Bar Marbella. Kreuzen Sie auf der nachstehenden Speisekarte der Bar an, was die beiden bestellen.

	€
Zumo de naranja	0,80
Cerveza – caña	1,10
– botellín	1,30
Vino (vaso)	1,20
Whisky	2,50
Café con leche	1,30
Café solo	0,80
Pan	0,20
Agua mineral	0,60
Bocadillos	
queso	1,60
jamón	1,85
sardinas	1,70
Tapas variadas	
calamares	2,40
ensaladilla	2,20
Helados	1,80

el zumo	der Saft
la naranja	die Orange
la caña	kleines Glas Bier
el botellín	das Fläschchen
el bocadillo	das belegte Brötchen
la sardina	die Sardine
tapas variadas	verschiedene Vorspeisen

2 (1/53)

Jetzt geht es um die Rechnung. In dem folgenden Dialog sind einige Wörter ausgelassen. Hören Sie sich den Text auf der CD aufmerksam an und füllen Sie dann die Lücken aus.

Cliente ¡__________ camarero!
Camarero Sí, ¿__________?
Cliente La __________ por favor.
Camarero ¿Cómo __________?
Cliente ¿__________ es?
Camarero __________ seis euros diez.
Cliente Bien, tenga.
Camarero __________, señora.

3 (1/54)

Hören Sie die CD an. Es geht um Einkäufe in vier verschiedenen Geschäften. Wie viel Geld wurde in jedem Geschäft ausgegeben? Kreuzen Sie das jeweilige Kästchen an. Vielleicht müssen Sie die CD mehrmals anhören, um die richtige Antwort zu finden.

1 a. veinticinco euros ☐
b. cuatrocientos euros ☐
c. doscientos cuarenta euros ☐

2 a. cuarenta y nueve euros ☐
b. noventa euros ☐
c. setenta y cinco euros ☐

3 a. ciento sesenta y cinco euros ☐
b. ciento cincuenta y cinco euros ☐
c. ciento sesenta euros ☐

4 a. mil quinientos euros ☐
b. mil cuatrocientos euros ☐
c. mil ciento cuarenta euros ☐

4 (1/55)

Auf der CD hören Sie jetzt, wie ein Kellner die Rechnungen für drei verschiedene Tische addiert. Rechnen Sie nach: drücken Sie jeweils die Pausentaste, wenn der Kellner sagt: *son.* Beispiel: *dos y dos son* (Pause) *cuatro.* Lassen Sie dann die CD wieder laufen, um zu kontrollieren, ob Sie richtig gerechnet haben. Die Endsumme tragen Sie in die nachstehende Tabelle ein.

Bar Marbella

	€
Mesa 1	
Mesa 2	
Mesa 3	

el precio | der Preis

Übungen

5 (1/56)

In diesem Dialog ist die Rolle des Gastes nicht abgedruckt. Können Sie das Gespräch vervollständigen? Die Auswahlmöglichkeiten im Kästchen unten helfen Ihnen dabei.

Camarero Buenos días, señora ¿qué desea?
Señora ¿ ______________________ ?
Camarero Sí, claro.
Señora ¿ ______________________ ?
Camarero Son de naranja, de caramelo y de café.
Señora ______________________
Camarero ¿Algo más?
Señora ___ ¿ ______________________ ?
Camarero Pues tenemos bocadillos de queso y de jamón
Señora ______________________
Camarero Bien, y ¿café, zumos?
Señora ______________________
Camarero ¿Solo o con leche?
Señora ______________________

¿De qué son?
Solo, por favor
Pues un helado de café.
Un bocadillo de jamón entonces.
¿Hay helados?
Un café, por favor.
Sí, ¿qué bocadillos tiene?

So stellt man Fragen:

a. Sie können den Tonfall verändern und schon wird aus einer Feststellung eine Frage.
hay pan – es ist Brot da
¿hay pan? – ist Brot da?

b. Sie fügen *¿verdad?* – nicht wahr? oder *¿no?* – nicht? an das Ende eines Satzes an.
la farmacia está enfrente, ¿no? – die Apotheke ist gegenüber, oder?
y nada más, ¿verdad? – und nichts weiter, nicht wahr?

c. Sie verändern die Stellung von Verb und Pronomen.
Usted tiene una habitación – Sie haben ein Zimmer
¿tiene usted una habitación? – haben Sie ein Zimmer?

d. Sie können ein Fragewort verwenden:

¿cuánto, -a?	wie viel?
¿cuántos, -as?	wie viele?
¿cómo?	wie?
¿qué?	was?
¿cuál?	welche, -r, -s?
¿quién?	wer?
¿por qué?	warum? (beachten Sie den Unterschied zu *porque* – weil)
¿dónde?	wo?

Übung 1

Setzen Sie die richtigen Fragewörter ein:
¿__________ desean los señores? ¿__________ está el Bar Marbella? ¿__________ es el restaurante Playa Azul? ¿__________ de las tapas prefiere Vd.? ¿__________ toma vino tinto? ¿__________ no toman Vds. calamares fritos? ¿__________ botellas quiere Vd.? ¿__________ dinero tienes?

querer – wollen, mögen

quiero	ich will
quieres	du willst
quiere	er/sie will; Sie wollen
queremos	wir wollen
queréis	ihr wollt
quieren	sie wollen; Sie wollen

Zahlen

21–29 in numerischer Abfolge:
veintiuno, veintidós, veintitrés, veinticuatro, veinticinco, veintiséis, veintisiete, veintiocho, veintinueve

31–39, ebenfalls in numerischer Folge:
treinta y uno, treinta y dos, treinta y tres, treinta y cuatro, treinta y cinco, treinta y seis, treinta y siete, treinta y ocho, treinta y nueve

Nach diesem Muster können Sie alle Zahlen bis 100 bilden. Versuchen Sie es einmal mündlich ...!

Übung 2

Schreiben Sie diese Zahlen auf Spanisch aus:
47 – 51 – 63 – 79 – 95 – 86 – 32 – 44 – 58
Achten Sie auf folgende Besonderheiten: Nach dem Geschlecht des Substantivs im Singular richten sich *uno/una* auch in allen Zusammensetzungen: *un vaso* – ein Glas, *una hora* – eine Stunde, *veintiún minutos* – 21 Minuten, *veintiuna horas* – 21 Stunden. *Uno* wird dabei vor männlichen Substantiven zu *un* verkürzt.
ciento – hundert wird vor Substantiven zu *cien* verkürzt: *cien euros* – hundert Euro, *cien dólares* – hundert Dollar, aber: *ciento tres* – einhundertdrei, *ciento veinticinco* – einhundertfünfundzwanzig

Lesen und Verstehen

Sie sehen hier die Speisekarte der Cafetería Blanca. Lesen Sie sie aufmerksam durch.

Cafetería Blanca

1er grupo	€
Sopa de tomate	1,80
Ensaladilla	3,40
Sardinas con tomate	3,20
Entremeses variados	3,00
Huevos fritos	2,80
Calamares	3,60

2° grupo	€
Tortilla de queso	3,60
Tortilla de jamón	3,70
Trucha con jamón	4,10
Gambas a la plancha	4,30

3er grupo	€
Flan	1,50
Helados variados	1,80

Varios	€
Pan	0,20
Agua mineral	0,70
Café	1,40
Cerveza	1,20

- la sopa de tomate(s) – die Tomatensuppe
- los entremeses variados – die gemischten Vorspeisen
- los huevos fritos – die Spiegeleier [wörtl.: gebratene Eier]
- la tortilla – das Omelett
- la trucha – die Forelle
- las gambas a la plancha – auf der Heizplatte gegarte Garnelen
- el flan – die Karamelcreme

Auf dem nachstehenden Bestellzettel hat der Ober nur die Preise eingetragen. Können Sie rekonstruieren, was bestellt wurde? Tragen Sie die verschiedenen Posten an der richtigen Stelle ein.

Cafetería Blanca

______________	1,80
______________	2,80
______________	3,70
______________	4,10
______________	1,50
______________	1,80
______________	0,70
______________	1,20

Wissenswertes

Bars und Cafés

Die spanische „bar“ hat mit einer deutschen Bar wenig gemeinsam: Es ist eine Mischung aus Café, Bistro und Kneipe, kurz ein Ort, an dem man sich - meist im Stehen - zu allen Tageszeiten, vorzugsweise aber vor bzw. zwischen den Mahlzeiten, an Getränken und leckeren Kleinigkeiten „laben“ kann: Versäumen Sie, wenn Sie in Spanien sind, keinesfalls, einen Streifzug durch die köstliche Landschaft der „tapas“ zu unternehmen, jener Häppchen, die den Appetit erst schön machen. Ein paar seien hier stellvertretend genannt: *tortilla española* - das spanische Kartoffelomelett, *jamón serrano* - der luftgetrocknete Schinken aus den Bergen, *queso manchego* - ein würziger Käse aus der Mancha, *aceitunas* - Oliven und natürlich die große Palette von Fischen und Meeresfrüchten. Leider können wir sie nicht alle nennen. Am besten, Sie gehen selbst auf Entdeckungsreise … Übrigens, wenn Sie sich an einen der wenigen Tische setzen, wird es etwas teurer. Und vergessen Sie nicht, dem Mann oder der Frau hinter der Theke etwas Trinkgeld zu hinterlassen, auch wenn der Service in der Rechnung inbegriffen ist …

Restaurants

Wie die Hotels sind auch die Restaurants in Kategorien eingeteilt. Sie haben die Wahl zwischen einer und fünf „Gabeln“ - *tenedores.*
Die Essenszeiten sind in Spanien später als hierzulande: Mittagessen wird ab ca. 13.30 bis etwa 16 h serviert und das Abendessen beginnt

selten vor 21 h und kann sich bis Mitternacht hinziehen. Natürlich finden sich aber in den Touristenhochburgen auch Hotels und Restaurants, die sich den Tischzeiten ihrer Gäste angepasst haben. Außerdem gibt es auch in Spanien Selbstbedienungsrestaurants - *autoservicios.*

Die Hauptmahlzeit ist in Spanien nach wie vor das Mittagessen - *la comida* bzw. *el almuerzo.* Es besteht im Allgemeinen aus drei Gängen, Wein und/oder Wasser, Kaffee und Cognac oder Likör. Das Abendessen - *la cena* ist oft weniger opulent, es ist aber meist nicht eine kalte, sondern eine warme Mahlzeit.

Spanische Restaurants sind von Gesetz wegen verpflichtet, die Speisekarte auszuhängen. Sie können also, bevor Sie sich für ein Lokal entscheiden, das Angebot in Ruhe prüfen. Und wenn Sie mit dem Service zufrieden waren, geben Sie dem Bedienungspersonal ein Trinkgeld - *una propina.* 10% sind angemessen.

Jetzt haben Sie das Wort

1/57

Sie gehen in ein spanisches Restaurant und bestellen für sich und Ihre Begleiterin etwas zu essen. Diesmal hilft Ihnen nicht Miguel, sondern die nachstehende Zeichnung. Folgen Sie der Nummerierung.

5 Por favor, ¿la Plaza Mayor?

Bevor Sie anfangen

Wiederholen Sie die wichtigsten Grammatikkapitel aus *Unidad 4:*

1. Fragestellung und Fragewörter
2. Das Verb *querer* im Präsens: quiero, quieres, quiere, queremos, queréis, quieren
3. Die Zahlen ab 21

Sie lernen in dieser Unidad

- Fragen zu stellen
  nach der Richtung
  nach der Entfernung
  nach dem Weg
  nach Verkehrszeichen
- die entsprechenden Antworten zu verstehen
- Wichtiges über Autofahren in Spanien

Wegweiser

Dialoge: Hören Sie sich die Dialoggruppen in der unten aufgeführten Reihenfolge bei geschlossenem Buch an. Hören Sie dann jeden Dialog einzeln an, lesen Sie ihn und arbeiten Sie ihn durch.

Reihenfolge: Dialoge 1–2; 3–4; 5–7.

Lernen Sie *Wichtige Wörter und Ausdrücke.*

Machen Sie die *Übungen* auf S. 70.

Arbeiten Sie die *Grammatik* durch.

Bearbeiten Sie den Abschnitt *Wissenswertes.*

Jetzt haben Sie das Wort.

Hören Sie sich alle Dialoge noch einmal ohne Buch an und prüfen Sie mit Hilfe des Wiederholungskapitels auf S. 214, ob Sie den Stoff der *Unidades 1–5* beherrschen.

1 (1/58)

Mach mich nicht nervös!

(P = Pepe, N = Neni)

P - No te metas por ahí que está prohibido circular por esa calle ... ¿no ves la señal? Sólo pueden circular bicicletas.

N - Pues aparcamos aquí y seguimos a pie ...

P - ¡Pero si es que tampoco se puede aparcar! ¿No lo ves?

N - Ay, por Dios, hijo, no me pongas nerviosa ...

P - Anda, métete a mano derecha, que también está prohibido girar a la izquierda, y a ver si tenemos suerte en aquella plaza.

N - Bueno, bueno ...

prohibido	verboten
ver	sehen
circular	verkehren, fahren
la calle	die Straße
la señal	das (Verkehrs-)Zeichen
la bicicleta	das Fahrrad
aparcar	parken
seguir	weitergehen/-fahren
a pie	zu Fuß
la mano	die Hand
girar	abbiegen
la suerte	das Glück
aquella plaza	jener Platz

▶ **no te metas por ahí** - stell' dich nicht hierhin. **meter** - setzen, legen, stellen.

está prohibido - es ist verboten.

¿no ves? - siehst du nicht? (**ver** - sehen).

no me pongas nervioso/-a - mach mich nicht nervös. Lernen Sie den Satz als feststehende Redewendung. Das Verb **poner,** von dem sich **pongas** ableitet, hat viele Bedeutungen, die jeweils aus dem Zusammenhang erschlossen werden müssen.

métete a mano derecha - stell dich rechts hin. Grundform: **meterse** - sich hinstellen. Reflexive Verben s. S. 183.

Kathedrale von Jerez de la Frontera

2 (1/59)

Entschuldigen Sie bitte …

(P = Pepe, R = Ricardo)

P – Oiga, por favor, ¿Vd. me podría decir a cuántos kilómetros estamos de Jerez?
R – Pues este pueblo está a unos ochenta kilómetros.
P – Ya, y de Córdoba mucho más, ¿no?
R – Uy, Córdoba está más lejos, a más de doscientos de aquí.
P – Muchas gracias.

el pueblo	das Dorf, der Ort

► **Vd. me podría decir** *oder:* **me podría Vd. decir** – könnten Sie mir sagen. **¿Me podría Vd. decir dónde está el hotel Miramar?** – Könnten Sie mir sagen, wo das Hotel Miramar ist?

Dialoge

► **¿a cuántos kilómetros estamos de Jerez?** – wie viele Kilometer sind wir von Jerez (entfernt)? **a unos ochenta kilómetros** – etwa 80 km [wörtl.: einige … km] entfernt. **Unos** – einige dient hier zur unbestimmten Entfernungsangabe.

3 (1/60)

Wie kommt man zur Plaza Mayor?

(P = Pepe, R = Ricardo)

P – ¿Cómo se puede ir a la Plaza Mayor?
R – En autobús, … o en metro. A pie está muy lejos.
P – ¿Y en qué autobús se puede ir desde aquí?
R – Pues con el 20, mira, la parada la tienes en la plaza allí.

el autobús	der Omnibus, Autobus
el metro	die U-Bahn
la parada	die Haltestelle

▶ **¿cómo se puede ir …?** – wie kommt man …? [wörtl.: wie kann man gehen]. Das Verb, das auf **se puede** folgt, steht immer im Infinitiv: **¿se puede aparcar aquí?** – kann man hier parken? **¿se puede comer aquí?** – kann man hier essen?

▶ **desde aquí** – von hier aus. **Desde** steht oft anstelle von **de: de Barcelona a Madrid/ desde Barcelona hasta Madrid** – von Barcelona nach Madrid.

la parada la tienes – die Haltestelle, die hast du … Beachten Sie die Wortstellung, die sich in diesem Fall mit dem Deutschen deckt.

4 (1/61)

Die zweite Querstraße rechts

(P = Pedro, E = Ernesto)

P – Por favor, ¿la Plaza de la Magdalena?
E – Tome la segunda bocacalle a la derecha y todo seguido.

la bocacalle	die Straßeneinmündung
todo seguido	immer geradeaus

▶ **tome la segunda bocacalle a la derecha** – nehmen Sie die zweite Querstraße rechts.

Dialoge

5 (1/62)

Zur Puerta del Sol, bitte

(P = Pepe, T = Transeúnte)

P – Por favor, ¿para ir a la Puerta del Sol?
T – Toda la calle adelante, Calle Mayor a la izquierda.
P – ¿Está lejos?
T – No, muy cerca.

el transeúnte	der Passant

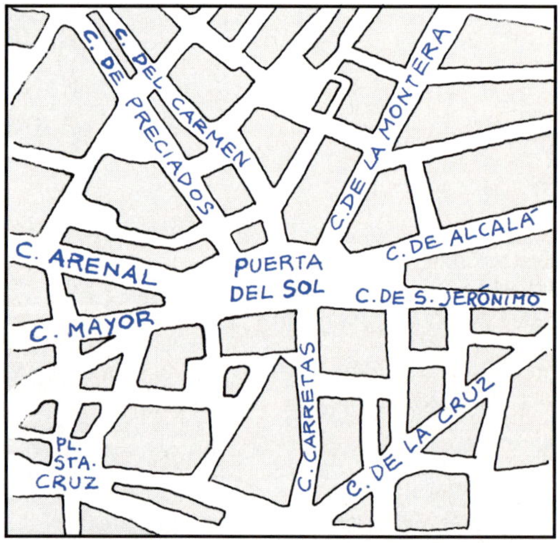

Achten Sie auf die Frage: **¿para ir a la Puerta del Sol?** (Platz im Zentrum von Madrid) – zur Puerta del Sol bitte [wörtl.: um zur Puerta del Sol zu gehen]? Noch einfacher können Sie fragen: **¿La Puerta del Sol, por favor?**

toda la calle adelante – die Straße immer geradeaus [wörtl.: die ganze Straße nach vorn].

Dialoge

6 (1/63)

Wie komme ich zur *calle Sierpes*?

(M = María, P = Paco)

M - Por favor, ¿me dice cómo se va a la calle Sierpes?

P - A la calle Sierpes ... pues ... tiene que coger la primera calle a la izquierda, después seguir todo recto y al final se encontrará con ella.

M - Gracias.

P - De nada.

coger	nehmen (z. B. Verkehrsmittel)
recto	geradeaus
el final	das Ende

¿me dice cómo se va a la calle Sierpes? – können Sie mir sagen [wörtl.: sagen Sie mir], wie man zur *calle Sierpes* kommt/geht? Die *calle Sierpes* ist eine bekannte Einkaufsstraße in Sevilla.

► **seguir todo recto** – immer geradeaus (weiter)gehen.

se encontrará con ella – Sie werden darauf stoßen (**encontrarse con** – sich mit etw. oder jdm. treffen). **encontrará** ist eine Futurform, s. S. 195.

Zweimal Sevilla: links die „Giralda“, rechts ein Innenhof im Alcázar

7 (1/64)

Wie finde ich die Straße nach Madrid?

(P = Pepe, G = Gasolinero)

P – Oiga, por favor, ¿para ir hacia la carretera de Madrid? ¿Para ir a Madrid?
G – Bueno, pues tiene Vd. que salir por la carretera nacional uno, que está pasando el puente, el puente viejo.
P – ¿Ese puente romano?
G – Sí, sí, a mano izquierda. Allí verá los indicadores para Madrid.
P – Y hay que cruzar el puente, ¿no?
G – Sí, sí, tiene que ir al otro lado del río.
P – ¿Y luego doblo?
G – Sí, sí, a la izquierda. Allí verá los indicadores para Avila y para Madrid.
P – Ahá. ¿Y tengo que pasar por Avila?
G – Bueno, sí, pero no es necesario.

el gasolinero	der Tankwart
hacia	gegen, nach, zu
salir	hinausgehen, hinausfahren, ausgehen
la carretera	die Landstraße
el puente	die Brücke
romano, -a	römisch
viejo, -a	alt
a mano izquierda	linker Hand
los indicadores	die Hinweisschilder
cruzar	überqueren
el río	der Fluss
necesario, -a	notwendig

¿para ir hacia ...? – ... um nach ... zu kommen? [wörtl.: gehen]

► **la carretera** – die Landstraße, **la calle** – die Straße innerhalb geschlossener Ortschaften

tiene Vd. que salir por la carretera nacional – Sie müssen über die Staatsstraße hinausfahren

► **pasando el puente** – indem Sie über die Brücke fahren [wörtl.: die Brücke überquerend] (s. *Gerundio*, S. 73)

allí verá los indicadores – dort werden Sie die Hinweisschilder sehen. **Verá** ist eine Futurform von **ver** – sehen (s. Erläuterungen zum Futur, S. 195)

► **Vd. tiene que ir al otro lado del río** – Sie müssen auf die andere Seite des Flusses gehen; **tener que** – müssen: **¿tengo que cruzar la calle?** – muss ich die Straße überqueren? Merken Sie sich auch: **al lado de** – neben

► **¿tengo que pasar por Avila?** – muss ich über Avila fahren? [wörtl.: Avila durchqueren]

Wichtige Wörter und Ausdrücke

4/5

la Plaza Mayor, por favor	die (zur) Plaza Mayor, bitte	tiene que tomar/coger esta carretera	Sie müssen diese Straße nehmen/fahren
¿para ir a la Plaza Mayor?	wie kommt man/komme ich zur Plaza Mayor?	tiene que doblar la esquina	an der Ecke müssen Sie abbiegen
¿cómo se puede ir a la Plaza Mayor?	wie kommt man/komme ich zur Plaza Mayor?	todo recto/todo seguido	immer geradeaus
a la derecha	rechts	al otro lado de la calle	auf der anderen Seite der Straße
a la izquierda	links	¿está lejos?	ist das weit weg?
no se puede ir a la derecha	man kann/darf nicht rechts gehen/fahren	¿a cuántos kilómetros está?	wie viele Kilometer ist das entfernt?
está prohibido circular	es ist verboten zu fahren	¿tengo que cruzar el puente?	muss ich die Brücke überqueren?
girar	abbiegen	¿tengo que pasar por (la calle Sierpes)?	muss ich durch (die calle Sierpes) fahren?
Vd. coge la primera/segunda/tercera bocacalle	Sie nehmen die erste/zweite/dritte Querstraße	¿qué significa esta señal?	was bedeutet dieses Zeichen?

1 (1/65)

Sie sehen einen Ausschnitt aus dem Stadtplan von Palencia. Von der CD hören Sie Hinweise, wo bestimmte Gebäude sich befinden. Überprüfen Sie, ob diese Hinweise richtig oder falsch sind, und kreuzen Sie die entsprechenden Kästchen an.

A Catedral
B Iglesia de San Miguel (= St. Michaels-Kirche)
C Capilla de San Bernardo (= St. Bernhards-Kapelle)
D Oficina de Información y Turismo
E Teléfonos
F Telégrafos

	verdad	*mentira*
1 Catedral	☐	☐
2 Iglesia de San Miguel	☐	☐
3 Capilla de San Bernardo	☐	☐
4 Oficina de Información y Turismo	☐	☐
5 Teléfonos	☐	☐
6 Telégrafos	☐	☐

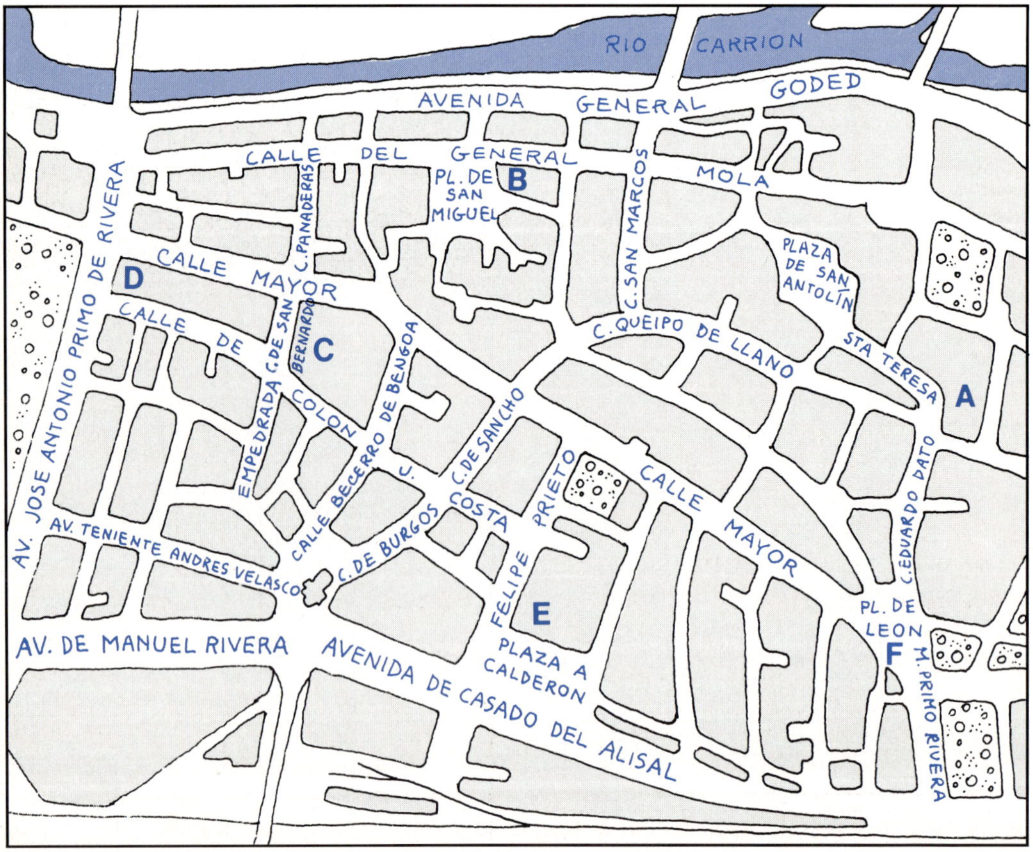

Übungen

2 (1/66)

Sehen Sie sich noch einmal den Plan von Palencia an. Hören Sie gut zu, welche Hinweise Ihnen auf der CD zur Lage bestimmter Bauwerke gegeben werden, ohne dass die Bauwerke selbst genannt werden. Können Sie auf Deutsch notieren, wo die Bauwerke liegen und auf welche Bauten Bezug genommen wird?

3 (1/67)

Von der CD hören Sie, wie verschiedenen Leuten der Weg erklärt wird. Die Zeichnungen zeigen Ihnen, was jede Person zu tun hat. Schreiben Sie jeweils den Namen zu der dazugehörigen Zeichnung. Die Personen sind: Elisa, Juana, Mercedes, Juan und Pablo.

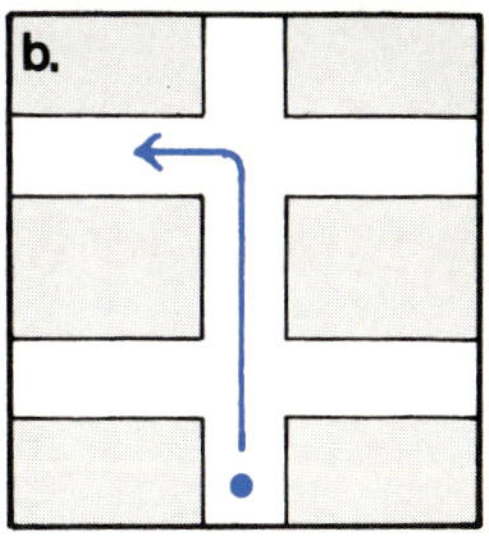

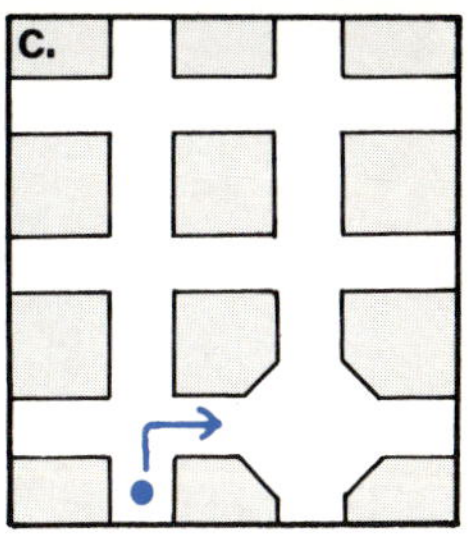

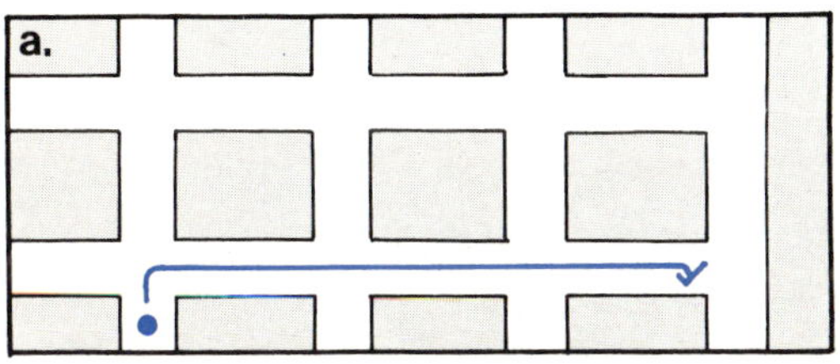

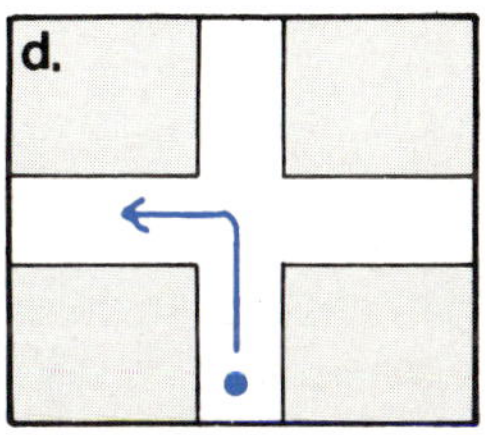

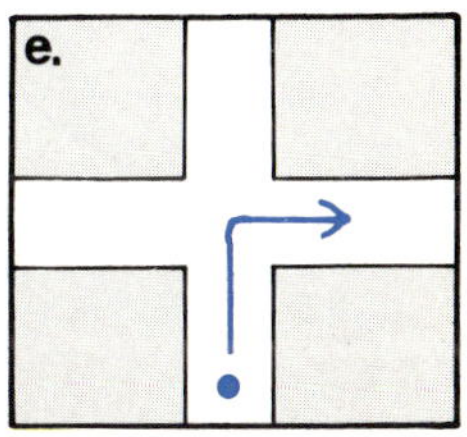

4 (1/68)

Sie sehen auf dem Plan unten, welche Straßen aus Sevilla herausführen. Auf der CD werden Ihnen die Entfernungen zu verschiedenen Städten angegeben, z. B.: *Carmona está a unos treinta y tres kilómetros.* Hören Sie genau hin und entscheiden Sie, ob die Entfernungsangaben richtig oder falsch sind. Kreuzen Sie wieder das entsprechende Kästchen an.

	verdad	*mentira*
1 Osuna	☐	☐
2 Ecija	☐	☐
3 Marchena	☐	☐
4 Utrera	☐	☐
5 Lebrija	☐	☐
6 Morón de la Frontera	☐	☐
7 San Isidro	☐	☐
8 Lora del Río	☐	☐

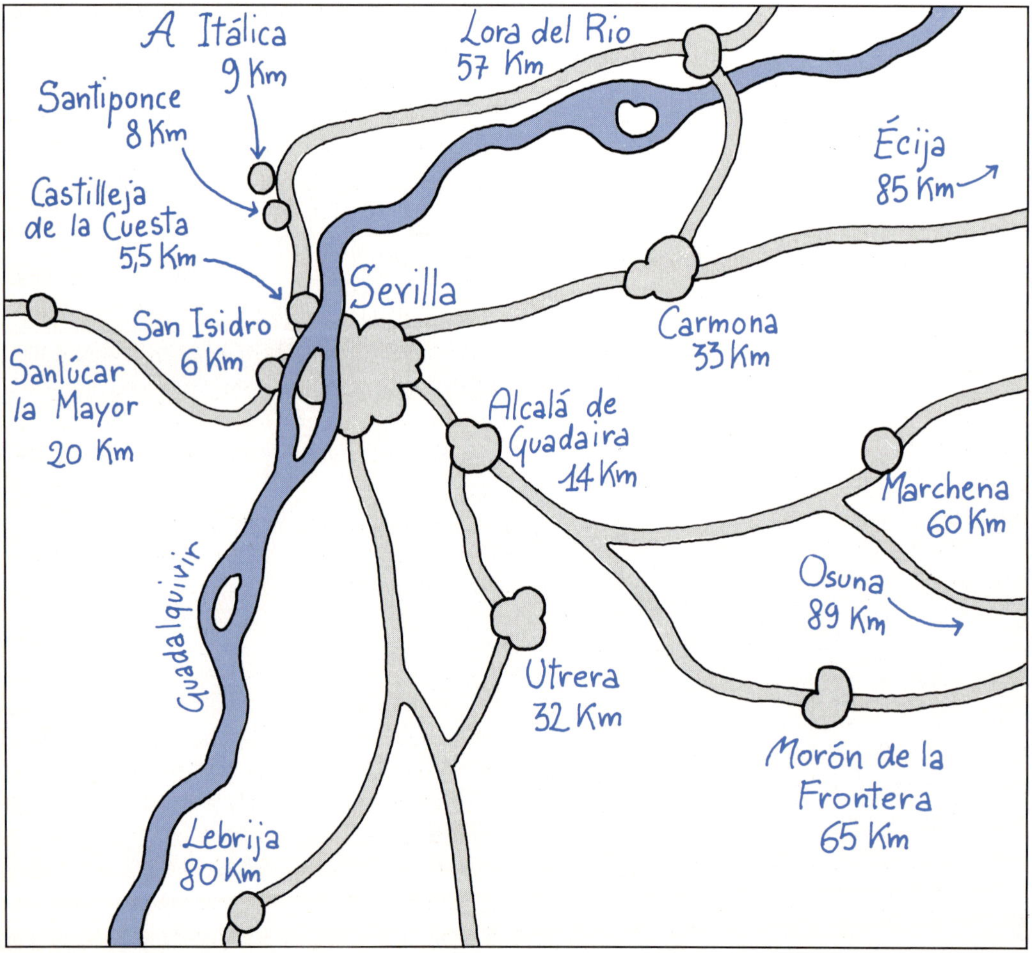

se puede

Wenn Sie ausdrücken wollen, dass etwas erlaubt oder möglich ist, sagen Sie: *se puede* – man kann. Auf *se puede* folgt immer das Verb im Infinitiv: *¿se puede ir en autobús?* – kann man mit dem Autobus fahren? *¿se puede aparcar?* – kann man parken? – *¿se puede seguir todo recto?* – kann man immer geradeaus fahren?

por/para

Aus den Beispielen in den Dialogen haben Sie sicher schon abgeleitet, dass *para* und *por* zwar oft mit „für" wiedergegeben werden, darüber hinaus aber noch andere Bedeutungen haben können. Wir fassen hier einige zusammen:

para – um zu; wie?
trabajo para vivir – ich arbeite um zu leben
¿para ir a Marchena? – wie kommt man nach Marchena?
¿para ir a la catedral? – wie komme ich zur Kathedrale?

para – nach, für
los indicadores para Avila – die Hinweisschilder nach Avila
la carretera para Madrid – die Landstraße nach Madrid
por – durch, über, entlang
¿tengo que pasar por Avila? – muss ich über Avila fahren?
no se puede circular por esta calle – man kann durch diese Straße nicht fahren. *Vd. tiene que salir por el puente* – Sie müssen über die Brücke hinausfahren.

Achten Sie auch auf die Ausdrücke: *por aquí* – hier in der Gegend; *por favor* – bitte

Übung 1

por oder *para*?

a. _____ favor, ¿ _____ ir al la Plaza Mayor? b. Allí hay los indicadores _____ Segovia. c. ¿Hay una parada de taxis _____ aquí? d. Tengo que pasar _____ Palencia? e. ¿_____ dónde se puede salir _____ Madrid? f. Se puede ir _____ la autopista (= die Autobahn).

Gerundio

Es gibt im Spanischen eine unveränderliche Verbform, die eine Handlung während des Verlaufs ausdrückt. Das Deutsche kennt keine direkt vergleichbare Form. Das *Gerundio* wird gebildet durch Anhängen der Endung **-ando** an den Verbstamm der Verben auf **-ar** bzw. **-iendo** bei den Verben auf **-er** und **-ir.**
tomar – *tomando*
comer – *comiendo*
salir – *saliendo*
Die meisten *Gerundios* werden regelmäßig gebildet. Es gibt aber auch unregelmäßige Formen, auf die wir hier nicht eingehen wollen.
Das *Gerundio* steht häufig in Verbindung mit *estar:*
Pepe está trabajando – Pepe arbeitet gerade.
¿No ves que estoy saliendo? – Siehst du nicht, dass ich gerade am Weggehen bin?
Estamos comiendo – Wir essen gerade.

Übung 2

Bilden Sie das *Gerundio* von folgenden Verben:

a. tomar	g. hablar
b. aparcar	h. comprender
c. meter	i. vivir
d. salir	j. tener
e. pasar	k. estar
f. dar	l. vender

Lesen und Verstehen

Lesen Sie den nachfolgenden Text laut, zunächst einmal, um Ihre Aussprache zu üben und dann, um zu prüfen, ob Sie alle Richtungsangaben verstehen:

La Plaza de Toros de Málaga está cerca del Castillo de Gibralfaro. Para ir allí desde la Calle Victoria, Vd. tiene que seguir todo recto hasta los semáforos en la Plaza Nogales. Allí tiene que doblar a la izquierda. Vd. sigue la calle Sotelo. Al final de esta calle está el Hospital Noble y allí cerca está también la Plaza de Toros.

los semáforos	die Ampelanlage

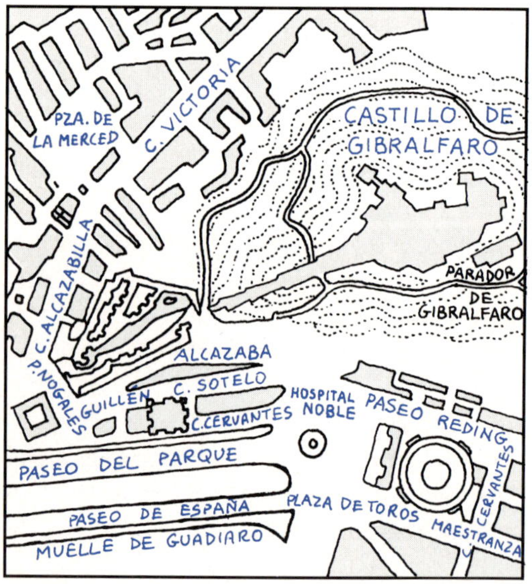

Versuchen Sie nun, zu diesen Wörtern das Gegenteil zu finden:

cerca ______________________

al principio ______________________

desde ______________________

a la derecha ______________________

arriba ______________________

Wissenswertes

Autofahren in Spanien

Wenn Sie Spanien jenseits der Touristenorte kennen lernen wollen, bietet es sich an, das Auto mitzunehmen oder sich ein Auto zu mieten. Je nachdem in welcher Gegend Sie sich aufhalten, können nämlich die Verbindungen mit öffentlichen Verkehrsmitteln recht spärlich und die Entfernungen von Ort zu Ort beträchtlich sein. Bevor Sie losfahren, sollten Sie jedoch ein paar Dinge beachten: Sie brauchen Ihren Führerschein und die Wagenpapiere. Die Mitnahme der Internationalen Grünen Versicherungskarte wird empfohlen, da sie als Versicherungsnachweis gilt und bei einem Unfall die Abwicklung erleichtert. Außerdem empfiehlt sich der Abschluss einer Kurzkasko- und Insassen-Unfallversicherung, da die Mindestdeckungssummen deutlich unter den deutschen Standards liegen. Vorgeschrieben ist das Mitführen eines zweiten Warndreiecks sowie von Ersatzglühbirnen. Während der Fahrt telefonieren dürfen Sie nur, wenn Ihr Fahrzeug mit einer Fernsprecheinrichtung ausgestattet ist. Abschleppen (*remolcar*) durch Privatfahrzeuge ist in Spanien untersagt. Sie brauchen dazu einen professionellen Abschleppdienst (*el servicio de grúa*). Bei einer Panne suchen Sie eine Werkstatt auf (*el garaje oder el taller mecánico*).

Im spanischen Straßennetz gibt es folgende Typen von Straßen: die gebührenpflichtigen Autobahnen (*autopistas*), autobahnähnlich ausgebaute Schnellstraßen (*autovías*) und die Landstraßen (*carreteras nacionales*). Bei letzteren unterscheidet man zwischen den übergeordneten Hauptverkehrsadern, die mit dem Buchstaben N und einer römischen Ziffer gekennzeichnet sind (z. B. N IV), einer zweiten Kategorie von Landstraßen mit dem Kenn-

 Wissenswertes

zeichen N, gefolgt von arabischen Ziffern (z. B. N 246) und den übrigen Landstraßen mit dem Kennzeichen C (z. B. C 654).

Puerta del Sol in Madrid: Von hier werden alle Entfernungsangaben in Spanien berechnet.

Verkehrsbestimmungen

Im Allgemeinen gelten folgende Geschwindigkeitsbeschränkungen: Autobahnen und autobahnähnliche Straßen 120 km/h (PKW), 100 km/h (Wohnmobile) und 80 km/h (Gespanne); Schnellstraßen 100 km/h (PKW), 90 km/h (Wohnmobile) und 80 km/h (Gespanne); innerorts 50 km/h für alle Fahrzeugtypen; außerorts 90 bzw. auf Straßen mit mehr als einer Fahrspur in jeder Richtung 100 km/h (PKW), 80 bzw. 90 km/h (Wohnmobile) und 70 bzw. 80 km/h (Gespanne). Überholverbot besteht 100 m vor Kuppen und auf Straßen, die nicht auf mindestens 200 m zu überblicken sind. Die Alkoholgrenze liegt bei 0,5 Promille. Verkehrsverstöße, insbesondere Geschwindigkeitsüberschreitungen und Alkoholdelikte, aber auch falsches Parken werden mit hohen Geldbußen geahndet.

Detaillierte Auskünfte erhalten Sie bei den Automobilclubs Ihres Heimatlandes und in Spanien beim *Real Automóvil Club de España* (*RACE*).

Kraftstoff

Benzin (*gasolina*) ist in Spanien billiger als in Deutschland, Österreich oder der Schweiz. Möchten Sie an der Tankstelle (*la estación de servicio*) volltanken, sagen Sie: *Lleno, por favor*. Diesel heißt *gasoil* oder *gasóleo*, bleifreies Benzin *gasolina sin plomo*.
Abschließend noch die Übersetzung besonderer spanischer Ausdrücke, die Sie auf einigen Verkehrsschildern finden können: *Alto* = Halt; *Atención* = Achtung, Vorsicht; *Ceda el paso* = Vorfahrt beachten; *Paso prohibido* = Durchfahrt verboten; *Prohibido aparcar* = Parkverbot.

Jetzt haben Sie das Wort

1/69

Sie fragen, wie Sie zur Plaza Mayor kommen, und üben dabei nicht nur *¿se puede ir …?* und *tengo que …*, sondern auch das Verstehen von Wegbeschreibungen.

Wiederholung 1/70 – 1/72

An dieser Stelle geben wir Ihnen Gelegenheit, wichtigen Lernstoff aus den *Unidades 1-5* zu wiederholen. Schlagen Sie S. 214 des Übungsbuches auf und lösen Sie die Aufgaben des Wiederholungskapitels. Sie brauchen dafür auch den CD-Player. Die Anweisungen finden Sie auf der CD im Anschluss an diese *Unidad 5*.

Plaza Mayor in Madrid

6 ¿Qué hora es?

Bevor Sie anfangen

Wiederholen Sie die Fragewörter (S. 59). Besonders wichtig in diesem Zusammenhang: *¿cuándo?* – wann? und *¿a qué hora?* – um wie viel Uhr?
Wiederholen Sie die Zahlen (S. 30, 44 und 56. Sie spielen in diesem Kapitel wieder eine besondere Rolle.
Auch das Grammatikkapitel der vorhergehenden *Unidad* sollten Sie sich noch einmal durchlesen.

Sie lernen in dieser Unidad

- Zeitangaben zu machen
- die Wochentage
- die Monatsnamen
- mit Fahrplänen umzugehen
- wie man in Spanien telefoniert

Wegweiser

Dialoge: Hören Sie sich die Dialoggruppen in der unten aufgeführten Reihenfolge bei geschlossenem Buch an. Hören Sie dann jeden Dialog einzeln an, lesen Sie ihn und arbeiten Sie ihn durch.

Reihenfolge: Dialoge 1-2; 3-4; 5-6; 7-9.

Lernen Sie *Wichtige Wörter und Ausdrücke.*

Machen Sie die *Übungen* auf S. 84.

Arbeiten Sie die *Grammatik* durch.

Bearbeiten Sie den Abschnitt *Lesen und Verstehen.*

Lesen Sie den Abschnitt *Wissenswertes.*

Jetzt haben Sie das Wort.

Hören Sie sich alle Dialoge noch einmal ohne Buch an.

Dialoge

2 (2/2)

Öffnungszeiten

(P = Pepe, L = Loli)

P – Por favor, ¿a qué hora abren el Corte Inglés?
L – A las nueve de la mañana.
P – Y ¿a qué hora se cierra?
L – Por la tarde, a las ocho.
P – ¿Todos los días de la semana?
L – Sí, los sabados también, y al mediodía no cerramos y los domingos, claro, no abrimos.

abrir	öffnen
cerrar	schließen
el día	der Tag
la semana	die Woche
el sábado	der Samstag
al mediodía	mittags
el domingo	der Sonntag

► **¿a qué hora abren el Corte Inglés?** – wann öffnet der Corte Inglés [wörtl.: öffnen sie]. **El Corte Inglés** ist eine große spanische Kaufhauskette.

► **¿a qué hora se cierra?** – wann schließt er [wörtl.: wann schließt man ihn]? **cerrar** → S. 87.

¿todos los días de la semana? – an allen Wochentagen?

1 (2/1)

Wie spät ist es?

(P = Pepe, J = Javier)

P – ¿Qué hora es, por favor?
J – Son las once menos cinco minutos.
P – Gracias.

► **¿qué hora es?** – wie spät ist es? [wörtl.: welche Stunde ...]

► **son las once menos cinco minutos** – es ist fünf vor elf [wörtl.: elf weniger fünf Minuten]. Näheres über die Uhrzeiten S. 83 und S. 87.

3 (2/3)

Wann kommt der Zug an?

(P = Pepe, D = Dorita)

P - Por favor, ¿a qué hora llega el tren de La Coruña?
D - A las veintiuna horas catorce minutos.
P - Gracias.

llegar	ankommen
el tren	der Zug

▶ **¿a qué hora llega el tren de ...?** - wann kommt der Zug aus ... an?

▶ **a las veintiuna horas catorce minutos** - um 21.14 Uhr.

Dialoge

4 (2/4)

Wann geht ein Zug nach Salamanca?

(P = Pepe, D = Dolores)

P - Por favor, ¿a qué horas hay trenes para Salamanca?
D - ¿Por la mañana o por la tarde?
P - Dígame a ver qué hay por la mañana y también por la tarde.
D - Vamos a ver ... tiene Vd. uno a las ocho y quince minutos, semi-directo con llegada a Salamanca a las doce treinta minutos, y por la tarde tiene otro semi-directo a las dieciséis horas quince minutos con llegada a Salamanca a las veinte horas treinta minutos.
P - ¿Cómo ha dicho? ... El de por la tarde ... ¿a qué hora llega?
D - A las veinte horas treinta minutos, a las ocho y media ...
P - Ya, ... bien, muchas gracias.

el semi-directo	der Eilzug
la llegada	die Ankunft

▶ **¿por la mañana o por la tarde?** - morgens oder abends? *aber:* **a las once de la mañana** - um elf Uhr morgens; **a las cinco de la tarde** - um fünf Uhr abends.
dígame a ver - sagen Sie, mal sehen
tiene Vd. uno a las ocho - Sie haben einen (Zug) um acht Uhr

▶ **¿cómo ha dicho?** - wie haben Sie gesagt? **Dicho** ist das (unregelmäßige) Partizip von **decir**.
el de por la tarde - der (von) nachmittags

Jorquera (Provinz Albacete)

5 (2/5)

Ich fahre nach Jorquera

(P = Pepe, D = Dorita)

P – Yo voy a Jorquera.
D – Pues es un viaje bastante largo, ¿no? ¿Cuánto tardas en llegar?
P – El viaje dura unas diez horas. No es demasiado.

el viaje	die Reise
bastante	ziemlich
largo, -a	lang
demasiado, -a	zu viel

► **¿cuánto tardas en llegar?** – wie lange brauchst du? [wörtl.: wie lange brauchst du um anzukommen]. **tardar en hacer una cosa** – (lange) brauchen, um etwas zu tun

el viaje dura unas diez horas – die Reise dauert etwa zehn Stunden

6 (2/6)

Der Bus hat Verspätung

(P = Pepe, L = Lucía)

P – ¿A qué hora sale el autobús para Palma?
L – A las seis, pero hoy lleva retraso.
P – Hay mal servicio, ¿no?
L – No señor, es un servicio diario y generalmente salen en punto. Los lunes, miércoles y viernes, como hoy, por la tarde y los martes, jueves y sábados por la mañana. Pero hoy no sé qué pasa.
P – Bien, voy a esperar, gracias.

hoy	heute
el servicio	*hier:* die Verbindung
diario, -a	täglich
generalmente	im Allgemeinen
en punto	pünktlich

► **el autobús lleva retraso** – der Bus hat Verspätung. Grundform: **llevar retraso** – Verspätung haben.

hay mal servicio – die Verbindung ist schlecht. Beachten Sie: vor männlichen Substantiven wird **malo** – schlecht zu **mal** verkürzt.

► **los lunes, miércoles** etc. – samstags, an Samstagen etc. (siehe auch S. 83)
no sé qué pasa – ich weiß nicht, was los ist.

Dialoge

7 (2/7)

Ist das deine Familie?

(P = Pepe, L = Lucía)

P – A ver, ¿me dejas ver la foto? ¿Es tu familia?
L – Sí, mira estos son mis hijos, éste es mi marido, y éstos son mis padres, … es una foto del día del cumpleaños de mi madre y estamos todos juntos.
P – ¡Qué bien estáis! ¿Y quién hizo la foto?
L – Mi cuñada, la mujer de mi hermano, le gusta mucho fotografiar y lo hace muy bien.

el marido	der Ehemann
el día	der Tag
el cumpleaños	der Geburtstag
la cuñada	die Schwägerin

¿me dejas ver la foto? – lässt du mich das Foto ansehen?

del día del cumpleaños de mi madre – vom Geburtstag meiner Mutter.

estamos todos juntos – wir sind alle versammelt (zusammen).

¡qué bien estáis! – wie gut ihr darauf (getroffen) seid!

¿quién hizo la foto? – wer machte das Foto? **hizo** ist eine Vergangenheitsform von **hacer** → S. 208.

► **le gusta mucho fotografiar** – sie fotografiert gern [es gefällt ihr zu fotografieren]

► **lo hace muy bien** – sie macht es sehr gut

8 (2/8)

Geburts- und Namenstage

(P = Pepe, M = Mercedes)

P – Oye, Mercedes, ¿cuántos años tienes?

M – Mira, todavía tengo 17 … Digo todavía porque pasado mañana es mi cumpleaños y cumplo ya los 18.

P – ¿Y tu santo?

M – Ah, mi santo es el día de Nuestra Señora de la Merced, el 24 de septiembre.

el año	das Jahr
todavía	noch
pasado mañana	übermorgen
el cumpleaños	der Geburtstag
cumplir	erfüllen, vollenden
el santo	der Namenstag
septiembre	September

► **¿cuántos años tienes?** – wie alt bist du? [wie viele Jahre hast du?]

► **tengo 17** – ich bin [habe] 17.

► **cumplo los …** – ich werde … Jahre alt [ich vollende die …].

mi santo es el día de Nuestra Señora de la(s) Merced(es) – mein Namenstag ist der Tag „Unserer lieben Frau von der Gnade“. **Nuestra Señora de la(s) Merced(es)** ist die Schutzpatronin Barcelonas. In Spanien wird der Namenstag oft mehr gefeiert als der Geburtstag.

el 24 de septiembre – der 24. September.

9 (2/9)

Ein Telefongespräch nach Köln

(P = Petra, T = Telefonista)

P – Por favor, quiero hacer una llamada a Colonia.

T – Sí, Alemania, ¿sabe Vd. el número de la ciudad, el prefijo?

P – Sí, aquí lo tengo, el …

T – Pues entonces tiene que marcar el 0049 que es el prefijo de Alemania, el número de la ciudad y luego el del abonado. El prefijo de Alemania, el de la ciudad, y luego el otro número, ¿sí?

P – Vale, muchas gracias.

la llamada	der (Telefon-)Anruf
el prefijo	die Vorwahl
marcar	wählen
el abonado	hier: der Fernsprechteilnehmer
esperar	warten

► **quiero hacer una llamada** – ich möchte ein Telefongespräch führen (**hacer** – machen).

el número: aquí lo tengo – die Nummer, hier habe ich sie.

tiene que marcar el cero cero cuatro nueve – Sie müssen die (Nummer) 0049 wählen.

esperar el tono – den Wählton abwarten.

el del abonado – die (Nummer) des Fernsprechteilnehmers.

Wichtige Wörter und Ausdrücke

4/6

¿qué hora es?	wie spät ist es?
es la una	es ist ein Uhr
son (las diez de la noche)	es ist (zehn Uhr abends)
¿a qué hora se abre (el Corte Inglés)?	wann öffnet (der Corte Inglés)?
a las ocho de la mañana	um acht Uhr morgens
a las cuatro de la tarde	um vier Uhr nachmittags
¿a qué hora se cierra (el bar)?	wann schließt (die Bar)?
a las once de la noche	um elf Uhr nachts
¿a qué hora viene/ llega el autobús?	um wie viel Uhr kommt der Bus?
¿a qué hora sale el tren para Valencia?	um wie viel Uhr fährt der Zug nach V. ab?
¿cuánto tiempo tarda en llegar?	wie lange braucht er [um anzukommen]?
dos horas	zwei Stunden
¿cuándo es ...?	wann ist ...?
su cumpleaños	sein/ihr Geburtstag
llamar a una persona	jemanden anrufen
hacer una llamada	einen Anruf tätigen
por la mañana o por la tarde	morgens oder abends

Wochentage

lunes	Montag
martes	Dienstag
miércoles	Mittwoch
jueves	Donnerstag
viernes	Freitag
sábado	Samstag
domingo	Sonntag

Die Wochentage und Monatsnamen sind im Spanischen (wie im Deutschen) männlich.

Monatsnamen

enero	Januar
febrero	Februar
marzo	März
abril	April
mayo	Mai
junio	Juni
julio	Juli
agosto	August
septiembre	September
octubre	Oktober
noviembre	November
diciembre	Dezember

Zeitangaben

son las dos	es ist zwei Uhr
son las tres y cinco	es ist drei Uhr fünf
son las cuatro y diez	es ist zehn nach vier
son las cinco y cuarto	es ist Viertel nach fünf
son las seis y media	es ist halb sieben
son las siete menos veinticinco	es ist fünfundzwanzig Minuten vor sieben
son las ocho menos cuarto	es ist Viertel vor acht
son las nueve menos diez	es ist zehn vor neun
¿a qué hora?	um wie viel Uhr?
a las dos	um zwei
a las tres y cinco	um fünf nach drei
llega el lunes	er kommt am Montag an
trabaja los viernes	er arbeitet an den Freitagen
el tres de agosto	der dritte August
mi cumpleaños es el veinto de junio	mein Geburtstag ist am 20. Juni

Übungen

1 (2/10)

Miguel Gómez fragt nach Zugverbindungen von Palma nach Sóller. Notieren Sie die verschiedenen Möglichkeiten in der nachstehenden Tabelle (bitte schreiben Sie die Zeiten aus). Bei dieser Übung werden Sie vermutlich öfter die Pausentaste drücken müssen.

TRENES **Salidas de Palma para Sóller**

Ein besonderes Zugerlebnis: die Fahrt von Palma nach Sóller

2 (2/11)

Übertragen Sie diese beiden Dialoge ins Spanische und überprüfen Sie Ihre Übersetzung dann anhand der CD.

a. Wann kommt bitte der Zug an?
Welcher Zug? [Der Zug von wo?]
Aus Salamanca.
Um halb neun Uhr.
Halb neun Uhr morgens oder abends?
Abends.
Vielen Dank.
Bitte.

b. Wann fährt der Bus nach Madrid ab?
Morgens oder am Nachmittag?
Am Nachmittag.
Es gibt zwei: einen um 16^{15} und einen um 18^{30}.
Vielen Dank.

c. Versuchen Sie nun, mit den Elementen, die wir Ihnen im Kästchen vorgeben, selbst ähnliche Dialoge zu bilden.

La Coruña
¿a qué hora?
Granada
15^{34}
a las
Málaga
llega
8^{20}
Barcelona
el tren
sale
para
de
11^{15}
el autobús
el avión
13^{25}
17^{45}
Madrid

Übungen

3 (2/12)

Auf der CD hören Sie nun die Telefonnummern von ein paar wichtigen Dienststellen. Haben Sie die Nummern verstanden? Dann notieren Sie sie neben der jeweiligen Dienststelle.

OFICINA DE TURISMO ....
CORREOS ....
RENFE ....

4 (2/13)

Jetzt geht es um Zugansagen. Hören Sie sorgfältig zu, woher die Züge kommen und notieren Sie dann (in Ziffern) die Ankunftszeiten und die Bahnsteignummern. Vergewissern Sie sich durch mehrmaliges Anhören, daß Sie richtig verstanden haben.

PROCEDENCIA	LLEGADA	ANDÉN
SALAMANCA		
VALENCIA		
MADRID		
LA CORUÑA		
VIGO		
BURGOS		

 Grammatik

este, ese, aquel

Im Spanischen wird bei den Demonstrativpronomen die Entfernung zum Sprechenden deutlich gemacht:
este – dieser, *esta* – diese; *estos* – diese (m. Pl.), *estas* – diese (f. Pl.) weisen auf Dinge oder Personen hin, die sich nahe beim Sprechenden befinden.
ese, esa; esos, esas weisen auf Personen oder Dinge hin, die vom Sprechenden etwas weiter entfernt sind.
aquel(lo) – jener, *aquella* – jene; *aquellos* – jene (m. Pl.), *aquellas* – jene (f. Pl.) beziehen sich auf örtlich oder zeitlich weiter entfernte Dinge oder Personen.

Übung 1

este – esta – estos oder *estas?*

a. __________ señor es mi cuñado.
b. __________ son mis padres.
c. __________ mujer es la hermana de mi amiga.
d. __________ es el autobús para Toledo.
e. __________ son fotos de mi familia.
f. __________ es un viaje bastante largo.
g. __________ es mi amiga Juanita.

La hora – Die Uhrzeit

a. es la una

b. es la una y cuarto

c. es la una y media

d. son las dos

e. son las dos menos diez

f. son las dos menos cuarto

g. son las tres

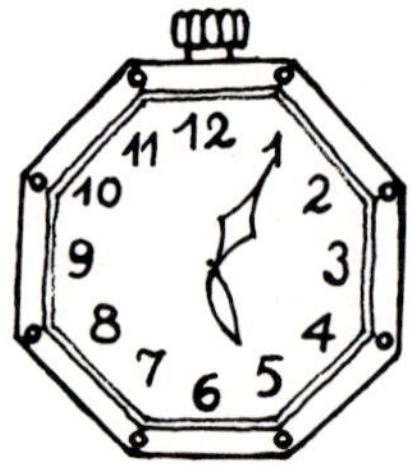

h. son las cinco y cinco

i. es mediodía / medianoche

j. son las nueve y trece

Grammatik

Bis zur halben Stunde, die auf eine volle Stunde folgt, werden die Minuten hinzugezählt (z. B. *son las cinco y veinte* – es ist fünf Uhr zwanzig), danach werden sie von der folgenden Stunde abgezogen (z. B. *son las ocho menos veintinueve* – es ist sieben Uhr einunddreißig oder neunundzwanzig Minuten vor acht).

Merken Sie sich auch:

es mediodía	es ist 12 h (Mittag)
a mediodía	mittags
es medianoche	es ist 12 h (Mitternacht)
a medianoche	um Mitternacht

Übung 2

Wie spät ist es? (Schreiben Sie die Zeiten aus)

Verwenden Sie nun diese Uhrzeiten zur Vervollständigung folgender Sätze:

a. El Corte Inglés abre ________________ .
b. El tren para Madrid sale ________________ .
c. El autobús de Burgos llega ________________ .
d. Cerramos ________________ .
e. ________________ hay un semi-directo para Salamanca.
f. El avión para Berlín lleva retraso. Sale ________________ .

cerrar – schließen

cierro	ich schließe
cierras	du schließt
cierra	er/sie schließt; Sie schließen
cerramos	wir schließen
cerráis	ihr schließt
cierran	sie/Sie schließen

lo – la – los – las

Wie im Deutschen gibt es auch im Spanischen die Möglichkeit, Substantive durch Personalpronomen zu ersetzen:

tengo *el número*	ich habe die Nummer
lo tengo	ich habe sie
tomo *los calamares*	ich nehme die Tintenfische
los tomo	ich nehme sie
cruzamos *la calle*	wir überqueren die Straße
la cruzamos	wir überqueren sie
tengo *habitaciones* libres	ich habe Zimmer frei
las tengo con ducha o con baño	ich habe sie mit Dusche oder Bad

Übung 3

lo – la – los – las?

a. – Un vaso de vino, por favor. – Enseguida se __________ traigo.
b. Los calamares no me gustan, no __________ tomo.
c. – ¿Tienen una habitación libre? – Sí, ¿__________ prefiere con baño o con ducha?
d. Las fresas son muy buenas, __________ compro.
e. – La cuenta, por favor. – Sí, ahora mismo se __________ traigo.

 Lesen und Verstehen

Schauen Sie sich den Busfahrplan genau an und versuchen Sie dann, die Fragen zu beantworten.

PALMA-ARENAL

ITINERARIO Y PARADAS

- PLAZA ESPAÑA
- LAS PALMERAS
- COLL D'EN REBASSA
- C'AN PASTILLA
- HOTEL PLAYA
- HOTEL CRISTINA
- MARAVILLAS
- SAN FRANCISCO
- HOTEL TIMON
- HOTEL TOKIO
- CALLE CANNAS
- CALA BLAVA

HORARIOS

1º de Junio al 30 Septiembre

PALMA

Primera salida: 6.30 horas

Ultima salida: 23.00 horas

ARENAL

Primera salida: 6.00 horas

Ultima salida: 22.30 horas

Frecuencia: cada 10 minutos aproximadamente

1º de Octubre al 31 Mayo

PALMA

Primera salida: 6.30 horas

Ultima salida: 22.30 horas

ARENAL

Primera salida: 6.00 horas

Ultima salida: 22.00 horas

Frecuencia: cada 15 minutos aproximadamente

el itinerario	die Fahrtstrecke
el horario	der Fahrplan
la primera/última salida	der erste/letzte Bus
la salida	die Abfahrt
cada	jeder, jede; hier: alle
la frecuencia	die Häufigkeit
aproximadamente	ungefähr

1. Bleibt der Fahrplan das ganze Jahr über gleich?
2. Welches ist der früheste Bus von Palma? … und von Arenal?
3. Wie oft fahren die Busse im Sommer und wie oft im Winter?
4. Und wann fährt jeweils der letzte Bus von Palma und von Arenal ab?

Wissenswertes

Post

In allen größeren spanischen Ortschaften finden Sie Postämter *(Oficinas de Correo)*, wo Sie Briefmarken kaufen, Brief- und Paketsendungen aufgeben, Geld vom Postsparbuch abheben etc. können. Briefmarken *(sellos)* gibt es aber nicht nur auf den Postämtern, sondern auch in den *estancos*, den Tabakläden, die Sie an den rotbraunen Schildern mit der gelben Aufschrift „Tabacos“ erkennen können. Postlagernde Sendungen *(Lista de Correos)* sind beim betreffenden Postamt hinterlegt und können gegen Vorlage des Reisepasses oder Personalausweises abgeholt werden.

Telefon

Öffentliche Fernsprechzellen haben den Nachteil, dass sie sich häufig an verkehrsreichen Straßen oder Plätzen befinden und die Verständigung wegen des hohen Lärmpegels schwierig sein kann. In Touristenzentren gibt es manchmal auch speziell eingerichtete Telefonzentralen, zum Beispiel an der Strandpromenade. Dort telefonieren Sie ruhiger und zahlen das Gespräch später an der Kasse. In größeren Städten gibt es Fernmeldeämter, die rund um die Uhr geöffnet sind und in denen Ihnen der Telefonist oder die Telefonistin (*el/la telefonista*) gerne behilflich ist.

Telefonieren können Sie mit Münzen oder mit einer Telefonkarte (*tarjeta de teléfono*), die Sie ebenfalls in einem *estanco* kaufen können. Telefonieren Sie von Spanien ins Ausland, wählen Sie zunächst die 00, dann die Landeskennzahl – Deutschland 49, Österreich 43 und Schweiz 41 –, danach die Ortskennzahl ohne die 0 und zum Schluss die Teilnehmernummer. Telefonieren Sie nach Spanien, wählen Sie 0034 und dann die vollständige Provinz- und Teilnehmernummer. Für Telefonate innerhalb Spaniens wählen Sie immer die vollständige Provinz- und Teilnehmernummer, auch wenn Sie innerhalb derselben Provinz oder Stadt telefonieren. „Handy“ heißt auf Spanisch übrigens *el móvil.*

Spanische Fernsprechteilnehmer melden sich mit *diga* oder *dígame* (sprechen Sie, sagen Sie mir), wenn sie angerufen werden, und beginnen den Anruf mit *oiga* (hören Sie).

Das spanische Buchstabieralphabet

A	*Antonio*	N	*Navarra*
B	*Barcelona*	Ñ	*Ñoño*
C	*Carmen*	O	*Oviedo*
CH	*Chocolate*	P	*París*
D	*Dolores*	Q	*Querido*
E	*Enrique*	R	*Ramón*
F	*Francia*	S	*Sábado*
G	*Gerona*	T	*Tarragona*
H	*Historia*	U	*Ulises*
I	*Inés*	V	*Valencia*
J	*José*	W	*Washington*
K	*Kilo*	X	*Xíquena*
L	*Lorenzo*	Y	*Yegua*
LL	*Llobregat*	Z	*Zaragoza*
M	*Madrid*		

Jetzt haben Sie das Wort

1 (2/14)

Sie sind auf dem Bahnhof und erkundigen sich nach Zugverbindungen. Hören Sie genau zu, halten Sie die CD nach jeder deutschen Anweisung an und formulieren Sie Ihre Antwort dann auf Spanisch. Die Kontrolle haben Sie, wie immer, durch die Antworten auf der CD. Machen Sie diese Übung ruhig mehrmals, damit Sie an Sicherheit gewinnen.

2 (2/15)

Ein spanischer Tourist, der sich anlässlich einer Deutschlandreise gerade in Ihrer Heimatstadt aufhält, fragt Sie nach den Öffnungszeiten der Banken in Deutschland. Sie geben ihm die gewünschten Auskünfte.

7 ¿Qué prefiere Vd.?

Bevor Sie anfangen

Wiederholen Sie die Grammatikkapitel der vorangegangenen *Unidad*.
Wiederholen Sie nochmals die Zahlen (S. 30, 44 und 56).
Sie werden in dieser *Unidad* sehr viel neuen Wortschatz lernen. Suchen Sie aus den Dialogen der *Unidades 1–6* den Wortschatz heraus, der sich mit Einkaufen, Essen und Trinken in Verbindung bringen lässt. Einen kleinen Grundstock für unsere „Einkaufstour" haben Sie nämlich schon.

Sie lernen in dieser Unidad

- wie man nach bestimmten Dingen fragt
- wie man eigene Wünsche äußert
- wie man nach dem Preis fragt
- den Verkäufer zu verstehen, wenn er Ihnen Fragen stellt
- Wissenswertes über den Einkauf von Lebensmitteln und Souvenirs in Spanien

Wegweiser

Dialoge: Hören Sie sich die Dialoggruppen in der unten aufgeführten Reihenfolge bei geschlossenem Buch an. Hören Sie dann jeden Dialog einzeln an, lesen Sie ihn und arbeiten Sie ihn durch.

Reihenfolge: Dialoge 1; 2–3; 4; 5.

Lernen Sie *Wichtige Wörter und Ausdrücke.*

Machen Sie die *Übungen* auf S. 97.

Arbeiten Sie die *Grammatik* durch.

Bearbeiten Sie den Abschnitt *Lesen und Verstehen.*

Lesen Sie den Abschnitt *Wissenswertes.*

Jetzt haben Sie das Wort.

Hören Sie sich alle Dialoge noch einmal ohne Buch an.

1 (2/16)

Ich brauche Batterien

(P = Pepe, V = Vendedora)

P – ¿Me da 5 pilas?
V – ¿Grandes o pequeñas?
P – De ésas, de las grandes … ¿Son mejores éstas?
V – Son todas iguales.
P – Iguales todas … ya … pues sí, déme 5. ¿Cuánto es todo?
V – Cuatro.

el vendedor, la vendedora	der Verkäufer, die Verkäuferin
la pila	die Batterie
mejor	besser
igual	gleich

¿me da cinco pilas? – geben Sie mir fünf Batterien?

de ésas, de las grandes – von denen da, den großen

¿son mejores éstas? – sind die hier besser?

son todas iguales – sie sind alle gleich. Achten Sie darauf, dass Adjektive, die auf Konsonant (r, l, s etc.) enden, keine eigene weibliche Form haben: **la pila es mejor.**

► **déme 5** – geben Sie mir fünf. **Déme** ist eine Imperativform von **dar**. Über die Bildung der Befehlsformen im Spanischen erfahren Sie mehr auf S. 100.

► **¿cuánto es todo?** – was macht das (alles)?

2 (2/17)

Einen halben Liter Milch, bitte!

(P = Pepe, V = Vendedor)

P – Por favor, medio litro de leche.
V – Botellas de medio no hay, sólo tenemos de litro.
P – Bueno, y una botella de aceite también. ¿De qué tamaños son?
V – Pues también de un litro o de dos, si quiere. De medio litro no las hacen ya …
P – ¿Es aceite de oliva?
V – Estas de aquí, sí, pero también tengo, si quiere, aceite de girasol, y de maíz, si prefiere …
P – ¿Cuál es mejor?
V – El de oliva, naturalmente señor … pero es también el más caro.

la leche	die Milch
el litro	der Liter
el aceite	das Öl
el tamaño	das Maß, die Größe
el aceite de oliva	das Olivenöl
el girasol	die Sonnenblume
el maíz	der Mais

▶ **medio litro de leche** – einen halben Liter Milch. Beachten Sie, dass vor **medio** der unbestimmte Artikel entfällt: **media botella de vino** – eine halbe Flasche Wein.

una botella de aceite de oliva – eine Flasche Olivenöl. In Spanien wird überwiegend mit Öl (Olivenöl) gekocht.

▶ **¿de qué tamaño son?** – Welche Größe haben sie? [von welcher Größe sind sie?]

▶ **¿cuál es el mejor?** – welches ist das beste (Öl)?

el aceite más caro – das teuerste Öl; **el aceite más barato** – das billigste Öl.

3 (2/18)

Was kosten die Eier?

(P = Pepe, V = Vendedora)

P – A ver, por favor, que tengo prisa, 3 botellas de leche, un litro de aceite, sí, una Coca-Cola pequeña. ¿A cuánto está la Coca-Cola?

V – 45 céntimos.

P – Vale, y una lata de aceitunas negras, por favor.

V – Estas están a 1,50 €.

P – Sí, de ésas. Y una docena de huevos, ¿y qué más? Ah, sí, mortadela, 200 gramos quiero. ¿A cuánto está la mortadela?

V – A 2,70 €.

P – Pues eso, y una bolsa de patatas fritas, ah, y sal gorda. Un paquete de sal gorda.

V – Sí, ahora mismo, ¡ya! ¿Quiere el señor alguna cosita más?

P – Gracias, es todo.

la lata	die Büchse
las aceitunas negras	die schwarzen Oliven
el huevo	das Ei
la docena	das Dutzend
la mortadela	die Mortadella
la bolsa	die Tüte; die Tasche
las patatas fritas	die Pommes frites
la sal	das Salz
gordo, -a	grob, dick
el paquete	das Paket

que tengo prisa – ich habe es eilig [es ist, dass ich in Eile bin].

▶ **¿a cuánto está la Coca-Cola?** – wie teuer ist die Coca-Cola?

▶ Beachten Sie die Mengenangaben: **una botella de vino** – eine Flasche Wein; **una docena de huevos** – ein Dutzend Eier; **200 gramos de mortadela** – 200 g Mortadella; **una lata de aceitunas** – eine Büchse Oliven; **un paquete de sal gorda** – ein Päckchen grobes Salz.

¿alguna cosita más? – noch etwas? **La cosita** ist eine Verkleinerungsform von **la cosa** – die Sache, das Ding.

Dialoge

el recuerdo	das Andenken, Souvenir
el regalo	das Geschenk
típico, -a	typisch
el plato	der Teller
bonito, -a	hübsch
el cambio	der Geldwechsel

4 2/19

Souvenirs …

(P = Pepe, V = Vendedora)

P – Buenos días.
V – Buenos días, señor, ¿qué desea?
P – Quiero comprar un recuerdo, algo de recuerdo … es para un regalo.
V – Sí, ¿desea algo típico, de aquí?
P – Sí, sí.
V – Estos platos, por ejemplo, es lo más típico de aquí. Están muy bien hechos.
P – Un poco grandes, ¿no?, demasiado grandes … No tiene otros más pequeños?
V – Sí, claro, aquí. Estos valen 8 euros.
P – Uy, qué caros, ¿no? Son carísimos.
V – Señor, están hechos a mano, y están muy bien hechos …
P – Sí, sí, son bonitos … ¿Y éstos son los más pequeños que hacen?
V – Sí, sólo hay éstos y los grandes …
P – Bueno, me llevo uno.
V – Son 8 euros. ¿Quiere algo más?
P – No sé, a ver, pero no me queda más dinero. ¿Tiene cambio de cien?
V – Sí, señor, dos y noventa, cien … Muchas gracias.

quiero comprar algo de recuerdo – ich möchte etwas als Andenken kaufen.

▶ **es lo más típico de aquí** – das ist das Typischste von hier.

▶ **están muy bien hechos** – sie sind sehr gut gemacht. **El plato está bien hecho** – der Teller ist gut gemacht; **la comida está bien hecha** – das Essen ist gut gemacht; **están hechos a mano** – sie sind handgearbeitet. **Hecho** ist das Partizip von **hacer** – machen (unregelmäßige Bildung).

▶ **son carísimas** – sie sind sündteuer.

¿son los más pequeños que hacen? – sind das die kleinsten, die Sie machen?

▶ **me llevo uno** – ich nehme einen mit; **llevarse una cosa** – etwas mitnehmen.

▶ **¿quiere algo más?** – wünschen Sie sonst noch etwas? Wenn Sie keine Wünsche mehr haben, sagen Sie **gracias, nada más** – danke, nichts mehr.

no me queda más dinero – ich habe kein Geld mehr; **quedar** – übrigbleiben, behalten.

▶ **¿tiene cambio de cien?** – können Sie auf hundert herausgeben? [haben Sie Wechselgeld auf hundert?]

Dialoge

5 (2/20)

Womit kann ich dienen?

(P = Pepe, V = Vendedora)

V - Buenas tardes, ¿en qué puedo atenderle?
P - Una maleta, por favor.
V - ¿La prefiere de tipo bolso o maleta maleta?
P - Pues grande, maleta maleta.
V - Pues mire, éstas: ésta es muy buena. Es la mejor que tenemos de momento.
P - Está bien, y éstas, ¿cuánto cuestan éstas?
V - ¿Éstas? Éstas son las más baratas porque no son de cuero. Son de polipiel, ¿sabe? imitación a piel.
P - Pues no están mal ... aunque no es cuero ...
V - Sí, están bien hechas ...
P - ¿Son duras?, cree Vd. que ...
V - Sí, ¿no ve?, son duras y además están rebajadas ahora. Están muy bien de precio ...

¿en qué puedo atenderle? – womit kann ich Ihnen dienen? **atender a una persona** – jemanden bedienen.

¿la prefiere de tipo maleta maleta? – wollen Sie einen richtigen Koffer? Die Verdoppelung von Substantiven kann der Verstärkung oder Bekräftigung dienen. Bilden Sie solche Formen nicht selbst. Es genügt zunächst, wenn Sie ihre Bedeutung verstehen.

es la mejor que tenemos – es ist der beste (Koffer), den wir haben.

aunque no es cuero – auch wenn es kein Leder ist.

están muy bien de precio – sie sind sehr gut im Preis.

la maleta	der Koffer
el bolso	die Reisetasche, große Tasche
el cuero	das Leder
el polipiel	die Lederimitation
duro, -a	fest, hart
rebajado, -a	im Preis reduziert

Wichtige Wörter und Ausdrücke

4/7

¿en qué puedo atenderle?	womit kann ich Ihnen dienen?
¿desea algo?	wünschen Sie etwas?
¿qué desea Vd.?	was wünschen Sie?
¿me da (cinco pilas) por favor?	geben Sie mir (fünf Batterien) bitte?
quiero comprar (5 pilas)	ich möchte (fünf Batterien) kaufen
¿tiene …?	haben Sie …?
¿tiene recuerdos?	haben Sie Geschenkartikel?
¿de qué tamaño es?	welche Größe ist es?
¿cuál es …	welcher ist …
el más caro?	der teuerste?
el más barato?	der billigste?
¿quiere algo más?	möchten Sie noch etwas?
nada más	nichts mehr, nichts weiter
¿cuánto es todo?	was kostet das alles?
¿tiene cambio de …?	können Sie … wechseln?
¿desea algo típico?	möchten Sie irgend etwas Typisches?

Maße

un litro de …	ein Liter (von; dieses „von“ bleibt im Deutschen meist unübersetzt)
medio litro de	ein halber Liter
un litro y medio de	eineinhalb Liter
una botella de	eine Flasche
un kilo de	ein Kilo
medio kilo de	ein halbes Kilo, ein Pfund
doscientos gramos de	zweihundert Gramm
una lata de	eine Büchse
una docena de	ein Dutzend
una bolsa de	eine Tüte
un paquete de	ein Paket

Übungen

1 (2/21)

Auf der CD hören Sie, wie ein Kunde nach verschiedenen Lebensmitteln fragt. Wenn Sie von den nachstehend aufgeführten Gegenständen welche ausmachen können, kreuzen Sie die entsprechende Zeichnung an. Ein neues Wort ist dabei: *una barra de pan* – eine Stange (Weiß-) Brot.

2 (2/22)

Sie sehen einen Kassenzettel mit der Anzahl der gekauften Waren und den Preisen. Es fehlen aber die Bezeichnungen der betr. Artikel. Können Sie sie einsetzen, wenn Sie den Dialog auf der CD gehört haben?

el sombrero	der Hut
la cantidad	die Menge

Cantidad		Precio
2		7,00 €
3		15,00 €
1		47,00 €
1		6,80 €

3 (2/23)

Schalten Sie jetzt wieder den CD-Player ein und hören Sie aufmerksam zu. Danach halten Sie die CD an. Versuchen Sie aus dem Gedächtnis, durch Pfeile die richtigen Mengenangaben mit den entsprechenden Lebensmitteln zu verbinden.

Was hat alles zusammen gekostet? _______ €

un kilo →	de leche
tres botellas	de mortadela
una docena	de cerveza
una barra	→ de tomates
un paquete	de pan
dos latas	de patatas fritas
500 gramos	de sal
seis botellines	de sardinas
una bolsa	de huevos

4 (2/24)

Auf der CD haben wir das Gespräch zwischen einer Verkäuferin und einer ziemlich anspruchsvollen Kundin aufgezeichnet. Hören Sie sich den Dialog an und ergänzen Sie dann den nachstehenden Text.

- Buenas tardes. ¿Puedo atenderle?
- Sí, un __________ por favor.
- Bien, ¿qué __________ quiere?
- Un sombrero __________ por favor, ¿los tiene de __________?
- Lo siento, de __________ no tenemos. Mire, tenemos __________ son grandes y los hay en varios __________.
- ¿Qué __________ tiene?
- __________, verde y __________.
- ¿No __________ de otros colores?
- No, de otros __________ no.
- ¿Cuánto __________?
- Estos, pues __________________________.
- Uy, qué __________.
- No, señora, ____________________ rebajados.
- ¿No tiene más __________? __________ de allí, ¿cuánto __________?
- ________________________ pero los tenemos sólo en __________.
- ¿En marrón? Pues no. Muchas __________ señorita.
- A __________.

el color	die Farbe
burdeos	bordeauxrot
marrón	braun

Steigerungsformen

Die regelmäßige Bildung von Steigerungsformen ist im Spanischen einfach:

caro, cara, caros, caras	teuer
más caro, -a, más caros, -as	teurer
el más caro	der teuerste
la más cara	die teuerste
los más caros	die teuersten (männl.)
las más caras	die teuersten (weibl.)

Ein besonders hoher Grad der Eigenschaft kann durch die Endung *-ísimo, -a, -os, -as* ausgedrückt werden. *carísimo* – sündhaft teuer, *baratísimo* – äußerst billig, *buenísimo* – wahnsinnig gut etc.

Merken Sie sich außerdem auch:

bastante caro	ziemlich teuer
demasiado caro	zu teuer
menos caro	billiger (wörtl. weniger teuer)

Neben den regelmäßigen gibt es auch unregelmäßige Formen der Steigerung:
bueno (gut) → *mejor, -es* (besser)
malo (schlecht) → *peor, -es* (schlechter)

Übung 1

a. Estas pilas son (malas) ________ que ésas.
b. El sombrero marrón es ________ caro que el sombrero burdeos.
c. El jamón es ________ caro.
d. Esta maleta es ________ bonita que aquélla.
e. En el Corte Inglés las pilas son ________ baratas que en otra tienda.
f. Son los (buenos) ________ vinos de España.

hacer - machen, tun

hago	*hacemos*
haces	*hacéis*
hace	*hacen*
hecho	

Der Imperativ

Das Spanische unterscheidet zwischen bejahter und verneinter Aufforderung. Hier zunächst die bejahten Formen. (In *U8* stellen wir Ihnen die verneinten Formen vor.)

*tom**ar***
*tom**a**, Luisa* - nimm!
*tom**e** Vd., señor* - nehmen Sie!
*tom**ad**, hijos* - nehmt!
*tom**en** Vds., señores* - nehmen Sie!
*tom**emos*** - nehmen wir!

*com**er***
*com**e**, Luisa* - iss!
*com**a** Vd., señor* - essen Sie!
*com**ed**, hijos* - esst!
*com**an** Vds.* - essen Sie!
*com**amos*** - essen wir!

*escrib**ir***
*escrib**e**, Luisa* - schreib!
*escrib**a** Vd.* - schreiben Sie!
*escrib**id*** - schreibt!
*escrib**an** Vds.* - schreiben Sie!
*escrib**amos*** - schreiben wir!

 Lesen und Verstehen

Lesen Sie den folgenden Text und beantworten Sie dann die Fragen:

La España peninsular tiene sus tradiciones y productos típicos: abanicos y mantillas de Sevilla, mantas de lana de colores de Grazalema (Cádiz) y de las Alpujarras (Granada), una boina del País Vasco o una botella de jerez, manzanilla o coñac de Jerez de la Frontera o de Sanlúcar de Barrameda (Cádiz).

En las Islas Baleares también hay tradición y mercado de artesanía: las perlas artificiales, la cerámica, los zapatos hechos a mano ... En Mahón se pueden comprar muy buenos zapatos a precios razonables. Las perlas son famosas en Manacor y Felanitx. Menorca tiene una brillante tradición de hacer muebles y platos típicos.

la artesanía	Kunsthandwerk
hecho a mano	handgearbeitet
razonable	vernünftig, mäßig
peninsular	Halbinsel-
el abanico	Fächer
la mantilla	Schultertuch
la manta de lana	Wolldecke
de colores	bunt
la boina	Baskenmütze
la manzanilla	Manzanilla-Wein

a. Welchen Schmuck können Sie auf den Balearen kaufen?
☐ Elfenbeinketten ☐ Perlenketten
☐ Jadeschmuck

b. Manacor ist berühmt für seine
☐ Möbel ☐ Schuhe ☐ Perlen

c. Menorca hat eine alte Tradition in der Möbelherstellung
☐ ja ☐ nein

d. Wunderschöne Fächer gibt es vor allem in
☐ Palencia ☐ Bilbao ☐ Sevilla

e. Manzanilla ist
☐ ein Weißwein ☐ eine Apfelsorte
☐ ein Stadtviertel von Málaga

f. In Mahón werden handgearbeitete Schuhe von sehr guter Qualität hergestellt. Allerdings sind sie zu teuer.
☐ ja ☐ nein

 Wissenswertes

Einkauf von Lebensmitteln

Wenn Sie sich in den Ferien selbst versorgen, interessieren Sie sicher die folgenden Informationen:

Die *tienda de ultramarinos* ist die klassische Kolonialwarenhandlung. In der *mantequería* bekommen Sie nicht nur Milch und Butter, sondern oft auch Delikatessen. In Läden mit der Aufschrift *fiambres* können Sie Wurstwaren kaufen, während Fleisch in der *carnicería* zu haben ist. Die *panadería* verkauft Ihnen Brot und die *frutería* Obst. Gemüse führt die *verdulería*. Billiger (und oft auch frischer) sind diese Lebensmittel aber auf dem Markt. Wochenmärkte im Freien werden in den meisten spanischen Städten und Gemeinden abgehalten. Am besten Sie erkundigen sich an Ort und Stelle.

 Wissenswertes

Reiseandenken

Jede spanische Region hat ihre eigenen kunsthandwerklichen Erzeugnisse. Wenn Sie in Madrid sind, sollten Sie es nicht versäumen, dem *Rastro*, das ist der dortige Flohmarkt, einen Besuch abzustatten. Zur Hälfte spielt sich dieser Markt im Freien ab, zur anderen Hälfte in kleinen Läden rund um den Markt. Besonders geschäftig geht es am Sonntag zu, wenn halb Madrid sich zwischen den Ständen drängt. Meiden Sie nach Möglichkeit die typischen Touristenläden und decken Sie Ihren Bedarf an Keramik, Lederwaren usw. lieber dort, wo auch die Einheimischen einkaufen. Die Preise sind dort meist günstiger.

Jetzt haben Sie das Wort Jetzt haben Sie das Wort

1 (2/25)

Sie sind beim Gemischtwarenhändler und kaufen Vorräte ein. Übernehmen Sie die Rolle der Kundin oder des Kunden und sagen Sie dem Verkäufer, was Sie alles brauchen.
Testen Sie zum Schluss Ihr Wissen anhand der Rubrik *Wichtige Wörter und Ausdrücke* und spielen Sie alle Dialoge ohne Zuhilfenahme des Buches noch einmal durch.

2 (2/26)

Sie sind auf dem Rastro in Madrid und interessieren sich für *antigüedades*. In einem kleinen Geschäft haben Sie einen alten Tisch entdeckt, der Ihnen gefällt. Sie fragen nach dem Preis und handeln mit dem Verkäufer.

8 ¿Cuánto es todo?

Bevor Sie anfangen

Wiederholen Sie die Grammatik der vorhergehenden *Unidad.*
Wiederholen Sie die Zahlen. Sie werden sie auch bei unserer zweiten „Einkaufsrunde" brauchen.
Prägen Sie sich aus den vorangegangenen *Unidades* Ausdrücke wie *quiero* – ich möchte; *¿tiene ...?* – haben Sie?; *nada más* – nichts mehr; *¿cuánto es?* – was macht das? besonders gut ein. Sie sind beim Einkauf wichtige Hilfsmittel.

Themen dieser Unidad

- Einkauf von Kleidung und Sportartikeln
- Bezahlung mit Kreditkarte
- Der Gang zur Apotheke – Kauf von Medikamenten
- Wissenswertes über Apotheken, Drogerien und Parfümerien
- Geschäftszeiten

Wegweiser

Dialoge: Hören Sie sich die Dialoge oder Dialoggruppen in der unten aufgeführten Reihenfolge bei geschlossenem Buch an. Hören Sie dann jeden Dialog einzeln an, lesen Sie ihn und arbeiten Sie ihn durch.

Reihenfolge: Dialoge 1–2; 3–5; 6–8.

Lernen Sie *Wichtige Wörter und Ausdrücke.*

Machen Sie die *Übungen* auf S. 113.

Arbeiten Sie die *Grammatik* durch.

Bearbeiten Sie den Abschnitt *Lesen und Verstehen.*

Lesen Sie den Abschnitt *Wissenswertes.*

Jetzt haben Sie das Wort.

Hören Sie sich alle Dialoge noch einmal ohne Buch an.

1 (2/27)

Wo ist die Sportabteilung?

(P = Pepe, V = Vendedora)

P – Oiga, por favor, ¿la sección de deportes?
V – Sí, sí, la tenemos aquí, en la planta baja … Aquí al lado los artículos de fútbol y …
P – ¿Venden Vds. cosas para tenis? Es lo que quiero …
V – Sí, de todo, raquetas, pelotas, y vestidos y pantalones, vamos … de todo, al fondo …

el deporte	der Sport
el fútbol	der Fußball
el artículo	der Artikel
el tenis	das Tennis
la raqueta	der Schläger
la pelota	der Ball
el vestido	das Kleid
el pantalón	die Hose

► **oiga, por favor** – hören Sie, entschuldigen Sie bitte.

¿venden Vds. cosas para tenis? – verkaufen Sie Tennissachen?

► **es lo que quiero** – das ist es, was ich will.

vamos – wir gehen kommt von **ir** – gehen und ist hier als Füllwort gebraucht.

al fondo – dort hinten (im Hintergrund).

2 (2/28)

Ich brauche Stiefel

(P = Pepe, D = Dependiente)

P – Oiga, señorita, ¿venden botas? Quiero unas botas fuertes de …
D – Bueno, es que ahora, como es verano, aquí en la sección de zapatos tenemos más bien zapatos ligeros y sandalias aquí fuera; … las botas, las va a tener que buscar …, pregunte Vd. en la sección de deportes. No sé, a lo mejor las tiene Vd. incluso rebajadas. ¿Qué número tiene Vd.? Sí, un 43 o 44, ¿no? Sí, es posible que números grandes estén ahora rebajados, pregunte Vd. allí …

el/la dependiente	der/die Angestellte
las botas	die Stiefel
fuerte	kräftig
el verano	der Sommer
el zapato	der Schuh
ligero, -a	leicht
la sandalia	die Sandale
buscar	suchen

es que ahora … – es ist so, dass jetzt …

como es verano tenemos más bien – da Sommer ist, haben wir eher …

aquí fuera – hier draußen.

las botas las va a tener que buscar … – die Stiefel, die werden Sie suchen müssen.

▶ **pregunte Vd. allí** – fragen Sie dort. Grundform: **preguntar** – fragen.

a lo mejor las tiene Vd. incluso rebajadas – vielleicht haben Sie sie sogar reduziert.

es posible que estén rebajados – es ist möglich, dass sie reduziert sind. **Estén** ist eine Form des *subjuntivo*, des spanischen Konjunktivs. (Grundform: **estar**)

3 (2/29)

Was kostet das?

(P = Pepe, V = Vendedora)

P – ¿Podría enseñarme pañuelos de cuello?
V – Sí, mire Vd., aquí los tiene de varios tamaños y colores, ve en azul, gris, blanco y negro, …
P – ¡Qué bonitos! ¿Cuánto vale éste?
V – Estos valen todos sobre los 40 euros.
P – Uy, carísimos, ¿no?
V – Es que son todos de seda natural.
P – Son preciosos, desde luego …
V – Son los más caros, claro, pero si quiere Vd., le puedo enseñar en algodón, o en otros materiales, de lino, de poliester …
P – De poliester, no.
V – Son los más baratos que tenemos …
P – Ya, muchas gracias, pero no me gustan.

el pañuelo de cuello	das Halstuch
enseñar	zeigen
el tamaño	die Größe
el color	die Farbe
azul	blau
gris	grau
blanco, -a	weiß
negro, -a	schwarz
la seda natural	die Naturseide
el algodón	die Baumwolle
precioso, -a	kostbar, wunderbar
lino	Leinen
el poliester	das Polyester

▶ **¿podría enseñarme?** – könnten Sie mir zeigen?

▶ **los pañuelos, ¡qué bonitos!** – die Tücher, wie schön!

▶ **¿cuánto vale éste?** – wie teuer ist dieses? [wie viel ist es wert?]

éstos valen sobre los 40 euros – diese kosten etwa/um die 40 Euro.

desde luego – übrigens.

son los más baratos que tenemos – es sind die billigsten, die wir haben; **barato** – billig, **caro** – teuer.

▶ **no me gustan** – sie gefallen mir nicht.

Dialoge

4 (2/30)

Sie wünschen …?

(P = Pepe, V = Vendedora)

V – Buenas tardes, señor, ¿qué desea?

P – Una chaqueta. ¿Me podría enseñar, a ver qué tienen?

V – Sí, como no. Voy a medirle para ver qué talla tiene Vd. … Sí, bien, le voy a enseñar lo que tenemos en su talla … Mire, éstas de aquí, ni muy gruesas ni muy finas. Para esta época del año ideales … son de lana …

P – ¿Tiene de otros colores porque éstos …?

V – Tenemos también en varios tonos de gris, y de marrón, y creo que hay también algo en verde todavía … Si no le gustan de esta calidad también tenemos las clásicas en azul marino, los blazers.

P – Y ésta, ¿cuánto cuesta ésta?

V – Estos tipos de chaqueta tienen varios precios, según calidades y terminaciones. Esta, sí, cuesta 55 euros … Los precios oscilan entre los 40 y los 70 euros. ¿Se la quiere probar el señor?

la chaqueta	das Sakko, die Jacke
medir	messen
la talla	die (Kleider-)Größe
fino, -a	fein, dünn
la época del año	die Jahreszeit
lana	Wolle
porque	weil
el tono	der Ton
marrón	braun
verde	grün
la calidad	die Qualität
clásico, -a	klassisch
azul marino	marineblau
el blazer	der Blazer
la terminación	die Machart
oscilar	schwanken
probar	anprobieren

a ver qué tienen – mal sehen, was Sie haben.

voy a medirle – ich werde Ihnen Maß nehmen, ich werde Sie abmessen.

ni muy gruesas ni muy finas – weder zu dick noch zu dünn. **Muy** hat in diesem Fall die Bedeutung von zu viel, zu sehr.

► **¿cuánto cuesta ésta?** – was kostet diese hier?

¿se la quiere probar el señor? – will der Herr sie anprobieren?

5 (2/31)

Womit können wir dienen?

(P = Pepe, J = Jefe, V = Vendedor)

J – Muy buenas, ¿en qué podemos serle útil?
P – Estoy buscando pantalones de verano.
V – Sí, para Vd., ¿verdad? ¿O es para ...?
P – Sí, para mí.
V – Para Vd. Bien. Vamos a tomar la medida, por favor, ¿me permite?, para saber su talla ... Sí, cuarenta y dos ... Los quiere Vd. de verano, ¿no?
P – Sí, para verano, ligeros.

útil	nützlich
la medida	das Maß
la talla	die Größe
ligero, -a	leicht
el verano	der Sommer

▶ **muy buenas, ¿en qué podemos serle útil?** – guten Tag, womit können wir Ihnen dienen (nützlich sein)? **Muy buenas** steht hier als etwas saloppe Ausdrucksweise für **buenas tardes.**

¿para Vd.? – sí, para mí. – für Sie? – ja, für mich.

vamos a tomar la medida – wir werden Maß nehmen.

▶ **¿me permite?** – erlauben Sie mir? Grundform: **permitir** – erlauben.

Dialoge

6 (2/32)

Kann ich mit Scheck bezahlen?
(P = Pepe, V = Vendedor)

P – ¿Puedo pagar con Eurocheque?
V – Por supuesto.
P – Muchas gracias.

pagar	bezahlen
por supuesto	selbstverständlich

¿puedo pagar con Eurocheque? – kann ich mit Euroscheck bezahlen? Hier noch zwei weitere unbare Zahlungsmittel: **el cheque de viaje** – der Reisescheck; **la tarjeta de crédito** – die Kreditkarte.

7 (2/33)

Kann ich Sie beraten?

(J = Jefe, V = Victoria)

J – Señorita, ¿qué desea? ¿La puedo aconsejar en algo o prefiere ...
V – No, gracias, estoy mirando un poco a ver qué tienen ...
J – Sí, en vestidos lo que quiera. Pase por aquí, aquí tiene Vd. muchísimos más modelos de primavera, si quiere.

aconsejar	beraten
los vestidos	die Kleider
el modelo	das Modell
la primavera	der Frühling

Dialoge

¿la puedo aconsejar en algo? - kann ich Sie mit etwas beraten?

► **estoy mirando** - ich schaue mich um.

pase por aquí - kommen Sie hierher.
pasar - vorbeikommen, -gehen.

muchísimos más modelos de primavera - noch sehr viel mehr Frühjahrsmodelle.

8 (2/34)

In der Apotheke

(P = Pepe, F = Farmacéutica)

P - Buenas tardes, ¿tienen algo para dolores de estómago?
F - ¿Para qué? ¿Para ardor, mala digestión, dolores?
P - Algo para la digestión, para malas digestiones ...
F - Malas digestiones ... Pues sí, ¿lo quería en comprimidos, en jarabe? Estos comprimidos tienen un efecto bastante rápido.
P - Bien. ¿Y tienen también bronceadores, algún bronceador?
F - Sí, a este otro lado ... mire.

la farmacéutica	die Apothekerin
el dolor	der Schmerz
el estómago	der Magen
el ardor	das Brennen
la digestión	die Verdauung
el comprimido	die Tablette
el jarabe	der Sirup
el bronceador	das Bräunungsmittel

► **¿tienen algo para dolores de estómago?** - haben Sie etwas für Magenschmerzen?
¿algo para mala digestión? - etwas gegen schlechte Verdauung?

► **¿lo quería en comprimidos o en jarabe?** - wollten Sie es als Tabletten oder als Saft?
quería ist eine Vergangenheitsform von **querer** - wollen.

tienen un efecto bastante rápido - sie haben eine ziemlich rasche Wirkung.

a este otro lado - hier auf der anderen Seite.

Wichtige Wörter und Ausdrücke

4/8

¿en qué podemos serle útil?	womit können wir Ihnen dienen?
¿venden Vds. (artículos de deporte)?	verkaufen Sie (Sportartikel)?
¿venden Vds. zapatos?	verkaufen Sie Schuhe?
¿venden Vds. bolsas de piel?	verkaufen Sie Ledertaschen?
estoy buscando (unos pantalones)	ich suche (Hosen)
estoy buscando una chaqueta negra	ich suche eine schwarze Jacke
estoy buscando algún bronceador	ich suche ein Bräunungsmittel
estoy buscando una buena crema para la piel	ich suche eine gute Hautcreme
estoy buscando botas fuertes	ich suche kräftige Stiefel
deseo comprar (una chaqueta)	ich möchte gern (eine Jacke) kaufen
deseo comprar juguetes para los niños	ich möchte Spielzeug für die Kinder kaufen
quiero comprar un modelo de primavera	ich möchte ein Frühjahrsmodell kaufen
¿qué tipo de (chaqueta)?	was für eine Art (Jacke)?
¿qué tipo de pantalón desea Vd.?	was für eine Art Hose möchten Sie?
¿qué tipo de raqueta desea Vd.?	welche Art Tennisschläger möchten Sie?
¿qué tipo de pañuelo desea Vd.?	welche Art Tuch hätten Sie gern?
¿tiene la talla (42)?	haben Sie Größe (42)?
no, tengo la talla cuarenta	nein, ich habe Größe 40
no sé qué talla tengo	ich weiß nicht, welche Größe ich habe
¿tiene (algo, alguna medicina) para (el dolor de estómago)?	haben Sie (etwas, irgendein Medikament) für (Magenschmerzen)?
¿tiene alguna medicina para el dolor de cabeza?	haben Sie irgendein Medikament für Kopfschmerzen?
yo me quedo con (este)	ich nehme (diesen)
yo me quedo con este sombrero	ich nehme diesen Hut
yo me quedo con esta falda	ich nehme diesen Rock
¿puedo pagar con …	kann ich mit … bezahlen?
cheque de viaje?	Reisescheck
eurocheques?	Euroschecks
tarjeta de crédito?	Kreditkarte
¿dónde puedo pagar?	wo kann ich bezahlen
¿dónde puedo pasar a pagar?	wo kann ich hingehen, um zu bezahlen?
pase Vd. a la caja	gehen Sie zur Kasse
¿Vd. lo desea para ahora?	möchten Sie es für jetzt gleich?

1 (2/35)

Sie hören auf der CD ein Gespräch zwischen einer Kundin und einem Verkäufer. Für welche Kleidungsstücke entscheidet sie sich?
Wenn Sie den Dialog aufmerksam angehört haben, halten Sie die CD an und kreuzen Sie die richtigen Kästchen an.

la ropa	die Kleidung
la blusa	die Bluse
la falda	der Rock
la camiseta	das Hemd

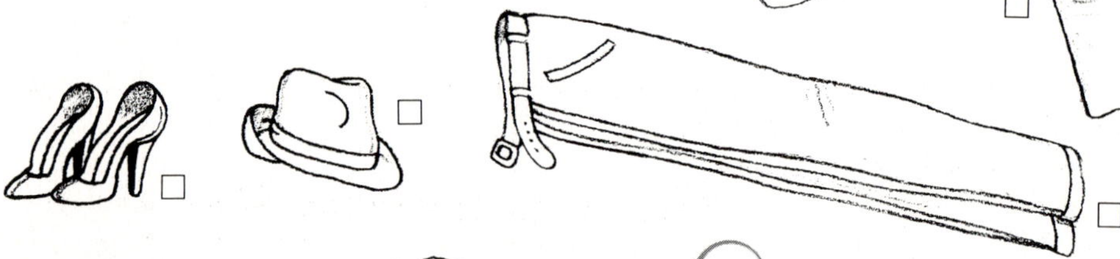

2 (2/36)

Jetzt hören Sie zwei Gespräche. Finden Sie heraus, wofür sich der Mann interessiert und nach welchen Kleidungsstücken die Frau fragt. Verbinden Sie die entsprechenden Gegenstände durch Linien mit den beiden Personen.

Übungen

3 (2/37)

Carlos kauft in einem Bekleidungsgeschäft ein. Hören Sie seine Unterhaltung mit der Verkäuferin so oft wie nötig an und beantworten Sie dann die unten stehenden Fragen auf Deutsch.

a. Was möchte Carlos kaufen?

____

b. Welche Größe meint er zu haben?

____

c. Nach welcher Farbe fragt er?

____

d. Wie viele verschiedene Materialien bietet ihm die Verkäuferin zunächst an?

____

____

e. Welchen Mangel hat das erste Kleidungsstück, das er probiert?

____

f. Was passt Carlos beim nächsten Kleidungsstück nicht?

____

poder - können

Einige der Formen haben Sie bereits gelernt. Hier die Präsensformen im Überblick:

puedo	*podemos*
puedes	*podéis*
puede	*pueden*

Das Verb *poder* wird meist gefolgt von einem Verb im Infinitiv:
¿puedo hacer la maleta? - kann ich den Koffer packen?
¿podemos cambiar dinero aquí? - können wir hier Geld wechseln?
Ähnlich verhält es sich mit *querer* - wollen und *saber* - wissen:
quiero comprar un vestido - ich möchte ein Kleid kaufen
¿sabe Vd. nadar? - können Sie schwimmen?

saber - wissen und **conocer** - kennen

Beide Verben sind in der 1. Person unregelmäßig.

sé	*conozco*
sabes	*conoces*
sabe	*conoce*
sabemos	*conocemos*
sabéis	*conocéis*
saben	*conocen*

saber bedeutet neben „wissen" auch „können" im Sinne von „etwas gelernt haben": *sé francés* - ich kann Französisch, *sé escribir a máquina* - ich kann Maschine schreiben. Beachten Sie beim Verb *conocer: conozco España* - ich kenne Spanien; *conozco a Luisa* - ich kenne Luisa. Wenn von Personen die Rede ist, muss es immer *conocer **a*** heißen.

Übung 1

Übertragen Sie ins Spanische:
a. Können Sie mir Sommerhosen zeigen?
b. Ich kann Spanisch und Französisch.
c. Kennen Sie Frau González?
d. Ich kann jetzt nicht sprechen.
e. Wisst ihr, wie spät es ist?
f. Können wir mit Kreditkarte bezahlen?
g. Ich kenne eine sehr gute Bar.

Der verneinte Imperativ

*tom**ar***

*No tom**es** esta habitación.*	Nimm dieses Zimmer nicht.
*No la tom**e** Vd.*	Nehmen Sie (Sg.) es nicht.
*No la tom**éis**.*	Nehmt es nicht.
*No la tom**en** Vds.*	Nehmen Sie (Pl.) es nicht.
*No la tom**emos**.*	Nehmen wir es nicht.

*com**er***

*No com**as** esta fruta.*	Iss dieses Obst nicht.
*No la com**a** Vd.*	Essen Sie (Sg.) es nicht.
*No la com**áis**.*	Esst es nicht.
*No la com**an** Vds.*	Essen Sie (Pl.) es nicht.
*No la com**amos**.*	Essen wir es nicht.

*escrib**ir***

*No escrib**as** la carta.*	Schreib den Brief nicht.
*No la escrib**a** Vd.*	Schreiben Sie (Sg.) ihn nicht.
*No la escrib**áis**.*	Schreibt ihn nicht.
*No la escrib**an** Vds.*	Schreiben Sie (Pl.) ihn nicht.
*No la escrib**amos**.*	Schreiben wir ihn nicht.

Übung 2

Wie lauten jeweils die bejahten und verneinten Befehlsformen folgender Verben: a. trabajar b. hablar c. beber d. meter e. esperar?

FARMACIAS +

Martes, 18 noviembre
Farmacias abiertas de 1.30 a 4.30 tarde.

Rubi Ponseti: Sindicato, 50.
Tel. 968 425 129.

Magdalena Salgado: Isaac Albéniz, 16 (Son Oliva).
Tel. 968 344 296.

Oliver Ferrer: José Alemany Vich, 7 (Junto Htas. de los Pobres) (Bda. Gral Riera)
Tel. 968 156 732.

Calafell Clar: Sindicato, 41.
Tel. 93 442 25 27.
Cortes: Nuño Sanz, 42 (Travesía Balmes) Hostelets.
Tel. 93 117 32 67

Abiertas de 8 a 10 noche
Bernat Delteil: Colón, 18.
Tel. 968 881 294.

De 10 noche a 9 mañana
Miró Forteza: Colón, 7.
Tel. 93 993 45 21.

1

a. Kreuzen Sie die Apotheken an, die zwischen 1.30 und 4.30 nachmittags geöffnet sind:
   Bernat Delteil
   Rubi Ponseti
   Miró Forteza
b. Wie viele Apotheken sind die ganze Nacht geöffnet?
c. Wann ist Cortes geöffnet?
d. Welche Telefonnummer hat Oliver Ferrer?

2

Lesen Sie den nebenstehenden Coupon und versuchen Sie dann, die erforderlichen Informationen einzusetzen.

rellene	setzen Sie ein, füllen Sie aus
el cupón	der Abschnitt, Coupon
envíelo	schicken Sie ihn
el apartado de correos	das Postfach

Si quiere tener una tarjeta de banco, rellene este cupón y envíelo a Apartado de Correos 1, 28003 Madrid

TARJETA DE CRÉDITO

Nombre ....

Domicilio ....

Teléfono ....

Firma ....

HORARIO VERANO
ABRIL – OCTUBRE

DE 9 a 13 h
DE 16 a 19 h
SÁBADOS 9 a 12 h

Ladenöffnungs- und -schlusszeiten

Die Öffnungszeiten liegen zwischen 9/10 Uhr morgens und 13/13.30 mittags. Über die Mittagszeit bleiben die meisten Geschäfte geschlossen (eine Ausnahme sind z. B. die großen Kaufhäuser, die durchgehend geöffnet sind). Nachmittags beginnt der Geschäftsbetrieb wieder gegen 15/15.30 h und dauert bis etwa 19.30/20 Uhr, in großen Städten auch länger. Erkundigen Sie sich vorsichtshalber immer an Ort und Stelle nach den Verkaufszeiten, denn Abweichungen von diesen Richtzahlen sind durchaus möglich.

Apotheken, Drogerien, Parfümerien

Wenn Sie Arzneimittel oder ärztlichen Rat brauchen, gehen Sie in die *farmacia* - die Apotheke. Sie werden feststellen, dass in Spanien mehr Medikamente rezeptfrei abgegeben werden als bei uns. Wenn Sie die Hilfe des Apothekers nachts einmal benötigen sollten: Der Tagespresse können Sie jeweils die Liste der Dienst habenden Apotheken entnehmen, der *farmacias de guardia.* Ähnlich wie hier zu Lande wechseln sich auch in Spanien die Apotheken mit dem Nacht- und Sonntagsdienst turnusmäßig ab.
In der Drogerie bekommen Sie keine Medikamente. Sie können dort nur Drogerieartikel wie Seife, Waschmittel etc. kaufen.
Die Parfümerien - *perfumerías* sind auf Düfte und Wohlgerüche spezialisiert.

1 (2/38)

Sie sind in der Sportabteilung eines großen Kaufhauses. Miguel macht Ihnen auf der CD wieder Vorschläge, was Sie dem Verkäufer sagen sollen.

2 (2/39)

Sie sind auf der Suche nach einer blauen Sommerhose. Ein Verkäufer in einem Bekleidungsgeschäft berät Sie.

3 (2/40)

Sie haben starke Kopfschmerzen (dolor de cabeza) und gehen in eine Apotheke, um ein schmerzstillendes Mittel zu kaufen.

9 Taxi, taxi…

Bevor Sie anfangen

Wiederholen Sie, wie immer, Grammatik und Wortschatz der vorherigen *Unidad.* Wenn Sie in einem spanischsprachigen Land reisen, brauchen Sie mit Sicherheit Uhrzeit, Datumsangaben usw. Wir empfehlen Ihnen deshalb, auch *Unidad 6* noch einmal zu wiederholen, bevor Sie mit dieser *Unidad* beginnen.

Sie lernen in dieser Unidad

- wie man ein Taxi ruft
- wie Sie erklären können, wohin Sie fahren wollen
- Fragen über Ihre Fahrt-/Reisewünsche zu verstehen
- wie man Fahrkarten (einfach und Hin- und Rückfahrt) kauft
- nützliche Ausdrücke für Tankstelle und Werkstätte

… und Sie erfahren Wissenswertes über Taxifahren und die Eisenbahn in Spanien.

Wegweiser

Dialoge: Hören Sie sich die Dialoggruppen in der unten aufgeführten Reihenfolge bei geschlossenem Buch an. Hören Sie dann jeden Dialog einzeln an, lesen Sie ihn und arbeiten Sie ihn durch.

Reihenfolge: Dialoge 1–2; 3–4; 5; 6.

Lernen Sie *Wichtige Wörter und Ausdrücke.*

Machen Sie die *Übungen* auf S. 124.

Arbeiten Sie die *Grammatik* durch.

Bearbeiten Sie den Abschnitt *Lesen und Verstehen.*

Lesen Sie den Abschnitt *Wissenswertes.*

Jetzt haben Sie das Wort.

Hören Sie sich alle Dialoge noch einmal ohne Buch an.

Dialoge

Dialoge

1 (2/41)

Ich gehe nie zu Fuß

(P = Pepe, J = Javier)

P - ¿Está lejos tu colegio?
J - Bueno, sí, un poco …
P - ¿A cuánto está de aquí?
J - Uy, no sé, yo voy en autobús, nunca voy a pie.

el colegio	die (höhere) Schule
nunca	nie

► **¿está lejos de aquí?** - ist es weit von hier?

► **¿a cuánto está de aquí?** - wie weit ist es von hier? Die Antwort auf diese Frage könnte lauten: **a … kms** - … Kilometer. Beachten Sie: **voy en autobús** - ich fahre [gehe] mit dem Autobus, aber **voy a pie** - ich gehe zu Fuß.

2 (2/42)

Wohin fahren wir?

(P = Pepe, T = Taxista)

P - ¡Taxi! ¡Taxi! ¿Está libre?
T - Sí, señor, ¿para dónde vamos?
P - Al ayuntamiento, por favor.
…
T - Aquí es, ya hemos llegado.
P - ¿Cuánto le debo?
T - Son 4 euros.
P - Aquí tiene … Vale, vale, quédese con la vuelta.

el/la taxista	der/die Taxifahrer/-in
libre	frei
el ayuntamiento	das Rathaus
la vuelta	hier: das Wechselgeld, der Rest

¿está libre? - Sind Sie frei? auch: ist hier frei?

► **¿para dónde vamos?** - wohin fahren wir? Statt **para dónde** könnten Sie auch sagen: **¿adónde vamos?**

► **¿cuánto le debo?** - was bekommen Sie [wieviel schulde ich Ihnen?]. **deber** - sollen, müssen, hier: schulden.

quédese con la vuelta - behalten Sie den Rest; **quedarse con algo** - etw. behalten: **me quedo con la chaqueta** - ich behalte die Jacke.

 Dialoge

3 (2/43)

Hallo, Taxi!

(P = Pepe, T = Taxista)

P - ¡Taxi!, ¡taxi! ¿queda libre?
T - Lo siento, señor, pero ya voy para casa, no le puedo coger ... más abajo tiene Vd. una parada de taxis ...

coger	hier: mitnehmen
la parada	die Haltestelle

¿queda libre? - sind Sie [bleiben Sie] frei? Sie sehen, dass hier **quedar** anstelle von **estar** steht.

▶ **lo siento** - es tut mir Leid. Grundform: **sentir** - fühlen (unregelmäßiges Verb).

voy para casa - ich fahre nach [in Richtung auf] Hause.

no le puedo coger - ich kann Sie nicht mitnehmen.

más abajo tiene Vd. una parada de taxis - weiter unten haben Sie einen Taxistandplatz.

Taxis an der Puerta del Sol in Madrid

 Dialoge

gasolina sin plomo	bleifreies Benzin
llenar	voll machen, voll tanken
el aceite	das Öl
necesario, -a	notwendig
comprobar	nachprüfen
la presión	der Druck
la rueda	der Reifen, das Rad
delante	vorne
limpiar	sauber machen
el parabrisas	die Windschutzscheibe
sucio, -a	schmutzig

4 (2/44)

20 Liter Super, bitte!

(P = Pepe, G = Gasolinero)

P – Oiga, ¿tienen gasolina sin plomo?
G – Tenemos súper o normal.
P – Póngame súper.
G – ¿Se lo lleno?
P – No, sólo 15, no, 20 litros.
G – Vale. ¿Le miro el aceite?
P – No, gracias, no es necesario.
G – ¿Y quiere que le compruebe la presión de las ruedas?
P – Sí, eso sí, por favor, especialmente las dos de delante.
G – Vale, le voy a limpiar el parabrisas, ¿no?
P – Sí, sí, está muy sucio.
G – De acuerdo, ahora se lo hago.

▶ **¿quiere que le compruebe la presión?** – wollen Sie, dass ich Ihnen den Reifendruck überprüfe? **Compruebe** ist eine Form des *Subjuntivo*, des spanischen Konjunktivs, den Sie nach bestimmten Ausdrücken verwenden müssen. Sie werden in diesem Kurs die aktive Anwendung der *Subjuntivo*-Formen nicht lernen, denn das würde den Rahmen eines Selbstlernkurses für Anfänger überschreiten. Da diese Formen in der gesprochenen Sprache aber häufig vorkommen, sollten Sie sie zumindest einmal gehört haben. In diesem Dialog hören Sie z. B. die *Subjuntivo*-Form nach **quiere que** – möchten Sie, dass … Hier ein paar weitere Beispiele: **¿quiere que le mire el aceite?** – möchten Sie, dass ich Ihnen das Öl nachschaue?; **¿quiere que le limpie el parabrisas?** – soll ich Ihnen die Windschutzscheibe reinigen?; **¿quiere que se lo llene?** – soll ich voll tanken?

especialmente las dos de delante – vor allem die beiden vorderen (Reifen).

le voy a limpiar el parabrisas – ich werde Ihnen die Windschutzscheibe sauber machen.

ahora se lo hago – gleich werde ich es Ihnen machen. **Hago** ist die 1. Pers. Präsens von **hacer** – machen.

5 (2/45)

Können Sie mir den Reifen reparieren?

(P = Pepe, G = Gasolinero)

P – Oiga, por favor, pueden ahora repararme una rueda, que no llevo rueda de repuesto.
G – ¿La necesita, tiene que ser ahora mismo?
P – Sí, por favor, sería conveniente, no quiero seguir el viaje sin la rueda de repuesto arreglada.
G – Bien, ¿puede esperar como un cuarto de hora o así?
P – Si es sólo cuestión de un cuarto de hora, sí. Si no, si es más, pues me voy y vuelvo dentro de un rato.
G – No, será como un cuarto de hora o media hora.
P – Estupendo, entonces espero. ¿Quiere que deje el coche aquí mismo o lo llevo un poco más adelante?
G – No, puede dejarlo ahí mismo.
P – Muy bien.

reparar	reparieren
llevar	hier: dabeihaben
el repuesto	der Ersatz
conveniente	günstig, zweckmäßig
arreglado, -a	repariert, gerichtet
la cuestión	die Angelegenheit, die Frage
volver	zurückkommen
el rato	die Weile, der kurze Zeitraum
adelante	vorwärts, vorn

► **¿pueden repararme/arreglarme una rueda?** – können Sie mir einen Reifen reparieren?

que no llevo rueda de repuesto – (es ist so,) dass ich keinen Ersatzreifen dabei habe.

► **sería conveniente** – es wäre günstig; **sería** (es würde sein) ist eine Form von **ser**, die Sie sich merken sollten: **sería estupendo** – es wäre prima/schön, **sería cuestión de un cuarto de hora** – es wäre eine Angelegenheit von einer Viertelstunde.

esperar un cuarto de hora – eine Viertelstunde warten; **esperar como un cuarto de hora o así** – so etwa eine Viertelstunde warten oder so (ungenauere Zeitangabe).

vuelvo dentro de un rato – ich komme innerhalb einer (gewissen) Zeitspanne zurück.

será como media hora – es wird etwa eine halbe Stunde sein.

¿quiere que le deje el coche aquí? – soll ich den Wagen hier lassen? können Sie auch so ausdrücken: **¿dejo el coche aquí?** oder **¿puedo dejar el coche aquí?** Sie umgehen damit die *Subjuntivo*-Form (s. Dialog 4).

¿lo llevo un poco más adelante? – soll ich ihn etwas weiter vorfahren?

6 (2/46)

Eine Fahrkarte nach Madrid, bitte!

(P = Pepe, D = Dependiente)

P - Por favor, un billete para Madrid, de segunda. Es para mañana a …
D - Mañana, ¿a qué hora quiere Vd. salir?
P - Por la noche, es posible ¿verdad?
D - Sí, tiene Vd. uno a las 11 de la noche.
P - Bueno, ése sirve …
D - ¿De qué clase le doy? ¿Primera o segunda?
P - Segunda, segunda … ¿Cuál es la diferencia de precio entre primera y segunda?
D - Unos 12 euros aproximadamente, 34 en primera y 22 en segunda.
P - Bueno, pues, segunda, por favor.
D - ¿Ida y vuelta quiere Vd.?
P - No, sólo ida, sólo ida.
D - Pues, sólo ida … son 22 euros.
P - Aquí tiene.
D - ¿Tiene Vd. 2 euros sueltos? ¿Sí? Gracias.
P - Adiós.

el billete	die Fahrkarte
la primera	die erste (Klasse)
la segunda	die zweite (Klasse)
mañana	morgen
salir	abfahren
servir	dienen, *hier:* in Ordnung sein
la diferencia	der Unterschied
ida y vuelta	hin und zurück
la ida	die Hinfahrt
la vuelta	die Rückfahrt
suelto, -a	lose, klein (Geld)

▶ **¿es posible?** – ist es möglich; **¿es posible salir por la noche?** – ist es möglich, nachts abzufahren?

ése sirve – der geht, ist in Ordnung.

¿de qué clase le doy? – welche Klasse gebe ich Ihnen? (wörtlich: von welcher Klasse …)

▶ **¿cuál es la diferencia entre …?** – welches ist der Unterschied zwischen …?

¿ida y vuelta quiere Vd.? – Hin- und Rückfahrt möchten Sie?

¿tiene Vd. … euros sueltos? – haben Sie … Euro klein?

Der Bahnhof Atocha in Madrid

Wichtige Wörter und Ausdrücke

4/9

¿(la catedral) está lejos	ist (die Kathedrale) weit weg?
¿a cuántos metros/ kilómetros está …?	wie viele Meter/Kilometer ist … entfernt?
¿se puede ir	kann man
en autobús?	mit dem Omnibus fahren?
en coche?	mit dem Wagen fahren?
en tren?	mit dem Zug fahren?
a pie?	zu Fuß gehen?
en bicicleta?	mit dem Fahrrad fahren?

Taxi

¿queda/está libre?	sind Sie frei?
al (ayuntamiento) por favor	zum (Rathaus) bitte
a (la catedral) por favor	zur (Kathedrale) bitte
¿cuánto le debo?	was schulde ich Ihnen? wie viel macht es?

Tankstelle

¿tiene gasolina sin plomo?	haben Sie bleifreies Benzin?
(veinte) litros de súper	(zwanzig) Liter Super
¿pueden repararme …	können Sie mir … reparieren?
una rueda?	einen Reifen
el coche?	den Wagen

Bahnhof

un billete para (Madrid), por favor	eine Fahrkarte nach (Madrid) bitte
en primera/segunda clase	in der ersten/zweiten Klasse
un billete de ida y vuelta	eine Rückfahrkarte
ida solamente	nur die Hinfahrt

 Übungen

1 (2/47)

Hier ist wieder einmal ein Gespräch durcheinandergeraten. Können Sie es „entwirren“? Es geht um eine Taxifahrt. Schreiben Sie die Sätze in der richtigen Reihenfolge auf und überprüfen Sie dann Ihre Lösung mit Hilfe der CD.

2 (2/48)

Machen Sie jetzt das folgende Kreuzworträtsel. Die Vorgaben hören Sie auf der CD. Die Lösung dürfte Ihnen nicht schwer fallen, wenn Sie die Dialoge sorgfältig durchgearbeitet haben.

horizontales	horizontale (Wortfolge)
verticales	vertikale (Wortfolge)

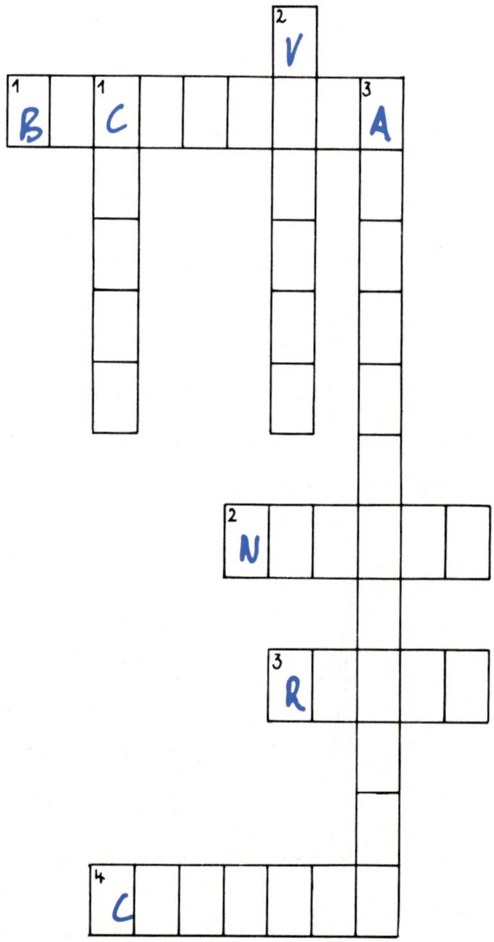

 Übungen

3

Im Buch geben wir Ihnen nur jeweils den einen Teil eines Gesprächs zwischen einem Tankwart und einer Kundin. Die Zeichnungen helfen Ihnen bei der Ergänzung des Dialogs.

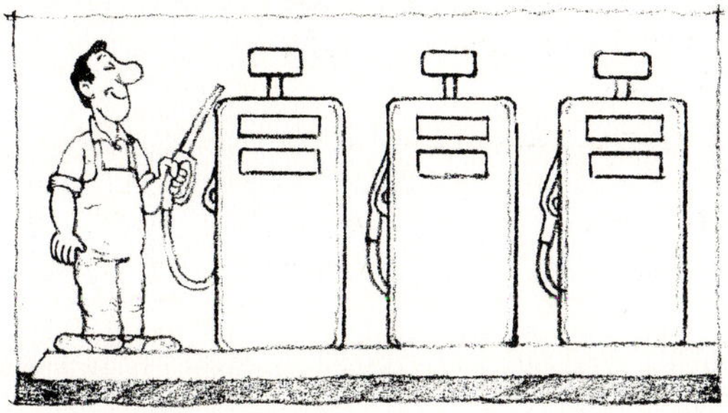

- ¿Sí, señora?
- Oiga, ¿____________________________?

- Sí, tenemos súper o normal.
- Bueno, ____________________________

- ¿Quiere que mire el aceite?
- ____________________________.

- ¿Limpio el parabrisas?
- Sí, ____________________________.

- ¿Quiere que compruebe la presión de las ruedas?
- Sí, ____________________________.

- Bien, buen viaje.
- ____________________________.

4 (2/49)

Schalten Sie jetzt wieder Ihren CD-Player ein. Sie hören vier kurze Dialoge. Kreuzen Sie in der nachstehenden Tabelle an, welche Wünsche der jeweilige Fahrgast äußert bzw. welche Auskünfte ihm gegeben werden.

	30 €	25 €	43 €	15 €	1ª	2ª	ida	ida y vuelta	andén 1	andén 2	andén 3	andén 4	andén 5
Manuel													
Elena													
Beatriz													
Pili													

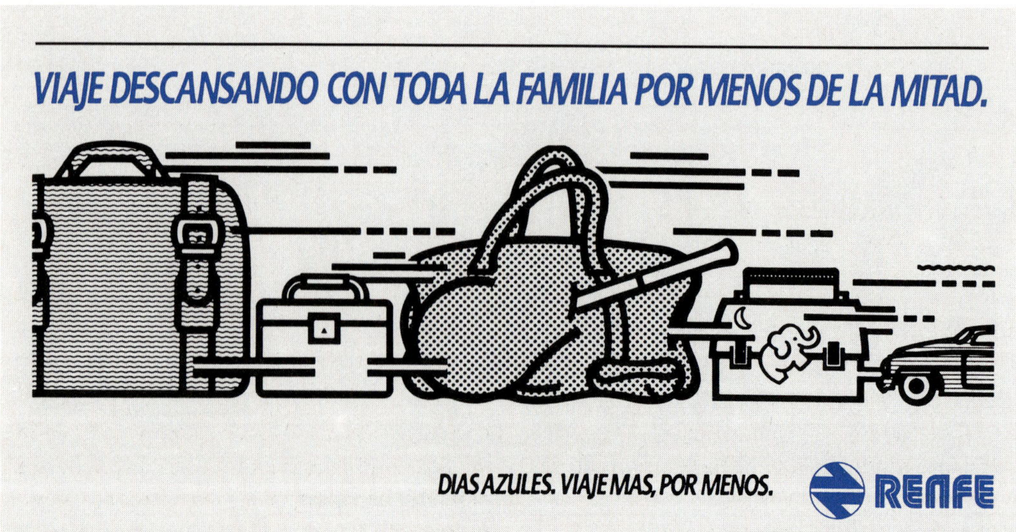

ir - gehen

voy	*vamos*	*ido*
vas	*váis*	
va	*van*	

irse bedeutet weggehen: *me voy* - ich gehe weg; *nos vamos* - wir gehen weg, brechen auf.

Übung 1

Setzen Sie die richtigen Formen von *ir* ein:

a. Oye, Pepe, ¿__________ al colegio a pie?
b. Ahora me __________, pero vuelvo dentro de un rato.
c. - Tú y Claudia, ¿__________ a tomar un taxi?
 - No, __________ en autobús.
d. Mis hijos __________ a un colegio privado.
e. - ¿Cómo se puede __________ a la Plaza Mayor?
 - Yo siempre __________ en metro.
f. - ¿Los González __________ como siempre a la Costa Brava?
 - No, este año prefieren __________ al Sur. __________ a Málaga.

mismo

Mismo hat verschiedene Bedeutungen. Fassen wir zusammen, was Sie bis jetzt kennen gelernt haben.

a. *yo mismo*	ich selbst (männl.)
tú misma	du selbst (weibl.)
b. *allí mismo*	gleich dort
aquí mismo	gleich hier
ahora mismo	gleich jetzt, jetzt sofort
c. *la misma señora*	dieselbe Dame
el mismo coche	dasselbe Auto

Übung 2

Setzen Sie *mismo* in der entsprechenden Form ein:

a. Trabajo en la __________ oficina.
b. ¡Ahora __________, señor!
c. El ayuntamiento está allí __________.
d. Vivimos en la __________ casa.
e. Tenemos los __________ amigos.
f. Yo __________ los veo desde aquí.
g. - ¿Vd. no tiene otras tarjetas?
 - Lo siento, son todas las __________.

Possessivpronomen

mi billete	meine Fahrkarte
mi casa	mein Haus
tu coche	dein Auto
tu hija	deine Tochter
su padre	sein/ihr/Ihr Vater
su familia	seine/ihre/Ihre Familie
nuestro hermano	unser Bruder
nuestra hermana	unsere Schwester
vuestro tren	euer Zug
vuestra botella	euere Flasche
su numero	ihre/Ihre Nummer (Plural)
su casa	ihr/Ihr Haus (Plural)

Vergleichen Sie dazu auch die Pluralformen:

mis	meine
tus	deine
sus	seine/ihre/Ihre
nuestros, nuestras	unsere
vuestros, vuestras	eure
sus	ihre/Ihre (Plural)

Beachten Sie, dass es zu *nuestro* und *vuestro*, *nuestros* und *vuestros* auch weibliche Formen gibt. Bei den übrigen Possessivpronomen wird nicht nach dem Geschlecht unterschieden.

 Grammatik

Übung 3

Setzen Sie die passenden Formen ein:

a. Tengo teléfono. __________ número es el 9 44 63 32 41.

b. Oye, mañana vamos al cine si __________ padres lo permiten.

c. Tenemos chaquetas de todos los colores y además, __________ modelos son los más modernos que hay.

d. Le voy a enseñar lo que tenemos en __________ talla.

e. – Señora, ¿cuáles son __________ colores preferidos?
– Prefiero tonos de azul y de marrón.

f. – ¿Tienes hermanos?
– Sí, tres: uno de __________ hermanos estudia en Madrid, el otro trabaja en Barcelona y __________ hermana va todavía al colegio.

Erklären Sie nun einem Freund, wer die unten abgebildeten Personen sind.

Lesen und Verstehen Lesen und Verstehen

Lesen Sie diese Anzeige und kreuzen Sie dann in der anschließenden Übung die richtigen Antworten an.

FERROCARRILES ESPAÑOLES

Servicio diario con Madrid, directos: duración, dos horas.

Servicio de larga distancia con Palencia, Santander, Zamora, Orense, Vigo, León y Valladolid. Servicios combinados con el resto de las capitales.

La estación está situada en las afueras de Segovia, en la carretera de Villacastín. Autobús a la estación, media hora antes de la salida de cada tren.

el servicio	der Dienst, *hier:* die Verbindung
diario	täglich
la duración	die Daucr
largo, -a	weit, lang
servicios combinados	Anschlussverbindungen
las afueras	die Außenbezirke, der Stadtrand

a. Die Züge nach Madrid verkehren
- ☐ zweimal die Woche
- ☐ täglich
- ☐ nur sonntags

b. Die Fahrt nach Madrid dauert
- ☐ 2 Std. 30 Min.
- ☐ 2 Std. 20 Min.
- ☐ 3 Std.

c. Es gibt eine Fernverbindung nach
- ☐ Valencia
- ☐ Palencia
- ☐ Santiago

d. Der Bahnhof liegt
- ☐ am Stadtrand von Segovia
- ☐ im Stadtzentrum von Segovia
- ☐ an der Straße nach Valladolid

e. Es gibt einen Zubringerbus zum Bahnhof
- ☐ $^1/_4$ Std. vor Zugabfahrt
- ☐ 1 Std. vor Abfahrt des Zuges
- ☐ $^1/_2$ Std. vor Abfahrt

Taxis

Taxifahren ist in Spanien, verglichen mit unseren Taxitarifen, billig. Stadttaxis haben einen Taxameter. Der Fahrpreis errechnet sich aus einer festen Grundgebühr und den gefahrenen Kilometern. Wenn Sie die Stadtgrenzen verlassen oder Ausflüge machen möchten, handeln Sie den Preis vor Antritt der Fahrt aus. Für Gepäckbeförderung wird im Allgemeinen ein Aufpreis verlangt. Vergessen Sie nicht, dass Taxifahrer ein Trinkgeld erwarten (etwa 10% des Fahrpreises). In Madrid z. B. fahren Unmengen von Taxis. Es sind weiße Personenwagen mit einer roten Linie an den Wagenseiten. Bei Tag signalisiert ein Schild an der Windschutzscheibe mit der Aufschrift *Libre*, bei Nacht ein grünes Lämpchen, dass das Taxi frei ist. Meiden Sie Taxis, die diese „offiziellen" Unterscheidungsmerkmale nicht aufweisen.

Eisenbahn

Die staatliche Eisenbahngesellschaft RENFE (*Red Nacional de Ferrocarriles Españoles*) wurde Anfang des 20. Jahrhunderts gegründet und unterhält heute ein gut ausgebautes Streckennetz, das vor allem in Andalusien anlässlich der Expo in Sevilla 1992 modernisiert wurde. Wegen der größeren Spurweite auf den spanischen Hauptstrecken (1668 mm) gegenüber dem mitteleuropäischen Standard (1435 mm) muss man - mit Ausnahme einiger internationaler Spezialzüge mit verstellbaren Fahrgestellen - an der französisch-spanischen Grenze den Zug wechseln.
Eines der Prunkstücke der RENFE ist der *Talgo*, ein luxuriös ausgestatteter, zuschlag-

Im Bahnhof Atocha in Madrid

pflichtiger Schnellzug, der zwischen allen größeren Städten verkehrt. Der Hochgeschwindigkeitszug *AVE* (*tren de alta velocidad*) ist mit dem französischen TGV und dem deutschen ICE vergleichbar. Ein besonderes, allerdings nicht ganz billiges Erlebnis ist eine Fahrt im nostalgischen Luxuszug *Al Andalus*, der von Sevilla über Córdoba, Granada und Málaga nach Jerez de la Frontera und zurück verkehrt. Ein nostalgisches Ambiente hat auch der *Transcantábrico*, ein Schmalspur-Hotelzug, der durch Nordspanien fährt.

Im Allgemeinen ist Bahnfahren in Spanien billig, doch braucht man viel Zeit und Geduld. Besondere Preisermäßigungen gibt es an den *días azules* (blaue Tage). Fahrkarten können Sie am Bahnhof, in den RENFE-Stadtbüros und in Reisebüros mit dem RENFE-Zeichen kaufen.

Für Gepäckträger sowohl am Bahnhof als auch auf den Flughäfen gelten feste Preise pro Gepäckstück. Wenn Sie glauben, dass man Ihnen zu viel abverlangt, können Sie Einsicht in die Tarifliste nehmen. Die Träger sind nämlich verpflichtet, solche Listen bei sich zu haben und auf Verlangen vorzuzeigen.

Ankunftstafel im Bahnhof Atocha

Jetzt haben Sie das Wort

Jetzt haben Sie das Wort

1 (2/50)

Sie sind an der Tankstelle und wollen tanken. Miguel sagt Ihnen, was Sie zu tun haben.

2 (2/51)

Sie sind am Fahrkartenschalter des Nordbahnhofs (La Estación del Norte) in Madrid und wollen eine Fahrkarte nach Sevilla kaufen. Miguel hilft Ihnen, wie immer, mit deutschen Stichworten.

Spielen Sie zum Schluss wie immer alle Dialoge noch einmal durch. Und dann stellen Sie sich vor, Sie wollen mit dem Zug von Barcelona nach Madrid fahren oder ein Taxi zum Flughafen nehmen. Versuchen Sie mit Hilfe der Ausdrücke und Wendungen, die Sie in dieser *Unidad* gelernt haben, diese Situationen zu meistern.

10 ¿Nos da el menú, por favor?

Bevor Sie anfangen

Auch in dieser *Unidad* spielen wieder Fragewörter und Zahlen eine Rolle. Wiederholen Sie die entsprechenden Abschnitte in den *Unidades 3* und *4*. Werfen Sie außerdem noch einmal einen Blick auf das Grammatikkapitel der vorhergehenden *Unidad* und auf die *Wichtigen Wörter und Ausdrücke*.

Sie lernen in dieser Unidad

- wie man nach der Speisekarte fragt
- wie Sie sich über bestimmte Gerichte auf der Speisekarte informieren können
- wie man Essen bestellt
- wie man sich nach Restaurants und der Art ihrer Küche erkundigt

… und Sie erfahren etwas über Essen und Trinken in Spanien

Wegweiser

Dialoge: Hören Sie sich die Dialoggruppen in der unten aufgeführten Reihenfolge bei geschlossenem Buch an. Hören Sie dann jeden Dialog einzeln an, lesen Sie ihn und arbeiten Sie ihn durch.

Reihenfolge: Dialoge 1–2; 3–4; 5–6.

Lernen Sie *Wichtige Wörter und Ausdrücke*.

Machen Sie die *Übungen* auf S. 140.

Arbeiten Sie die *Grammatik* durch.

Bearbeiten Sie den Abschnitt *Lesen und Verstehen.*

Lesen Sie den Abschnitt *Wissenswertes.*

Jetzt haben Sie das Wort.

Hören Sie sich alle Dialoge noch einmal ohne Buch an.

Prüfen Sie mit Hilfe des Wiederholungskapitels auf S. 216, ob Sie den Stoff der *Unidades 6–10* beherrschen.

1 (2/52)

Gibt es hier ein typisches Restaurant?

(P = Pablo, C = Carmen)

P – Oiga, por favor, ¿hay aquí algún restaurante típico?
C – Sí, hay varios aquí, en el pueblo. Pero también hay otros en la playa, si prefiere … Aquí mismo, al final de la calle está el Mesón Gallego, o no sé …
P – ¿Cuál me recomienda Vd.?
C – Pues, el Mesón Gallego tiene bastante variedad de platos, de cocina regional …

típico, -a	typisch
el pueblo	das Dorf
la playa	der Strand
la variedad	die Vielfalt
el plato	der Teller, das Gericht
la cocina	die Küche

► **¿hay por aquí algún restaurante típico?** – gibt es hier (in der Nähe) irgendein typisches Restaurant?

► **al final de la calle** – am Ende der Straße.

el Mesón Gallego – das „Galicische Wirtshaus". **Mesón** – Gasthaus, ein Begriff, mit dem sich früher die Vorstellung von alt, gediegen und behäbig verband, steht heute zunehmend auch über modernen Gaststättenbetrieben.

Beachten Sie den Unterschied: **¿qué restaurante me recomienda?** – welches Restaurant empfehlen Sie mir? (eine neutrale Frage: Es wurden vorher noch keine bestimmten Restaurants genannt) aber: **¿cuál (de los restaurantes) me recomienda?** – welches (der Restaurants, die Sie mir genannt haben, von denen ich gelesen habe etc.) empfehlen Sie mir? (es wird auf ein bereits definiertes Restaurant Bezug genommen).

2 (2/53)

Ein einfaches, aber gutes Lokal

(P = Pablo, C = Carmen)

P – ¿Sabe Vd. si es muy caro?
C – No sé, ni caro ni barato, pero conozco otro bastante barato si quiere ir …
P – ¿Es autoservicio o restaurante normal?
C – No, es un restaurante normal, sirven platos combinados, es de un tenedor, pero cocinan muy bien.
P – De un tenedor significa que es un restaurante bastante sencillo, ¿no?
C – Sí, ya sabe Vd., cuántos más tenedores, más categoría, claro … Los hay de uno, dos, tres, cuatro y no sé qué más tenedores.

el autoservicio	die Selbstbedienung
cocinar	kochen
servir	hier: servieren
sencillo, -a	einfach
significar	bedeuten
la categoría	die Kategorie

 Dialoge

► **ni caro ni barato** - weder teuer noch billig.

conozco otro bastante barato - ich kenne ein anderes, ziemlich billiges.

sirven platos combinados - man serviert (sie servieren) Tellergerichte. Die **platos combinados** sind ein Zugeständnis an die Einflüsse des Fremdenverkehrs, die sich vor allem in Selbstbedienungsrestaurants bemerkbar machen. Das klassische spanische Menü besteht nach wie vor aus verschiedenen Gängen, die individuell zusammengestellt werden können.

un restaurante de un tenedor - ein Restaurant mit einer Gabel (*s. Unidad 4*, S. 61)

► **¿qué significa ...?** - was bedeutet ...? Prägen Sie sich diesen Ausdruck gut ein. Sie können damit viele Informationen einholen.

cuántos más tenedores, más categoría - je mehr Gabeln desto höher [mehr] die Kategorie.

los hay de uno ... y no sé qué más tenedores - es gibt sie mit einer ... und ich weiß nicht, wie vielen Gabeln noch.

RESTAURANTE

El Barón

Calle de Cervantes 5 – MADRID (Centro) – Tel. 91 537 62 62

PRIMER GRUPO

Entremeses variados
Sopa de pescado con mahonesa
Ensalada variada

SEGUNDO GRUPO

Huevos revueltos con tomate
Tortilla francesa, jamón, chorizo
Merluza romana

TERCER GRUPO

Lomo de cerdo
Conejo de monte a la cazadora
Zarzuela de pescado

POSTRES

Fruta del tiempo
Crema de chocolate con nata
Helados variados

3 (2/54)

Essen Sie «à la carte»?

(C = Camarero, P = Pablo, L = Luisa, A = Antonio)

P – Buenas tardes.
C – Muy buenas, señores. ¿Van a comer a la carta?
P – Sí, ¿nos da el menú, por favor?
C – Sí, aquí tienen.
P – A ver …
C – ¿Qué van a tomar de primer plato los señores?
P – Pues, para mí un consomé con huevo.
L – Yo tomo entremeses.
C – Un consomé, unos entremeses … ¿Y para Vd., señor?
A – La sopa del día, ¿de qué es?
C – Es sopa de pescado.
A – Pues sí, me parece que la voy a tomar.
C – Sopa del día, bien …

comer a la carta	nach der Karte essen
el menú	die Speisekarte
el primer plato	der erste Gang
el consomé	die klare Brühe/Suppe
el huevo	das Ei
los entremeses	die Vorspeisen
la sopa	die Suppe
el pescado	der Fisch
parecer	(er)scheinen, glauben

¿van a comer a la carta? – werden Sie «à la carte» essen?

¿qué van a tomar de primer/de segundo plato? – was nehmen Sie als ersten/zweiten Gang?

la sopa del día, ¿de qué es? – woraus besteht die Tagessuppe?

me parece que la voy a tomar – ich glaube (mir scheint), dass ich sie nehmen werde.

4 (2/55)

Was nehmen Sie als Hauptgericht?

(C = Camarero, P = Pablo, L = Luisa, A = Antonio, R = Rosario)

C - ¿… y después, de segundo plato, ¿han mirado ya?
P - Para mí, ternera a la riojana.
L - Yo tomo merluza.
C - ¿Cómo la quiere?
L - A la romana.
A - Oiga, ¿hay bacalao a la vizcaína?
C - Pues creo que sí, puedo preguntar …
A - Si queda, pues para mí, bacalao a la vizcaína.
R - Y yo tomo cochinillo asado. Oiga, ¿sabe Vd. si es muy picante, porque mi estómago no está …?
C - No, no, está muy rico, ya verá.
R - De acuerdo.

la ternera	das Kalbfleisch
la merluza	der Seehecht
el bacalao	der Kabeljau, der Stockfisch
el cochinillo	das Spanferkel
asado, -a	gebraten
picante	scharf
rico, -a	reich; *hier:* köstlich

¿han mirado ya? – haben Sie schon gewählt [nachgeschaut]?

ternera a la riojana – Kalbfleisch auf Rioja-Art (La Rioja ist eine autonome Region in Nordspanien und ein bekanntes Weinanbaugebiet).

▶ **¿cómo la quiere?** – wie möchten Sie ihn (den Seehecht)?

a la romana – paniert (auf römische Art).

bacalao a la vizcaína – Stockfisch auf Biskaya-Art, ein Gericht aus der baskischen Küche, die hervorragende Zubereitungsarten für Fische kennt. Wenn Sie wissen möchten, was sich hinter Bezeichnungen wie **a la riojana, vizcaína, romana** etc. verbirgt, fragen Sie: **¿qué significa …?**

¿sabe Vd. si es muy picante? – wissen Sie, ob es sehr scharf ist?

está muy rico, ya verá – es ist köstlich, Sie werden schon sehen.

Dialoge

5 (2/56)

Was darf es zum Nachtisch sein?

(C = Camarero, P = Pablo, L = Luisa, A = Antonio)

C – Bien, y de postre, ¿qué desean?
P – Yo no sé, ¿qué queréis vosotros?
L – Un flan, yo tomo flan.
C – Tenemos también tarta helada, melocotón …
P – No, casi yo prefiero también flan.
C – O helado, de fresa, chocolate …
A – Bien, yo un helado de fresa.
C – O sea, dos flanes y un helado de fresa.
P – Eso.

el postre	der Nachtisch
el flan	der Flan (eine Art Karamellcreme)
la tarta helada	die Eistorte
el melocotón	der Pfirsich
casi	fast
el helado	das Eis
la fresa	die Erdbeere
el chocolate	die Schokolade
o sea	das heißt

6 (2/57)

Was möchten Sie trinken?

(C = Camarero, P = Pablo, A = Antonio, L = Luisa)

C – ¿Algo más? ¿De beber? ¿Para beber los señores? Un vino blanco de la casa o un tinto, o alguno de marca …
P – Yo creo que sería mejor una botella de tinto para todos …
C – De la casa, ¿les traigo una garrafa?
P – ¿Las garrafas son de litro?
C – Pues las hay de litro y de medio.
A – Una de litro para todos, vale.
L – Y agua mineral también.
C – ¿Con gas o sin gas, señora?
L – Con gas.
P – Buena idea, sí, traiga entonces la garrafa de tinto y si se acaba, veremos después, ¿no?

la marca	die Marke
el vino de la casa	der Hauswein
la garrafa	die Karaffe
el agua mineral	das Mineralwasser
el gas	*hier:* die Kohlensäure
acabar	*hier:* zu Ende gehen

de beber oder **para beber** – zum Trinken

alguno de marca – (irgend)einen Markenwein.

▶ **creo que sería mejor** – ich glaube, dass es besser wäre.

¿las garrafas son de litro? – sind es Liter-Karaffen [sind die Karaffen von einem Liter]? Beachten Sie, dass hier kein unbestimmter Artikel steht: **de litro** – von **einem** Liter.

si se acaba, veremos después – wenn sie (die Karaffe) zur Neige geht, werden wir weitersehen.

Wichtige Wörter und Ausdrücke

4/10

¿me da el menú?	geben Sie mir die Speisekarte?
¿nos da el menú?	geben Sie uns die Speisekarte?
¿qué tiene de beber?	was haben Sie zu trinken?
¿qué tiene de comer?	was haben Sie zu essen?
de primer plato	als erstes Gericht
de segundo plato	als zweites Gericht
de postre	als Nachspeise
¿cómo es …?	wie ist?
¿qué me recomienda?	was empfehlen Sie mir?
¿cuál me recomienda?	welchen/welche/welches empfehlen Sie mir?
me parece que sí	ich glaube, ja
me parece que no	ich glaube, nein
me parece bien	es erscheint mir gut
me parece que es …	ich glaube, dass … ist
creo que	ich glaube, dass

Hier eine kleine Auswahl von Speisen (nicht auf der CD gesprochen):

Entremeses	**Vorspeisen**
entremeses variados	gemischte Vorspeisen
salmón ahumado	Räucherlachs
ensalada	Salat
Sopas	**Suppen**
Sopa de ajo	Knoblauchsuppe
caldo de ave	Hühnerbouillon
gazpacho	(kalte) Tomatensuppe
Huevos	**Eierspeisen**
huevos a la flamenca	Spiegeleier (mit Gemüse)
Legumbres	**Gemüse**
guisantes	Erbsen
espárragos	Spargel
alcachofas	Artischocken
judías verdes	grüne Bohnen
patatas	Kartoffeln
Pescados	**Fischgerichte**
mejillones	Miesmuscheln
almejas	Venusmuscheln
langostinos	Riesengarnelen
gambas	Krabben
merluza	Seehecht
calamares	Tintenfische
lenguado	Seezunge
Carne	**Fleisch**
cochinillo	Spanferkel
cordero	Lamm
pollo	Huhn
cerdo	Schwein
ternera	Kalbfleisch
pechuga	Geflügelbrust
chuleta	Kotelett
filete	Filet(steak)
solomillo	Lende
entrecot	Mittelrippenstück
Postres	**Nachspeisen**
flan con nata	Karamellcreme mit Sahne
tarta	(Obst)kuchen
fruta del tiempo	Obst der Saison
dulce de membrillo	Quittenpaste
melocotón en almíbar	Pfirsichkompott

Übungen

1 (2/58)

Hören Sie einem Paar zu, das nach der Speisekarte ein Essen bestellt. Wer wählt was? Verbinden Sie wieder durch Linien die jeweiligen Personen und die von ihnen bestellten Gerichte.

Übungen

2 (2/59)

Auf der CD können Sie mitverfolgen, wie sich Miguel und Eloisa über verschiedene Lokale unterhalten. Hören Sie aufmerksam zu und verbinden Sie dann die Restaurants mit den dazugehörigen „Gabel-Kategorien".

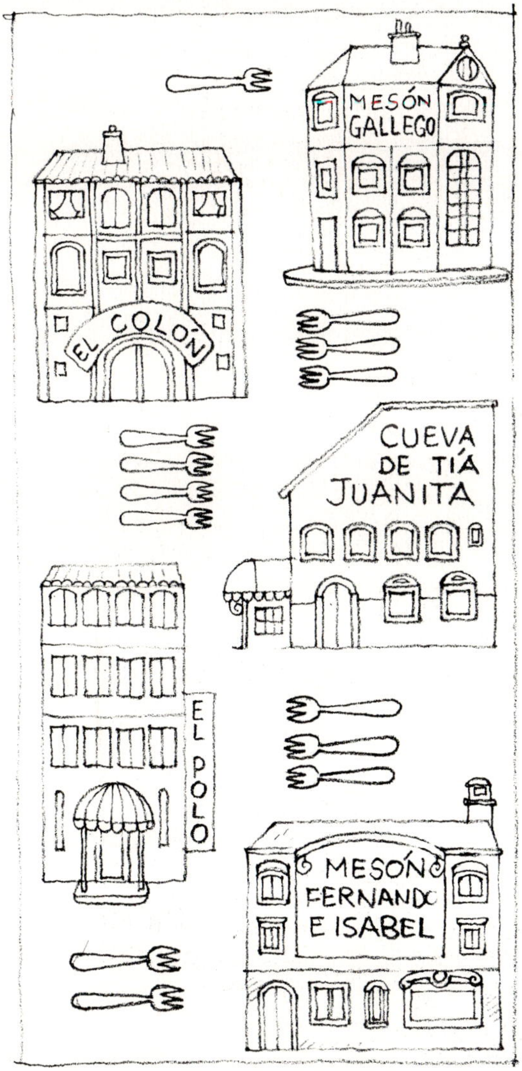

3 (2/60)

Versetzen Sie sich in die Rolle eines Kellners, der in einem Restaurant Bestellungen entgegennimmt. Hören Sie sich den Dialog auf der CD an und füllen Sie dann das unten stehende Blatt aus dem Bestellblock aus.

4 (2/61)

In dieser Übung übernehmen Sie die Rolle des Gastes. Reagieren Sie der Situation gemäß. Die Angaben im Kästchen helfen Ihnen dabei.

Camarero	Buenas tardes, señora, ¿qué desea?
Cliente	______________________
Camarero	Sí, claro.
Cliente	______________________
Camarero	Me parece que es sopa de pescado.
Cliente	______________________
Camarero	¿Y de segundo plato?
Cliente	______________________
Camarero	Sí, sí, muy bueno.
Cliente	______________________
Camarero	¿Y de postre?
Cliente	______________________
Camarero	Me parece que no. Hay flan, helados.
Cliente	______________________

un helado, por favor
¿hay tarta helada?
pues el bacalao a la vizcaína
¿el bacalao es bueno?
bien, la sopa por favor
¿me da el menú por favor?
¿de qué es la sopa?

Grammatik

para mí

Sie haben wahrscheinlich bemerkt, dass nach *para* die Form *mí* steht. Auch für die 2. Person gibt es eine eigene Form: *para ti* – für dich. Alle anderen Formen stimmen mit dem Personalpronomen im Nominativ überein: *para Vd.* – für Sie, *para nosotros* – für uns, usw. Die Formen *mí* und *ti* stehen nach Präpositionen, z. B.: *no sé nada de ti* – ich weiß nichts von dir; *sin mí* – ohne mich; *¿es esto para mí?* – ist das für mich? Mit der Präposition *con* verschmelzen *mí* und *ti* zu *conmigo* und *contigo*: *¿quieres ir a comer conmigo?* – willst du mit mir zum Essen gehen? *¡con mucho gusto voy contigo!* – ich gehe gern mit dir. *aber: voy con él* – ich gehe mit ihm.

Übung 1

Beantworten Sie folgende Fragen auf Spanisch:

a. ¿Para quién es esto? (Das ist für mich.)

____

b. ¿Es para mí? (Nein, das ist für sie.)

____

c. ¿Y tú vas conmigo? (Ja, ich komme mit dir.)

____

d. ¿La tarta helada es para Vd.? (Ja, sie ist für mich.)

____

e. Y el pan, ¿dónde está? (Vor dir.)

____

f. ¡Uy! ¿sales sin mí? (Nein, ich gehe nicht ohne dich aus.)

____

g. ¿Quieres ir a comer conmigo? (Heute kann ich nicht, aber morgen habe ich Zeit, mit dir zum Essen zu gehen.)

____

Ordnungszahlen

primero, -a, -os, -as	der/die erste(n)
segundo, -a, -os, -as	der/die zweite(n)
tercero, -a, -os, -as	der/die dritte(n)
cuarto, -a, -os, -as	der/die vierte(n)
quinto, -a, -os, -as	der/die fünfte(n)
sexto, -a, -os, -as	der/die sechste(n)
séptimo, -a, -os, -as	der/die siebte(n)
octavo, -a, -os, -as	der/die achte(n)
noveno, -a, -os, -as	der/die neunte(n)
décimo, -a, -os, -as	der/die zehnte(n)

Ordnungszahlen werden in der Umgangssprache bis zur Zahl 10 verwendet. Bei höheren Zahlen werden die Grundzahlen bevorzugt, obwohl es entsprechende Ordnungszahlen gibt, z. B. *once* statt *undécimo* etc.

Ordnungszahlen richten sich nach dem Substantiv, dem sie zugeordnet sind: *el sexto piso* - der 6. Stock; *la segunda calle a la derecha* - die zweite Straße rechts.

Primero und *tercero* werden vor männlichen Substantiven zu *primer* und *tercer* verkürzt: *el primer coche* - das erste Auto; *el tercer piso* - der dritte Stock. Die weibliche Endung wird dagegen beibehalten: *la primera calle* - die erste Straße; *la tercera casa* - das dritte Haus.

Grammatik

Übung 2

Übertragen Sie ins Spanische:
a. der siebte Stock b. die dritte Flasche c. der zweite Gang d. das erste Restaurant e. die fünfte Straße f. das achte Haus g. die neunte Stunde

Übung 3

Wer wohnt in welchem Stockwerk?

 Lesen und Verstehen

Quesos españoles

El queso soluciona una mala comida y complementa una buena. «Una buena comida sin queso es como una mujer que no tiene un ojo» – dice el francés Brillat Savarin. La verdad es que el queso forma parte importante de una comida francesa pero no de una comida española. Quesos de oveja, de vaca y de cabra son los tres tipos generales: diecisiete tipos de queso en el primer grupo, doce en el segundo y siete en el tercero. Los quesos de oveja son mejores que los otros. El más conocido de los quesos españoles es el manchego. Tiene una forma cilíndrica y es muy bueno con el vino de Valdepeñas, blanco o tinto.

el queso - der Käse; *solucionar* - lösen, *hier:* retten; *el ojo* - das Auge; *dijo* - sagte (von *decir*); *la oveja* - das Schaf; *la vaca* - die Kuh; *la cabra* - die Ziege

Richtig (verdad) oder falsch (mentira)?

	verdad	*mentira*
1 Käse ist bei einer spanischen Mahlzeit ein wichtiger Bestandteil.	☐	☐
2 Spanischer Käse lässt sich in drei große Kategorien einteilen.	☐	☐
3 Der bekannteste spanische Käse ist der *Cabrales.*	☐	☐
4 Valdepeñas-Weine passen gut zum Käse aus der Mancha.	☐	☐
5 *Queso manchego* ist ein rechteckiger Käse.	☐	☐
6 Es gibt dreißig verschiedene spanische Käsesorten.	☐	☐

Spezialitäten

Die Dialoge dieser *Unidad* und der *Unidad 4* haben Ihnen wohl schon eine kleine Vorstellung von Essen und Trinken in Spanien vermittelt. Hier noch ein paar weitere „Kostproben".

Jede spanische Region hat ihre eigenen Spezialitäten. Sie sind immer gut beraten, wenn Sie den Kellner nach typischen Gerichten der Region fragen. Er kann Ihnen auch Auskunft geben, wenn Sie wissen möchten, was sich hinter manch klingendem Namen auf der Speisekarte verbirgt.

Einen besonderen Geschmack bekommen spanische Speisen durch das Olivenöl, mit dem in Spanien überwiegend gekocht wird. Eines der berühmtesten Gerichte der spanischen Küche sollten Sie auf jeden Fall versuchen: die *paella*. Man findet sie in den unterschiedlichsten Variationen in ganz Spanien. Die klassische Paella ist aber die aus der Gegend von Valencia. Zu den Grundzutaten gehören Reis mit Safran, Olivenöl, Huhn, Fisch, Meeresfrüchte, Schweinefleisch, Erbsen, Bohnen, Zwiebeln, Gewürze und Kräuter. Besonders variantenreich wird die Paella in Katalonien serviert.

Wie Sie schon aus dem Lesetext erfahren haben, ist der bekannteste spanische Käse der *queso manchego*. Er stammt aus der Mancha, der Heimat des Don Quijote. Es ist ein ausgezeichneter Hartkäse, der vor allem zu Wein sehr gut schmeckt.

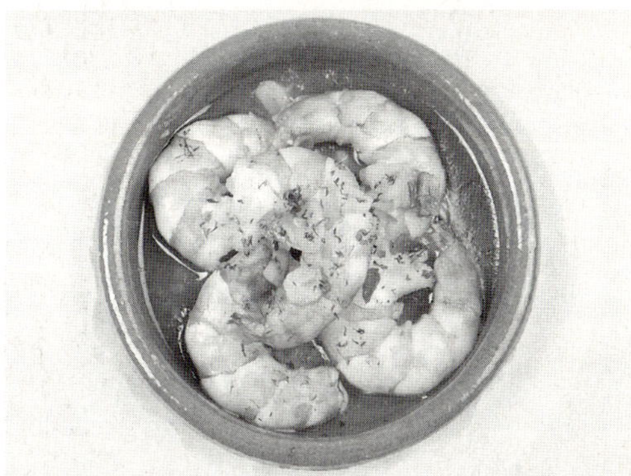

Weit verbreitet ist auch der *queso de cabra*, der Ziegenkäse, der in jeder spanischen Region gut schmeckt. Versuchen Sie auch den *queso de teta*, einen festen Weichkäse aus Kuhmilch, oder den *queso de roncal*, einen gesalzenen Rauchkäse aus Schafsmilch.

Spanien erzeugt hervorragende Weine. Hierzulande besonders bekannt sind die Rioja-Weine (aus dem nördlichen Ebro-Gebiet) sowie die Weine aus der Gegend von Valdepeñas und Jumilla. Aus Andalusien kommen ausgezeichnete Dessertweine, wie z. B. der Montilla oder der Moriles, ein hellbrauner, sherryähnlicher Wein, der aber nicht ganz so stark ist wie Sherry (span.: *jerez*, benannt nach der Stadt Jerez de la Frontera). In Spanien selbst wird Sherry übrigens gar nicht so viel getrunken, wie man vermuten könnte: Der größte Teil ist für den Export bestimmt.
Wie überall ist der Hauswein *(el vino de la casa)* preisgünstiger als Markenwein *(vino de marca)*.
Ein typisch spanisches Erfrischungsgetränk ist die *sangría:* gekühlter Rotwein mit Zitronensaft, Früchten (der Saison) und Cognac, Rum oder Likör, wie z.B. Cointreau. Aber hüten Sie sich vor den Folgen überreichlichen Genusses dieser Mischung. Das Getränk ist süffig und steigt an heißen Tagen besonders schnell zu Kopf!

Wenn Sie ein nichtalkoholisches Erfrischungsgetränk suchen, empfiehlt sich ein *granizado*, das ist ein Getränk mit Eisgranulat, das in verschiedenen Geschmacksrichtungen zu haben ist. Auch eine eisgekühlte *horchata*, ein Getränk aus Mandel- oder Erdnussmilch mit Wasser und Zucker sollten Sie probieren.

Haben wir Ihnen den Mund wässrig gemacht? *¡Que aproveche!* – Guten Appetit!

Jetzt haben Sie das Wort

2/62

Sie bestellen im *Mesón Gallego* Wein. Miguel sagt Ihnen, was Sie wählen sollen.

Wiederholung 2/63 – 2/67

Wir sind wieder am Ende einer *Unidad* angelangt. Versichern Sie sich, dass Sie alles verstanden haben, beschäftigen Sie sich noch einmal mit den *Wichtigen Wörtern und Ausdrücken* und hören Sie noch einmal alle Dialoge an, bevor Sie sich dem Wiederholungskapitel auf S. 216 zuwenden.

Dieses bietet Ihnen wieder Gelegenheit zu überprüfen, ob Sie den Stoff der letzten fünf *Unidades* beherrschen. Wenn Sie Lücken feststellen, schalten Sie eine intensive Wiederholungsphase ein, bevor Sie die nächsten *Unidades* in Angriff nehmen.

11 ¿Le gusta?

Bevor Sie anfangen

Wiederholen Sie den Lernstoff der vorhergehenden *Unidad.*

Sie lernen in dieser Unidad

- auszudrücken, dass Ihnen etwas gefällt/nicht gefällt
- Wissenswertes über ein unvermeidliches Thema – den Stierkampf –, aber auch über andere Feste in Spanien

Wegweiser

Dialoge: Hören Sie sich die Dialoggruppen in der unten aufgeführten Reihenfolge bei geschlossenem Buch an. Hören Sie dann jeden Dialog einzeln an, lesen Sie ihn und arbeiten Sie ihn durch.

Reihenfolge: Dialoge 1–3; 4–6.

Lernen Sie *Wichtige Wörter und Ausdrücke.*

Machen Sie die *Übungen* auf S. 154.

Arbeiten Sie die *Grammatik* durch.

Bearbeiten Sie den Abschnitt *Lesen und Verstehen.*

Lesen Sie den Abschnitt *Wissenswertes.*

Jetzt haben Sie das Wort.

Hören Sie sich alle Dialoge noch einmal ohne Buch an.

1 (3/1)

Machen Sie gern Hausarbeit?

(P = Pepe, S = Sofía)

P – ¿A Vd. le gusta el trabajo de la casa?

S – Ay, ¡qué pregunta! Uy, depende … cocinar, sí, limpiar … no siempre, claro; lo que me gusta muchísimo es coser …

P – Y, por ejemplo, ¿planchar?, ¿lavar?

S – No, no, no ¡lo odio! ¡No me hable! Ya le digo, lo que más me gusta es cocinar. No, en realidad me gustan los trabajos de la casa, aunque hay cosas que … no sé.

el trabajo	die Arbeit
la pregunta	die Frage
cocinar	kochen
limpiar	saubermachen
coser	nähen
planchar	bügeln
lavar	waschen

¿a Vd. le gusta el trabajo de la casa? – machen Sie gern Hausarbeit? [gefällt Ihnen die Hausarbeit?] Die Frage könnte auch nur lauten: **¿le gusta …?** Durch den Zusatz „a Vd." wird die angesprochene Person noch stärker hervorgehoben. Die Antwort darauf kann lauten: **(sí,) me gusta** – (ja,) es gefällt mir oder **no, no me gusta** – nein, es gefällt mir nicht. Folgt auf **me gusta, le gusta** etc. ein anderes Verb, so steht dieses immer im Infinitiv: **¿le gusta cocinar?** – kochen Sie gern? **no me gusta coser** – ich nähe nicht gern.

¡qué pregunta! – was für eine Frage!

depende (de) – das kommt darauf an, das hängt davon ab; Grundform: **depender** – abhängen: **¿te gusta el vino? – depende …** – magst du gern Wein? – das kommt darauf an; **depende del trabajo** – das hängt von der Arbeit ab.

► **muchísimo** – sehr, äußerst.

► **lo odio** – ich hasse es. Grundform: **odiar** – hassen.

no me hable – sprechen Sie mir nicht davon.

► **lo que más me gusta es …** – was mir am meisten gefällt, was ich am liebsten mache, ist …

en realidad – in Wirklichkeit.

aunque hay cosas … – auch wenn es Dinge gibt …

2 (3/2)

Was trinkst du denn?

(S = Serafín, J = Janet)

S – ¿Qué bebes generalmente?, ¿te gusta el vino?

J – Uy, sí, me encanta, pero tiene que ser seco, si no, me sienta mal ... Lo que tomo poco es cerveza. A veces, en verano, con carne, o huevos fritos, en una comida rápida. Si no, no la pruebo ...

beber	trinken
seco, -a	trocken
la cerveza	das Bier
la carne	das Fleisch
el huevo	das Ei
huevos fritos	Spiegeleier [gebratene Eier]

¿qué bebes generalmente? – was trinkst du im Allgemeinen?

► **¿te gusta el vino?** – magst du Wein/ schmeckt dir der Wein? **¿le gustan los huevos fritos?** – mögen Sie Spiegeleier? [gefallen Ihnen die ...]

► **me encanta** – sehr gern [er entzückt mich]; Grundform: **encantar** – entzücken.

► **tiene que ser** – er muss sein.

me sienta mal – er bekommt mir schlecht; Grundform: **sentar** – hier: bekommen, vertragen (Konjugation wie **querer**, S. 59)

► **lo que tomo poco es ...** – (das) was ich wenig trinke [nehme] ist ...

en una comida rápida – bei einem schnellen Imbiss.

no la pruebo – ich probiere es nicht; Grundform: **probar** – probieren, versuchen.

3 (3/3)

Reisen Sie viel?

(S = Serafín, J = Julia)

S - ¿Viaja Vd. mucho?
J - Sí, muchísimo, por mi profesión, ¿sabe? Viajo por toda España, en invierno también, pero me gusta mucho.

viajar	reisen
la profesión	der Beruf
el invierno	der Winter

¿viaja Vd. mucho? - reisen Sie viel?

por mi profesión - wegen meines Berufes, von Berufs wegen.

▶ **por toda España** - durch ganz Spanien.

en invierno también - im Winter auch.

4 (3/4)

Kennen Sie Valencia?

(P = Pepe, J = José)

P - ¿Conoce Valencia?
J - Ay, sí, me encanta, ¡qué ciudad tan preciosa!
P - Yo voy ahora para allí y después sigo a la Costa del Sol ...
J - Esa parte no la conozco, la verdad es que la detesto, no sé por qué, pero no me interesa nada, nada. Hay demasiada gente. En general, el Mediterráneo no me gusta, no me hace mucha gracia. Prefiero el Norte, o las costas gallegas ...
P - Hombre, pero las playas del Mediterráneo son ...
J - Ya sé, estupendas, pero hay tanta gente para mi gusto ...

An der spanischen Mittelmeerküste

Dialoge

precioso, -a	wundervoll, prachtvoll, kostbar
la parte	der Teil
detestar	verabscheuen
la gente	die Leute
la costa	die Küste
gallego, -a	galicisch
la playa	der Strand
el Mediterráneo	das Mittelmeer
estupendo, -a	wunderbar, prima
el gusto	der Geschmack

¡qué ciudad tan preciosa! – was für eine [so] herrliche Stadt

sigo a la Costa del Sol – ich fahre zur Costa del Sol weiter. Grundform: **seguir** – fortfahren, weiterfahren.

la verdad es que la detesto – die Wahrheit ist, dass ich sie verabscheue.

▶ **no me interesa nada, nada** – (sie) interessiert mich nicht im Geringsten. Achten Sie auf die Art, wie im Spanischen einer Aussage Nachdruck verliehen werden kann: **no me interesa** – es interessiert mich nicht; **no me interesa nada** – es interessiert mich überhaupt nicht; **no me interesa nada, nada** – … nicht im Geringsten.

gente wird, im Gegensatz zum deutschen „die Leute", im Spanischen meist im Singular gebraucht: **demasiada/mucha/poca gente** – zu viele/viele/wenige Leute.

▶ **(no) me hace gracia** – es gefällt mir (nicht), es macht mir (keinen) Spaß.

5 (3/5)

Am liebsten mag ich die Landschaft …

(P = Pepe, M = María)

P – ¿Qué es lo que más te gusta de Alemania?

M – Pues, realmente, lo que más me gusta es el paisaje; tan verde en general, tanto bosque …

P – Y, ¿lo que menos te gusta?

M – Te lo puedes imaginar: ¡la lengua! La encuentro dificilísima.

P – Sí, es un poquito difícil el alemán.

M – Un poquito, no, hijo, tal vez para ti, ¡mucho!

realmente	wirklich
el paisaje	die Landschaft
verde	grün
en general	im Allgemeinen
el bosque	der Wald
imaginar	vorstellen
la lengua	die Sprache
un poco, un poquito	ein bisschen
tal vez	vielleicht

¿qué es lo que más te gusta de Alemania? – was gefällt dir an Deutschland am besten?

▶ **lo que más/menos me gusta** – was mir am besten/wenigsten gefällt.

tanto bosque – so viel Wald.

te lo puedes imaginar – du kannst es dir vorstellen.

la encuentro dificilísima - ich finde sie äußerst schwierig. Hier zwei weitere Beispiele dafür, dass im Spanischen durch Endungen besondere Nuancen ausgedrückt werden können: **difícil** - schwierig → **dificilísimo** - äußerst/sehr schwierig; **un poco** - ein wenig → **un poquito** - ein kleinwenig, ein kleines bisschen; **mucho** - viel → **muchísimo** - sehr viel.

6 (3/6)

Was meinst du dazu?

(M = María Luisa, J = Juan)

M - Vamos a ver, ¿qué piensas tú del trabajo doméstico como hombre? ¿Te gusta cocinar?

J - No, no, eso lo hace más bien mi mujer ...

M - Ahá, entonces te gusta lavar o planchar, claro ...

J - No, eso menos. Todavía ... freír un par de huevos, pues sí, pero de planchar nada, hija. Yo creo que esto sólo lo saben hacer bien las mujeres.

M - Pero entonces, si tu mujer no está, o trabaja, ¿qué haces?

J - Pues no sé, no lo he pensado. Me compraré camisas de las que no se planchan.

M - ¿Pero realmente, por qué no te gusta planchar?

J - Pero si es que no me gusta, si es que además no sé, los hombres no sabemos; anda, déjalo, ¡no seas pesada, guapa!

doméstico, -a	häuslich
el hombre	der Mann
freír	braten
la camisa	das Hemd
la guapa	die Schöne

▶ **¿qué piensas del trabajo ...?** - was hältst du von der Arbeit? Grundform: **pensar** (s. S. 156).

lo hace más bien mi mujer - das macht eher meine Frau.

eso menos - das noch weniger.

freír un par de huevos - ein paar Eier braten.

me compraré camisas - ich werde mir Hemden kaufen.

de las que no se planchan - solche [von denen], die man nicht bügelt.

si es que además no sé - wenn [es so ist, dass] ich es außerdem nicht kann.

los hombres no sabemos - wir Männer können das nicht.

anda, ¡déjalo! - komm, lass gut sein.

hija und **guapa** sind hier nicht in ihrem ursprünglichen Sinn, sondern als Füllwörter im Sinn von „Mensch, Mädchen, meine Liebe“ etc. gebraucht.

Wichtige Wörter und Ausdrücke

4/11

me encanta	ich mag es sehr, es entzückt mich
me encanta la Costa del Sol	ich bin von der Costa del Sol begeistert
me encanta el vino	ich mag Wein, ich trinke gern Wein
me encantan las tapas	ich hab die kleinen Vorspeisen gern
me encanta la cocina española	ich liebe die spanische Küche
me gusta	es gefällt mir, ich mag es
me gusta el trabajo de la casa	ich mache gern Hausarbeit
me gusta beber vino	ich trinke gern Wein
me gusta viajar por España	ich reise gern durch Spanien
me gusta planchar	ich bügele gern
me gusta muchísimo	ich mag es sehr/besonders gern
no me gusta	ich mag es nicht/es gefällt mir nicht
mi trabajo no me gusta	ich mag meine Arbeit nicht
el señor Jiménez no me gusta	Herr Jiménez gefällt mir nicht, ich mag ihn nicht
no me gusta pasar las vacaciones en la playa	es gefällt mir nicht, die Ferien am Strand zu verbringen.
no me gusta cocinar	ich koche nicht gern
no me gusta nada	ich mag es überhaupt nicht
lo que más me gusta es el vino blanco	was ich am liebsten mag, ist Weißwein
lo que menos me gusta es el trabajo de la casa	was ich am wenigsten mag, ist Hausarbeit
lo odio	ich hasse es
lo detesto	ich verabscheue, verachte es
lo que más me gusta es …	was ich am liebsten mag ist …
lo que menos me gusta es …	was ich am wenigsten mag ist …
prefiero	ich bevorzuge, mag lieber
prefiero el trabajo en la oficina	ich mag die Arbeit im Büro lieber
prefiero comer pescado	ich esse lieber Fisch
¿qué prefieres, agua mineral o vino?	was magst du lieber, Mineralwasser oder Wein?
prefiero el agua mineral	ich mag lieber Mineralwasser
(no) me hace mucha gracia	es macht mir (nicht) viel Spaß
¿qué tal …?	wie ist …? wie findest du/finden Sie …?
¿qué tal el hotel?	wie ist das Hotel? wie findest du oder wie finden Sie das Hotel?
¿qué tal la habitación?	wie ist das Zimmer?
¿qué tal la comida?	wie findest du das Essen?
¿qué tal tus amigos?	wie geht's deinen Freunden?

Übungen

1 (3/7)

Auf der CD hören Sie ein Gespräch zwischen Miguel und Rosario über verschiedene spanische Regionen. Kreuzen Sie unten die jeweils zutreffende Meinung von Rosario an:

	le gusta muchísimo	no le gusta ni mucho ni poco	no le gusta nada
Andalucía			
la Costa del Sol			
la costa gallega			
Madrid			

2 (3/8)

Hören Sie auf der CD, was Antonio mag und was er nicht mag. Kreuzen Sie die richtigen Kästchen an:

Mag Antonio ...?	sí	no
vino blanco	☐	☐
vino tinto	☐	☐
café solo	☐	☐
café con leche	☐	☐
Madrid	☐	☐
Valencia	☐	☐
las vacaciones	☐	☐
el trabajo	☐	☐
el norte de España	☐	☐
el sur de España	☐	☐
helado de fresa	☐	☐
helado de chocolate	☐	☐
carne	☐	☐
pescado	☐	☐
mejillones	☐	☐
viajar solo	☐	☐
ir al cine	☐	☐

3 (3/9)

Isabel fragt Beatriz und Tomás, was sie gerne essen. Hören Sie aufmerksam zu, was auf der CD gesprochen wird. Schreiben Sie unter die nachstehenden Zeichnungen, wer das jeweils Abgebildete gern mag. (Achtung, es könnten auch manchmal zwei Namen stehen).

jamón serrano – luftgetrockneter roher Schinken

a. ______________________

____

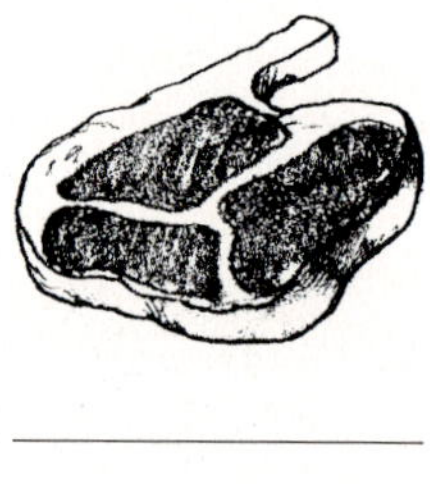

b. ______________________

____

c. ______________________

____

 Übungen

d. ______________________ e. ______________________ f. ______________________ g. ______________________

4 (3/10)

Auf der CD hören Sie nun eine Unterhaltung zwischen Miguel und Elena. Die nachstehenden Zeichnungen illustrieren verschiedene Hausarbeiten. Notieren Sie, wie Elena sich dazu äußert. Tut sie sie gern/nicht gern?

hacer la cama – das Bett machen; *hacer las maletas* – die Koffer packen.

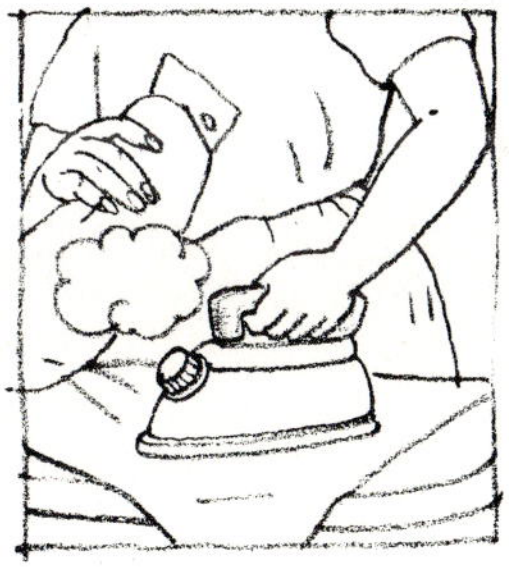

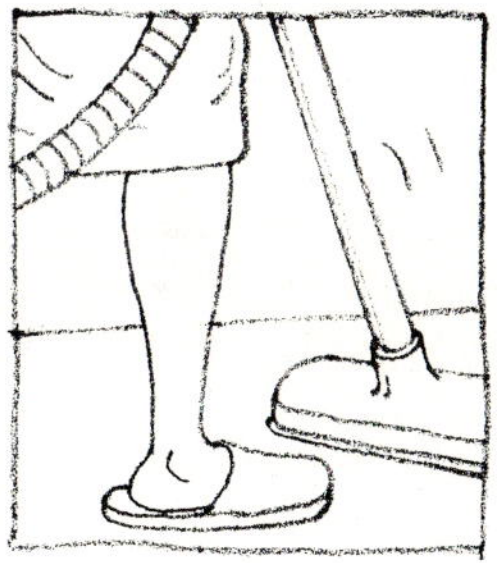

a. ______________________ b. ______________________ c. ______________________ d. ______________________

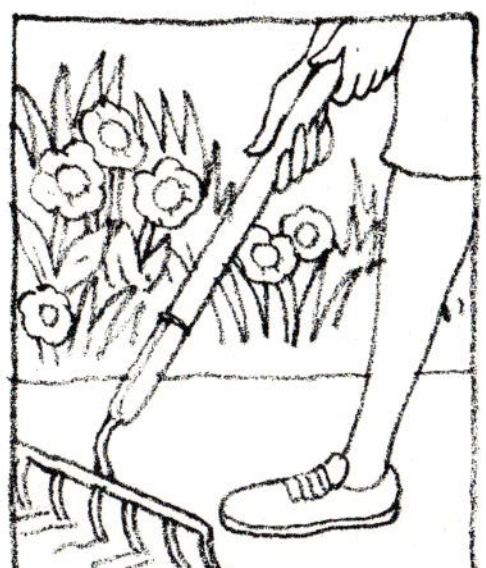

e. ______________________ f. ______________________ g. ______________________ h. ______________________

me gusta – ich mag es [wörtl.: es gefällt mir]

(no) me gusta	es gefällt mir (nicht)
te gusta	es gefällt dir
le gusta	es gefällt ihm/ihr/Ihnen
nos gusta	es gefällt uns
os gusta	es gefällt euch
les gusta	es gefällt ihnen/Ihnen

Beachten Sie auch die Pluralformen:

no me gustan los mejillones – Muscheln mag ich nicht/ich mag keine Muscheln [wörtl.: es gefallen mir nicht die Muscheln]

me gustan las flores – ich mag Blumen [wörtl.: es gefallen mir die Blumen]

Me, te, le, nos, os, les sind die Personalpronomen im Dativ. Prägen Sie sich diese Formen gut ein. Einige andere Anwendungsbeispiele haben Sie bereits kennen gelernt:
me parece que … – es scheint mir, dass/ich glaube, dass … und *me encanta* – es begeistert/entzückt mich.

Übung 1

Übersetzen Sie ins Spanische:

a. Die Costa Brava gefällt mir.
b. Ich trinke gern spanischen Rotwein.
c. Mögt ihr „Langostinos a la plancha"?
d. Trinken wir einen Kaffee, was meinst du?
e. Meine Freundin mag keine Hausarbeit machen.
f. Spanien gefällt uns sehr gut, aber die Costa del Sol mögen wir überhaupt nicht.
g. … ach, Sie sind aus Deutschland! Gefallen Ihnen die spanischen Volksfeste? (fiestas)

pensar – denken

Sie kennen nun schon einige wichtige Verben, mit denen Sie Ihre Meinung ausdrücken können: *me parece que/creo que* – ich glaube, dass und *pienso que* – ich denke/glaube, dass. Hier die Präsensformen von *pensar*:

pienso	*pensamos*
piensas	*pensáis*
piensa	*piensan*

pensar en – denken an: *pienso en las vacaciones* – ich denke an die Ferien; *pienso en mis amigos* – ich denke an meine Freunde.

pensar de – etwas halten von: *¿qué piensas de tu trabajo?* – was hältst du von deiner Arbeit?

Übung 2

creer que oder *pensar que/en/de?*

a ¿Juan está aquí? ______________ sí.
b. Yo ______________ el trabajo de la casa no les gusta a los hombres.
c. – Y Vds., ¿qué ______________ nuestro país?
– ______________ es un país interesante.
d. Oye, José, ¿______________ el coche? Hay que lavarlo.
e. – ¿Sabes si Brigitte conoce la Costa Brava?
– ______________ no.

 Lesen und Verstehen

La Costa del Sol – un paraíso mediterráneo

La Costa del Sol es un paraíso mediterráneo con aguas azules y playas de gran extensión y unas montañas suaves. El clima mediterráneo es templado y sin grandes variaciones y visitantes de todos los países encuentran el descanso que da el ambiente relajante.
La Costa del Sol se extiende desde Almería a Tarifa y es una región de gran variedad.

Cocina y vinos – esta costa tiene muchos productos de excelente calidad. Hay una enorme variedad de platos – atún, sardinas, mariscos ... El plato más famoso es el gazpacho. Se hace con tomates, pepinos, pimientos, ajo, aceite, vinagre y agua y se sirve muy frío. Famoso es también el vino de Málaga, de magnífico aroma.

suave	sanft
templado, -a	gemäßigt
el descanso	die Rast, die Erholung
el ambiente	die Atmosphäre, die Umgebung
relajante	erholsam
se extiende	(sie) erstreckt sich
la calidad	die Qualität
el atún	der Thunfisch
el gazpacho	andalusische Spezialität: eine kalte Gemüsesuppe

Kreuzen Sie die richtige Aussage an:

1 An der Costa del Sol ist das Klima
- ☐ a. sehr heiß
- ☐ b. gemäßigt
- ☐ c. im Sommer heiß und im Winter kalt

2 Touristen kommen hierhin um
- ☐ a. sich zu erholen
- ☐ b. sich zu verjüngen
- ☐ c. sich sportlich zu betätigen

3 Die Costa del Sol erstreckt sich von
- ☐ a. Almería bis Tarifa
- ☐ b. Granada bis Almería
- ☐ c. Málaga bis Cádiz

4 Die Costa del Sol ist berühmt für
- ☐ a. ihre Fleischgerichte
- ☐ b. ihre Fischgerichte
- ☐ c. ihr Obst

5 Besonders bekannt ist der Wein aus
- ☐ a. Málaga
- ☐ b. Granada
- ☐ c. Nerja

 Wissenswertes

Stierkämpfe

Auch wenn Stierkämpfe *(corridas de toros)* in den letzten Jahren etwas von ihrer Beliebtheit eingebüßt zu haben scheinen, ist die Zahl der *aficionados*, der Stierkampfanhänger, immer noch groß genug, um dieses so kontrovers diskutierte Gesprächsthema nicht versiegen zu lassen. Stierkampfsaison ist von April bis November. Die berühmtesten Stierkämpfe finden in den Arenen *(plazas de toros)* von Madrid und Barcelona statt. Aber verbreitet ist die *corrida* natürlich in ganz Spanien. Wenn Sie einen Stierkampf miterleben möchten, sollten Sie sich rechtzeitig Karten besorgen. Sie haben die Wahl zwischen zwei Platzkategorien: *sol* (Sonne) und *sombra* (Schatten). Die Schattenplätze sind die teureren, aber es lohnt sich, in diesem Fall etwas mehr Geld auszugeben, denn die Sonne kann sehr quälend werden, wenn sich der Kampf in die Länge zieht. Das Schild *no quedan localidades* bedeutet: die Arena ist ausverkauft [wörtl.: es bleiben keine Plätze mehr]. Stierkämpfe finden meist am Sonntag statt und böse Zungen behaupten, die *corrida* sei eine der wenigen Veranstaltungen, die in Spanien pünktlich beginnen. Sehen Sie also zu, dass Sie Ihren Platz rechtzeitig einnehmen. Bei den sog. *novilladas* kämpfen junge Toreros mit Jungstieren *(novillos)* und eine *rejoneada* ist ein Stierkampf, bei dem der Stier vom Pferd aus angegriffen wird.

Es würde den Rahmen dieses Kurses sprengen, wenn wir an dieser Stelle auf die Stierkampfregeln eingehen würden. Wenn Sie am Stierkampf Interesse haben, finden Sie bei Ihrem Buchhändler sicher ausführliche Literatur.

 Wissenswertes

Ferias und Fiestas

Spanien hat eine besonders reiche Tradition an Jahrmärkten und Volksfesten, die meist einen religiösen Hintergrund haben und über den ganzen Jahreszyklus verteilt sind. Selbst das kleinste Dorf begeht das Fest seines Schutzpatrons mit oft mehrtägigen Feiern.

Höhepunkt aller spanischen *Fiestas* ist die Karwoche, die *Semana Santa.* Weit über Spaniens Grenzen hinaus berühmt geworden sind die andalusischen Prozessionen: Statuen, die Christus, die Jungfrau Maria oder Heilige darstellen, werden aus ihren Kirchen geholt und - reich geschmückt - in eindrucksvollen Prozessionen durch die Straßen geleitet. Der Klang der *saetas*, der flamencoähnlichen Klagelieder vermischt sich mit den optischen Eindrücken, unter denen vor allem die kreuz- und kettentragenden Büßergruppen hervorstechen, zu einem unvergesslichen Erlebnis.

Drei spanische Volksfeste sind weltberühmt geworden: die *Fallas* von Valencia im März, die *Feria de Sevilla*, die im April stattfindet, und das Fest *San Fermín* in Pamplona am 7. Juli.

Die *Feria de Sevilla* dauert 6 Tage, eine Orgie von Tanz, Musik und Vergnügungen aller Art. Die Sevillaner zeigen sich, häufig auf den Rücken temperamentvoller Pferde, in ihrer malerischen Tracht. Hunderte von Zelten werden für die Dauer der *Feria* aufgestellt: sie werden von Leuten, die es sich leisten können, für rauschende Feste gemietet. Abends ist ganz Sevilla zusammen mit tausenden von auswärtigen Besuchern auf den Beinen. Bis spät in die Nacht hinein bummelt man durch die Straßen (*ir de*

Fiesta in Salamanca: oben, junges Mädchen in typischer Tracht; unten, „Cabezudos", d. h. Figuren mit überdimensionalen Köpfen

paseo nennt man das) und genießt es, zu sehen und gesehen zu werden.

Höhepunkt der *Fallas* von Valencia ist das Verbrennen der riesigen Pappmaché- oder Holzfiguren, der *fallas*, die dem Fest den Namen gegeben haben. Sie zeigen karikaturhafte Szenen aus dem politischen und gesellschaftlichen Leben der Region und des Landes.

Am Fest *San Fermín* in Pamplona findet am Morgen das *encierro* statt, das Stiertreiben durch die abgesperrten Gassen der Altstadt. Während die Stiere durch die Gassen stürmen, versuchen waghalsige Läufer, den Hörnern durch einen schnellen Sprint zu entkommen. Ebenso wie der Stierkampf hat auch diese Stierhatz viele Gegner, und in den letzten Jahren ist es immer wieder zu Schwerverletzten und sogar Toten gekommen, vor allem unter den Touristen, die das Ganze häufig für ein Kinderspiel halten.

Jetzt haben Sie das Wort

1 (3/11)

In dieser Übung fragen wir Sie, welche spanische Region Sie gern haben und warum. Sie üben alles, was Sie gelernt haben, um Gefallen oder Missfallen auszudrücken, und Sie gebrauchen auch geographische Ausdrücke, die Sie aus früheren *Unidades* kennen.

2 (3/12)

Sie möchten Ihren nächsten Urlaub in der Nähe von Tarragona verbringen und unterhalten sich darüber mit José, einem spanischen Bekannten, der die Gegend um Tarragona offensichtlich gut kennt. Miguel unterstützt Sie wieder.

Hören Sie sich zum Schluss wieder, wie immer, alle Dialoge der *Unidad* ohne Zuhilfenahme des Buches noch einmal an.

12 ¿Qué tiempo hace?

Bevor Sie anfangen

Wiederholen Sie die Monatsnamen (*Unidad* 6) und die Himmelsrichtungen (*Unidad* 2).

Werfen Sie, wie immer, auch noch einmal einen Blick auf die Grammatikzusammenfassung der vorhergehenden *Unidad*.

Sie lernen in dieser Unidad

- Wissenswertes zum Thema „Wetter“ und „Klima“
- wie man sich über sportliche Aktivitäten unterhalten kann

… und wir stellen Ihnen stellvertretend für viele lohnende Reiseziele, Madrid, die spanische Hauptstadt, vor.

Wegweiser

Dialoge: Hören Sie sich die Dialoggruppen in der unten aufgeführten Reihenfolge bei geschlossenem Buch an. Hören Sie dann jeden Dialog einzeln an, lesen Sie ihn und arbeiten Sie ihn durch.

Reihenfolge: Dialoge 1–2; 3–5; 6–7.

Lernen Sie *Wichtige Wörter und Ausdrücke.*

Machen Sie die *Übungen* auf S. 168.

Arbeiten Sie die *Grammatik* durch.

Bearbeiten Sie den Abschnitt *Lesen und Verstehen.*

Lesen Sie den Abschnitt *Wissenswertes.*

Jetzt haben Sie das Wort.

Hören Sie sich alle Dialoge noch einmal ohne Buch an.

Dialoge

1 (3/13)

Wie ist das Wetter?

(S = Serafín, T = Teresa)

S - Oye, ¿qué tiempo hace aquí, en Madrid, en general?

T - Pues mira, en invierno frío, a veces hace muchísimo frío, y aire, ¿sabes? Tenemos cerca la sierra ... Y en verano un calor horroroso, a veces, en julio sobre todo ...

S - Pues las dos veces que yo he venido hacía un tiempo estupendo, como ahora ...

T - Sí, claro, ahora en octubre da gusto.

el tiempo	die Zeit; *hier:* das Wetter
en general	im Allgemeinen
el frío	die Kälte
el aire	die Luft; hier: der Wind
la sierra	das Gebirge
el calor	die Hitze
horroroso, -a	schrecklich
estupendo, -a	wunderbar

▶ **¿qué tiempo hace?** - wie ist das Wetter? [welches Wetter macht es?]; **en invierno hace frío** - im Winter ist es kalt. Achten Sie auf die unterschiedliche Ausdrucksweise: **hace frío** - es ist kalt [es macht Kälte]. Sie gilt für alle Wetterangaben, z. B. **hace calor** - es ist warm [es macht Wärme], **hace viento** - es ist windig [es macht Wind], **hace buen tiempo** - es ist schönes Wetter etc.

hacía un tiempo estupendo - es war herrliches Wetter. **Hacía** ist eine Vergangenheitsform (Imperfekt) von **hacer,** über die Sie in der Grammatik mehr erfahren werden.

da gusto - es macht Spaß

2 (3/14)

So eine Hitze!

(T = Teresa, S = Serafín)

T – Donde pasé un calor enorme fue en Málaga, ¡casi me muero!

S – Bueno, es que en este país hay climas para todos los gustos, y el Sur, ya se sabe, es caluroso. Pero el Norte es frío y a veces no para de llover en semanas. En las costas es donde el clima es más suave. Lo que pasa es que la gente viene a España en verano sobre todo, y al Mediterráneo, a las playas sólo, y se creen que toda España es así, siempre con buen tiempo …

caluroso, -a	heiß
suave	mild, sanft

pasé un calor enorme – ich litt unter einer schrecklichen Hitze [ich verbrachte …]; **pasé** ist eine Vergangenheitsform des Verbs **pasar**, die Sie in *Unidad 15* näher kennenlernen werden.

► **fue en Málaga** – es war in Málaga (s. S. 208)

casi me muero – ich wäre fast gestorben [fast sterbe ich]; Grundform: **morirse** – sterben.

no para de llover – es hört nicht auf zu regnen. Grundform: **parar** – aufhören.

la gente viene a España – die Leute kommen nach Spanien. Grundform: **venir** – kommen (s. S. 170)

se creen – sie glauben. Die reflexive Form **creerse** dient hier der Verstärkung des Ausdrucks.

3 (3/15)

Kann man hier Ski fahren?

(T = Teresa, S = Serafín)

T – ¿Tenéis la posibilidad de hacer algún deporte aquí, en invierno, de esquiar?

S – La verdad es que no somos demasiado deportistas, ya sabes, pero sí, tengo amigos que van a la sierra casi todos los domingos a esquiar, está en coche a una hora de aquí; bueno cuando hay nieve, claro …

T – ¿A una hora de aquí?

S – Sí, sí, hay varios sitios y el Puerto de Navacerrada está a casi 2000 metros de altura. Allí vamos algunas veces.

la posibilidad	die Möglichkeit
el deporte	der Sport
esquiar	Ski fahren
deportista (m. + f.)	sportlich
la nieve	der Schnee
la altura	die Höhe

Dialoge

4 (3/16)

Die Jugend spielt viel Volleyball

(T = Teresa, S = Serafín)

T - Lo que no sabía es que jugábais tanto al voleibol …

S - Muchas piscinas tienen también un campo de voleibol y sobre todo los jóvenes jugamos bastante. Pero como verás lo que más le gusta a la gente es bañarse e ir a la piscina; yo creo que es el único deporte que hacemos los españoles en general …

el campo	der (Spiel)platz
la piscina	das Schwimmbad
los jóvenes	die jungen Leute
bañarse	baden (gehen)
único, -a	einzig

▶ **lo que no sabía** - was ich nicht wusste; **no lo sabía** - ich wusste es nicht.

jugábais - ihr spieltet. Im Gegensatz zum Deutschen (ich wusste nicht, dass ihr *spielt*) muss im Spanischen hier die Vergangenheit stehen, weil auch der Hauptsatz in der Vergangenheit steht.

▶ **los jóvenes jugamos** - wir jungen Leute spielen; **los espanoles hacemos** - wir Spanier machen.

lo que más le gusta a la gente - was den Leuten am meisten gefällt.

5 (3/17)

Gehst du auch gern schwimmen?

(T = Teresa, P = Pepe)

T - Y a ti, Pepe, ¿te gusta también mucho nadar?

P - Cuando hace mucho calor, sí, me paso el día en la piscina pero sinó yo prefiero ir con mis amigos por ahí, a dar una vuelta, tenemos todos moto, sabes, a alguna discoteca; antes, cuando iba al colegio hacía mucho más deporte, ahora, de momento, estoy un poco vago ...

la moto	das Motorrad
la discoteca	die Diskothek
el colegio	die (höhere) Schule
vago, -a	hier: faul, müßig

dar una vuelta - einen Spaziergang machen, hier: „eine Runde drehen".

estoy un poco vago - ich bin ein bisschen faul/untätig.

6 (3/18)

Diese Hotelpreise ...!

(P = Pepe, S = Serafín)

P - He pedido precios al hotel que me recomendó María Luisa y es carísimo, ¡están locos!

S - ¿Para cuándo has pedido, para qué mes?

P - Para agosto.

S - Ah, bueno, es que julio y agosto tienen precios de temporada alta, como lo llaman ahora a esos meses, y cuesta el quince por ciento más o así. Y yo sé que María Luisa y su marido estuvieron a finales de septiembre y ya es otra cosa ...

el precio	der Preis
loco, -a	verrückt
pedir	bestellen
la temporada	die Saison
el por ciento	das Prozent

que me recomendó María Luisa - das M. L. mir empfohlen hat (s. *Unidad 15*, S. 208)

► **la temporada alta** - die Hochsaison; **la temporada baja** - die Vor-/Nachsaison

estuvieron a finales de septiembre - sie waren Ende September dort (s. *Unidad 15*, S. 208)

7 (3/19)

Das Hotel ist ausgebucht …

(P = Pepe, R = Recepcionista)

R – Lo siento, señor, pero el hotel está llenísimo y sólo nos quedan dos habitaciones, una con medio aseo y otra sólo con lavabo. Si quieren para esta noche esto, mañana habrá ya algo libre con cuarto de baño …
P – ¿La del medio aseo es con ducha o – …?
R – Sí, con ducha y lavabo.
P – Bueno, entonces nos quedamos y mañana …
R – De todas maneras hay un cuarto de baño para todo el piso en el tercer piso, donde estarán Vds. …
P – Vale, de acuerdo.
R – Entonces rellenen la ficha, por favor.

lleno, -a	voll (besetzt)
el medio aseo	die Waschgelegenheit
el lavabo	das Waschbecken
la noche	die Nacht
libre	frei
rellenar	ausfüllen
la ficha	der Zettel, das Formular

▶ **lo siento** – es tut mir Leid.

una habitación con medio aseo – ein Zimmer mit Waschgelegenheit, aber ohne Toilette.

mañana habrá algo libre – morgen wird etwas frei sein (s. *Unidad 14*, S. 195).

donde estarán Vds. – wo Sie sein werden (s. *Unidad 14*, S. 195).

rellenen la ficha – füllen Sie das Formular aus; Grundform: **rellenar**.

Wichtige Wörter und Ausdrücke

4/12

¿qué tal el tiempo?	wie ist das Wetter?
¿qué tiempo hace?	
hace frío/calor	es ist kalt/heiß
hace sol/viento	es ist sonnig/windig
hay niebla	es herrscht Nebel
hace buen/mal tiempo	das Wetter ist gut/schlecht
llueve (llover)	es regnet (regnen)
nieva (nevar)	es schneit (schneien)
(el cielo) está cubierto	(der Himmel) ist bedeckt
nublado/nubloso	bewölkt
nebuloso	neblig
¿cómo es el clima?	wie ist das Klima?
el clima es	das Klima ist …
lluvioso	regnerisch
seco	trocken
caluroso	heiß
extremo	extrem
suave	mild
las estaciones del año	die Jahreszeiten
la primavera	der Frühling
el verano	der Sommer
el otoño	der Herbst
el invierno	der Winter
depende de …	es hängt davon ab …
depende de muchas cosas:	das hängt von vielen Dingen ab:
del tiempo	vom Wetter
de mi jefe	von meinem Chef
de las condiciones	von den Bedingungen

1 (3/20)

Auf der CD hören Sie einen Wetterbericht, der zu der nachstehenden Wetterkarte gehört. Hören Sie den Wetterbericht so oft wie nötig an und kreuzen Sie dann die richtigen Aussagen an.

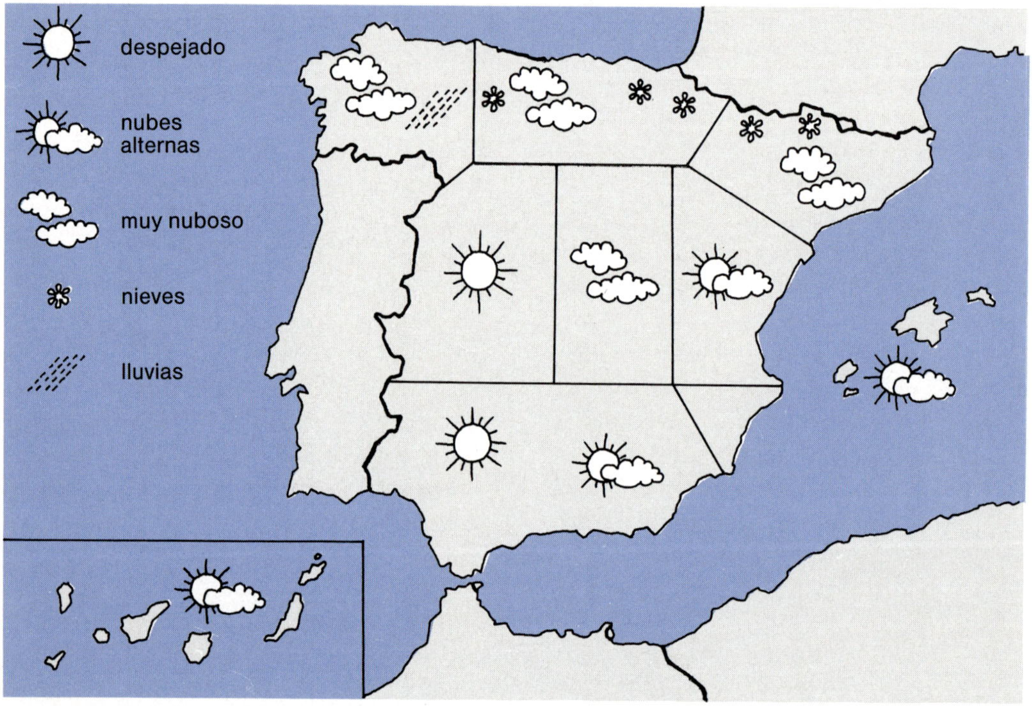

la tormenta	der Sturm, das Gewitter
despejado, -a	heiter
nubes alternas	wechselnde Bewölkung
temperaturas bajas	niedrige Temperaturen

a. Im mittleren Teil des Landes ist es
- ☐ neblig
- ☐ stark bewölkt
- ☐ regnerisch

b. Im Westen gibt es
- ☐ etwas Regen
- ☐ keinen Regen

c. Im Norden gibt es
- ☐ Schnee in den Bergen
- ☐ sonnige Abschnitte
- ☐ Wind aus Westen

d. Im Osten, in der Gegend von Valencia ist es
- ☐ stark bewölkt
- ☐ bewölkt
- ☐ leicht bewölkt

e. Im Süden ist es
- ☐ überwiegend heiter
- ☐ bedeckt
- ☐ leicht neblig

Übungen

2 (3/21)

Können Sie die fehlenden Wörter (sie haben alle mit Wetter oder Klima zu tun) einsetzen? Hören Sie, wenn Sie die Aufgabe gelöst haben, anhand der CD, ob Sie die richtigen Lösungen gefunden haben.

a. Hace mucho ______________ en verano en Andalucía.
b. El ______________ es siempre muy bueno en las islas Baleares.
c. El clima es ______________ y seco en el sur.
d. Oeste ______________ en Galicia, con lluvia.
(Wenn Sie für diese Aufgabe Hilfe brauchen, hören Sie sich den Wetterbericht auf der CD noch einmal an.)

3 (3/22)

Die Vorgaben für dieses Kreuzworträtsel finden Sie auf der CD.

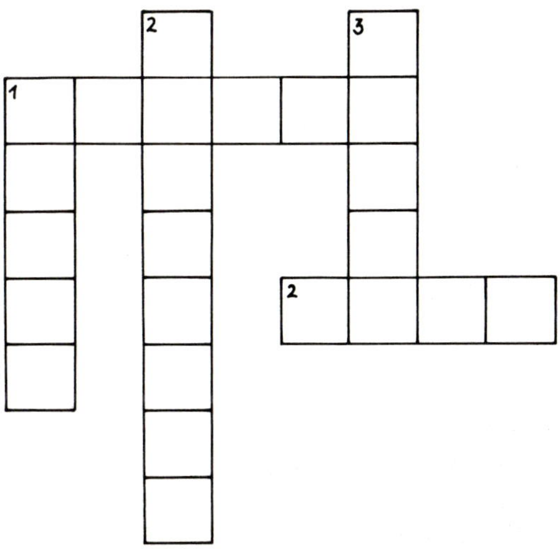

4 (3/23)

Nachstehend zwei Tabellen: die erste beinhaltet die Durchschnittstemperaturen an der Costa del Sol, der zweiten können Sie die Wassertemperaturen im Jahresverlauf entnehmen. Allerdings fehlen ein paar Zahlen. Hören Sie die CD an und vervollständigen Sie die Informationen.

Temperatura ambiente de la Costa del Sol

	°C
Temperatura media de invierno	_
Temperatura media de primavera	_
Temperatura media de verano	_
Temperatura media de otoño	_
Temperatura media anual	18.7

Temperatura del agua

enero	15.1
febrero	14.2
marzo	15.2
abril	16.6
mayo	17.4
junio	
julio	
agosto	
septiembre	21.2
octubre	18.3
noviembre	17.8
diciembre	14.4

 Grammatik

venir - kommen

venir gehört zu den unregelmäßigen Verben.

vengo	*venimos*
vienes	*venís*
viene	*vienen*

Wiederholen Sie die Präsensformen von *tener* (S. 32), die wie bei *venir* gebildet werden.

Imperfekt

Auch wenn das Imperfekt in den Dialogen nicht sehr häufig vorgekommen ist, sollten Sie seine Formen kennen. Die Imperfektendungen werden an den Infinitivstamm der Verben angehängt. Wir geben Ihnen hier je ein Modell für Verben auf **-ar**, **-er** und **-ir**, das auf alle einschlägigen Verben (mit Ausnahme von *ir*, *ver* und *ser*) übertragbar ist:

trabajar - arbeiten

*trabaj**aba*** - ich arbeitete	*trabaj**ábamos***
*trabaj**abas***	*trabaj**ábais***
*trabaj**aba***	*trabaj**aban***

escribir - schreiben

*escrib**ía*** - ich schrieb	*escrib**íamos***
*escrib**ías***	*escrib**íais***
*escrib**ía***	*escrib**ían***

hacer - machen

*hac**ía*** - ich machte	*hac**íamos***
*hac**ías***	*hac**íais***
*hac**ía***	*hac**ían***

Einen Vergleich mit der Anwendung der anderen Vergangenheitsformen (Perfekt und Pretérito perfecto simple) finden Sie im Grammatikteil von *Unidad 15*, S. 209.

Übung 1

Können Sie diese Wetterbedingungen beschreiben?

 Lesen und Verstehen

MINISTERIO DE COMERCIO Y TURISMO
SECRETARIA DE ESTADO DE TURISMO

Nombre de establecimiento
Hotel Brisa del Mar

Categoría 3 estrellas

Localidad Santa Inés

Provincia Baleares

Habitación número 215
con capacidad para dos personas

Precio de esta habitación:

máximo 45 €

mínimo 40 €

Servicios sueltos (por persona)

desayuno 2,50 €

comida 8 €

cena 8 €

El precio de la pensión completa es la suma de los correspondientes a la habitación y al de los servicios sueltos

Los precios indicados comprenden toda clase de impuestos

El precio de esta habitación puede aumentarse hasta un 15 % en las fechas que figuran en el cartel en Recepción.

suelto, -a – hier: extra; *el desayuno* – das Frühstück; *la comida* – das Mittagessen; *la cena* – das Abendessen; *los impuestos* – die Steuern; *aumentarse* – sich erhöhen; *el cartel* – die Tafel, der Anschlag.

Können Sie diese Fragen auf Spanisch beantworten? (Wenn Zahlen verlangt werden, schreiben Sie sie aus.)

1 ¿Cómo se llama el hotel? ______

2 ¿Cuántas estrellas tiene el hotel? ______

3 ¿Dónde está el hotel? ______

4 ¿Cuánto cuesta la comida? ______

5 ¿Los precios comprenden impuestos? ______

Puerta de Alcalá

Urlaubsland Spanien

Sie haben in dieser *Unidad* einiges über Wetter und Klima gehört. Unter Touristen gilt Spanien klischeehaft als Sonnenland. Dass diese Vorstellung einer Differenzierung bedarf, wird klar, wenn man sich die geographische Vielfalt dieses großen Landes vergegenwärtigt. So hat die raue und oft regnerische Atlantikküste klimatisch wenig mit der Costa del Sol zu tun und im Landesinneren herrschen wieder andere Klimabedingungen. Sie sollten dies bei der Planung einer Urlaubsreise unbedingt berücksichtigen.

A propos Urlaub: Hätten Sie nicht Lust, den großen Touristenströmen an den Küsten einmal den Rücken zu kehren und auf Entdeckungsreise ins Landesinnere zu gehen? Es gibt dort viele lohnende Ziele, z. B. Madrid, eine europäische und doch sehr spanische Großstadt im Herzen der Iberischen Halbinsel. Madrid liegt auf einer Höhe von 650 m und gehört zu den europäischen Städten mit den meisten Sonnentagen im Jahr. Seit König Philipp III. im Jahr 1606 Madrid endgültig zur Hauptstadt des spanischen Reiches erklärte, hat sich die Stadt im Laufe der Jahrhunderte zu der heutigen Metropole mit dem unverwechselbaren Gesicht entwickelt. Wer sich für Geschichte interessiert, kann bei einem Rundgang durch die Stadt diese Entwicklung vom mittelalterlichen Madrid über das Madrid der Habsburger, der Bourbonen und der Zeit der Romantik bis hinein in unsere Zeit nachvollziehen. Das heutige Madrid erstreckt sich über eine Fläche von etwa 600 Quadratkilometern und hat mehr als drei Millionen Einwohner.

Madrid hat für jeden Geschmack etwas zu bieten:

- Wer sich von dem hektischen Großstadttreiben erholen möchte, findet in den weit-

Plaza de la Cibeles mit dem Palacio de Comunicaciones

 Wissenswertes

läufigen Parkanlagen, von denen wir nur den bekanntesten, nämlich den *Retiro* nennen wollen, Gelegenheit dazu.

- Einkaufsbummler aller Art kommen beim Gang durch die Hauptgeschäftsviertel sicherlich auf ihre Kosten. Das Warenangebot reicht von Luxusartikeln nationaler und internationaler Prägung und Antiquitäten bis zu Gegenständen des täglichen Bedarfs und zum kleinen Souvenir.
- Kunst- und Kulturbeflissenen steht ein reiches Angebot an architektonischen Sehenswürdigkeiten, Museen (allen voran der weltberühmte Prado), Theater- und Konzertveranstaltungen zur Verfügung. Hier nur ein Beispiel: Es gibt in Madrid sehr viele Theater, die im Durchschnitt zweimal pro Abend Vorstellung haben: Die Abendvorstellung beginnt meist gegen 19 Uhr, die Nachtvorstellung gegen 23 Uhr. Die besten Plätze, zu denen die *acomodadora*, die Platzanweiserin, Sie führen kann, sind die Orchestersitze *(butacas)* oder die Logen *(palcos)*. Wer weniger Geld ausgeben möchte, wird auch auf den Galerien *(antifeatros)* geeignete Plätze finden. Die *Guía del Ocio* (eine Art Veranstaltungskalender), die an jedem Zeitungskiosk zu haben ist, hält Sie über das jeweilige kulturelle Programm auf dem Laufenden.
- Auch verhungern wird ein Madridurlauber kaum. Nicht nur, dass es eine Vielzahl von Restaurants aller Kategorien gibt: Kaum einer, der nicht Geschmack fände an den *aperitivos* oder den *tapas*, die vor allem den abendlichen Rundgang durch den alten Teil von Madrid um die Puerta del Sol verschönen.

Palacio de Cristal im Parque del Retiro

Cervantes-Denkmal auf der Plaza de España

Wem dann noch Zeit bleibt für Ausflüge, der findet im Hinterland ein reiches Betätigungsfeld (z. B. Toledo, Aranjuez, El Escorial, Avila liegen im Einzugsbereich der *Capital*, der Hauptstadt).

1 Römisches Aquädukt in Segovia
2 Windmühlen in Campo de Criptana
3 Schloss von Aranjuez
4 Gesamtansicht von Toledo

Jetzt haben Sie das Wort

3/24

Folgen Sie wieder genau der Anweisung von Miguel und überprüfen Sie mit Hilfe der CD, ob Sie richtig reagiert haben.
Hören Sie sich alle Dialoge dieser *Unidad* noch einmal an und prüfen Sie anhand der Trainings-CD, ob Sie die wichtigen Wörter und Ausdrücke, die Sie zum Thema Klima und Wetter gelernt haben, auch tatsächlich beherrschen.

▲ 1 ▼ 2

▲ 3 ▼ 4

13 ¿Qué hace Vd.?

Bevor Sie anfangen

Wiederholen Sie die Formen der Verben *querer*, S. 59 und *hacer*, S. 100.

Werfen Sie noch einmal einen Blick auf den Lernstoff der vorangegangenen *Unidad.*

Sie lernen in dieser Unidad

- zu verstehen, wenn Ihnen ein Gesprächspartner etwas von seinem Tagesablauf erzählt
- über sich selbst zu berichten
- mit anderen über Ihre Freizeitbeschäftigungen zu sprechen
- Wissenswertes über spanische Lebensgewohnheiten

Wegweiser

Dialoge: Hören Sie sich die Dialoggruppen in der unten aufgeführten Reihenfolge bei geschlossenem Buch an. Hören Sie dann jeden Dialog einzeln an, lesen Sie ihn und arbeiten Sie ihn durch.

Reihenfolge: Dialoge 1–3; 4–6.

Lernen Sie *Wichtige Wörter und Ausdrücke.*

Machen Sie die *Übungen* auf S. 181.

Arbeiten Sie die *Grammatik* durch.

Bearbeiten Sie den Abschnitt *Lesen und Verstehen.*

Lesen Sie den Abschnitt *Wissenswertes.*

Jetzt haben Sie das Wort.

Hören Sie sich alle Dialoge noch einmal ohne Buch an.

Dialoge

1 (3/25)

Was machen Sie denn so?

(P = Pepe, M = Manuel)

P – ¿Qué hace Vd. generalmente en un día de la semana?

M – Yo, pues siempre lo mismo. Me levanto a las seis, bueno, me lavo, me visto, me arreglo, vamos, y me marcho al trabajo.

P – ¿No desayuna?

M – No, en casa no, pasadas dos horas, en un bar …

P – ¿Y a qué hora comienza su trabajo?

M – A las ocho de la mañana y trabajo hasta el mediodía, hasta la una y media.

levantarse	aufstehen
lavarse	sich waschen
vestirse	sich anziehen
arreglarse	sich zurechtmachen
marcharse	weggehen
desayunar	frühstücken
comenzar	beginnen, anfangen

▶ **me levanto** – ich stehe auf, **me lavo** – ich wasche mich etc., sind Formen reflexiver (rückbezüglicher) Verben (s. S. 183). Am Beispiel von **levantarse** – aufstehen sehen Sie, dass ein rückbezügliches spanisches Verb nicht unbedingt einem rückbezüglichen deutschen Verb entsprechen muss und umgekehrt. Gehen Sie also nicht vom Deutschen aus, sondern merken Sie sich jeweils die spanische Entsprechung. Außerdem gibt es auch im Spanischen Verben, sie sowohl rückbezüglich als auch nicht rückbezüglich sein können.

Meist ändert sich mit der rückbezüglichen Form die Bedeutung. Vergleichen Sie: **marchar** – marschieren, gehen; **marcharse** – weggehen, fortgehen; **lavar la camisa** – das Hemd waschen; **lavarse** – sich (selbst) waschen.

pasadas dos horas – nach zwei Stunden [vergangene zwei Stunden]

¿a qué hora comienza su trabajo? – wann [um wie viel Uhr] beginnt Ihre Arbeit?

Dialoge

2 (3/26)

Und wie verbringen Sie den Tag?

(R = Rosario, P = Pepe)

P – Y Vd., Rosario, ¿qué hace un día normal?
R – Pues yo me levanto un poco más tarde, me levanto a las 7, me arreglo, desayuno, y me voy a la oficina hasta las 2; regreso a casa, almuerzo, y como no trabajo por la tarde, pues entonces hago algunas faenas de la casa, veo la tele, leo, así, esas cosas ...

la oficina	das Büro
regresar	zurückkehren
almorzar	zu Mittag essen
la faena	die Aufgabe, die Arbeit
salir de compras	einkaufen gehen
ver la tele	fernsehen
leer	lesen

► **me voy a la oficina** – ich gehe ins Büro. Hier dient die reflexive Form einer Verstärkung der Aussage (s. S. 183).

¿qué más hago? – was mache ich (denn) sonst noch?

► **salgo de compras** – ich gehe einkaufen. Merken Sie sich diese feststehende Wendung als Ganzes. (**salir** s. S. 183).

veo la tele y leo – ich sehe fern und lese.

3 (3/27)

Ich gehe zur Schule

(P = Pepe, Pe = Pepito)

P – ¿Y tú, Pepito?
Pe – Anda, yo me levanto a las nueve y desayuno.
P – ¿Y después?
Pe – Pues me voy al colegio a jugar ...
P – ¿A jugar? ¿Con tus amigos?
Pe – ¡Claro!
P – Pues qué bien, ¿no?
Pe – Sí, y por las noches me acuesto a ... normalmente a las 10.
P – ¿Miras la televisión? ¿Te gusta?
Pe – Sí.

anda (andar – gehen)	hier: nun
acostarse	zu Bett gehen

me voy al colegio – ich gehe in die Schule. Grundform: **irse**.

me acuesto – ich gehe zu Bett; **acostarse** gehört – wie **poder** – zu den Verben, die das Stamm **-o** in **-ue** verwandeln.

4 (3/28)

Stehen Sie früh auf?

(P = Pepe, D. A. = Don Antonio)

P - Y Vd., Don Antonio, ¿se levanta Vd. pronto?

D. A. - Pues yo me levanto generalmente a las ocho, sin prisas, desayuno, y como yo ya soy jubilado y no trabajo pues salgo a las nueve y media o así a la calle a dar un paseo por ahí. Y después, al mediodía, pues almorzar, y por la tarde mayormente no salgo. Ya me quedo en casa hasta el día siguiente, ¿sabe?

la prisa	die Eile
jubilado, -a	Rentner(in)
mayormente	überwiegend, meistens
siguiente	folgend, nächst ...

▶ **soy jubilado** - ich bin Rentner
auch: **estoy jubilada** - ich bin Rentnerin.

salgo a dar un paseo por ahí - ich gehe hinaus, um (in der nächsten Umgebung) einen Spaziergang zu machen.

hasta el día siguiente - bis zum nächsten Tag.

5 (3/29)

Machst du eine Siesta?

(P = Pepe, Pi = Pilar)

P - Y tú, Pilar, ¿duermes la siesta? Me han dicho que eres muy dormilona.

Pi - Uy, no, bueno, en verano, sí, siempre, pero en invierno nunca. Lo que me gusta es levantarme tarde cuando puedo. Eso sí.

la siesta	die Nachmittagsruhe, die Siesta
dormilón, dormilona	„schlafsüchtig“, verschlafen

¿duermes la siesta? - hältst du eine [schläfst du die] Siesta? Grundform: **dormir** - schlafen.

▶ **me han dicho** - man hat [sie haben] mir gesagt. „Dicho“ kommt von **decir** - sagen.

6 (3/30)

Was machen wir heute Nachmittag?

(M = madre, P = padre, N 1, 2, 3, 4, = niño 1, 2, 3, 4)

M – ¿Qué vamos a hacer esta tarde? ¡Hace tan buen tiempo!

P – No sé, podemos …

N 1 – Yo quiero ir al parque zoológico. Tú has dicho que …

N 2 – Yo quiero ir a otro sitio, ¡qué rollo!

N 3 – Pues yo me pienso ir a montar en bicicleta …

N 4 – Pues yo he quedado ya con mis amigos, conmigo no contar …

P – Pues estos niños, María, que se vayan a donde quieran, ya lo ves. Que se vayan a algún sitio, porque yo quiero ver el partido de fútbol en la televisión tranquilo …

M – ¡Otra vez! Dios mío, ¡qué pesadez!

el parque zoológico	der Tierpark, der Zoo
el sitio	der Ort, der Platz
el rollo	hier: Quatsch
montar (oder: ir) en bicicleta	radfahren
contar	zählen
el partido de fútbol	das Fußballspiel
tranquilo, -a	ruhig
la pesadez	hier: die Langeweile

► **¿qué vamos a hacer?** – was machen wir?

ir a otro sitio – woanders hingehen.

► **he quedado con mis amigos** – ich habe mich mit meinen Freunden verabredet.

conmigo no contar – zählt nicht mit mir [mit mir nicht zählen].

que se vayan a donde quieran – sie sollen hingehen, wohin sie wollen; **vayan** und **quieran** sind Konjunktivformen der Verben **ir** bzw. **querer**

► **a algún sitio** – irgendwohin.

Wichtige Wörter und Ausdrücke

4/13

¿qué hace Vd. un día normal?	was tun Sie an einem ganz normalen Tag?
me levanto	ich stehe auf
me lavo	ich wasche mich
me visto	ich ziehe mich an
me arreglo	ich mache mich zurecht/fertig
me acuesto	ich gehe zu Bett
doy un paseo	ich mache einen Spaziergang
salgo de compras	ich gehe einkaufen
¿qué vamos a hacer?	was sollen/werden wir machen?
voy a dormir la siesta	ich mache eine Siesta
me quedo en casa	ich bleibe zu Hause
regreso a la oficina	ich gehe ins Büro zurück
quiero ver (la tele)	ich möchte (fern-) sehen
quiero ir (al cine)	ich möchte (ins Kino) gehen

el día siguiente	der nächste Tag
¿cuál es tu (programa, deporte etc.) favorito?	welches ist dein Lieblings(programm, -sport etc.)?
el desayuno	das Frühstück
desayunar	frühstücken
el almuerzo, la comida	das Mittagessen
almorzar, comer	zu Mittag essen
la merienda	die Zwischenmahlzeit
merendar	vespern, Brotzeit machen
la cena	das Abendessen
cenar	zu Abend essen

Überlegen Sie, was Sie auf die Fragen *¿qué vamos a hacer?* und *¿cuál es tu … favorito, -a?* noch alles antworten könnten. Wir haben Ihnen aus Platzgründen nur eine kleine Auswahl dessen zusammengestellt, was Sie schon sagen können.

Übungen

1 (3/31)

Wir haben mit den nachstehenden Zeichnungen den Tagesablauf einer Frau skizziert. Übernehmen Sie die Rolle dieser Frau und beantworten Sie die Fragen, die Sie auf der CD hören, laut. Schreiben Sie die Antworten anschließend nieder.

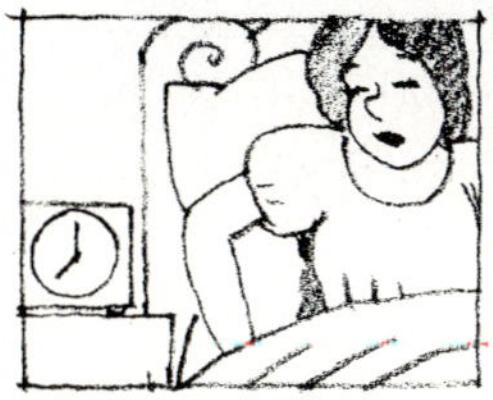

a. 7^{00}

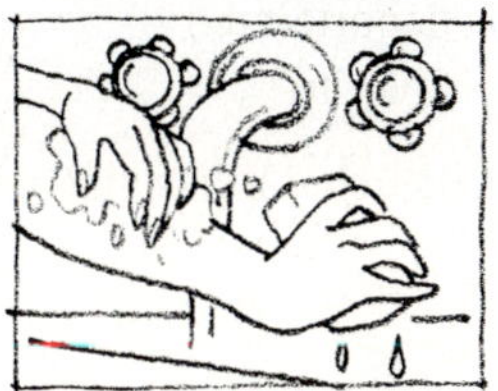

b. 7^{15}

c. 7^{25}

d. 7^{30}

e. 7^{45}

f. 8^{00}

g. 8^{30}

2 (3/32)

Die linke Spalte enthält Uhrzeiten, zu denen Miguel bestimmte Tätigkeiten verrichtet, in der rechten Spalte sind diese Tätigkeiten aufgelistet, aber die beiden Spalten stimmen nicht überein. Können Sie die richtige Reihenfolge erstellen? Schreiben Sie die jeweilige Nummer in den dafür vorgesehenen Raum und hören Sie erst dann auf der CD, wie Miguel seinen Tagesablauf beschreibt.

A las seis y media ______
A las siete menos cuarto ______
A las siete y cinco ______
A las siete y media ______
Desde las 8 de la mañana hasta las 2 de la tarde ____
A las dos de la tarde ______
A las tres ______
Desde las tres hasta las nueve ______
A las nueve ______
A las once de la noche ______

1 me visto
2 comienzo a desayunar
3 trabajo en la oficina
4 regreso a casa
5 me levanto
6 hago los trabajos de casa, salgo a dar un paseo, leo
7 me acuesto
8 salgo a almorzar
9 salgo para la oficina
10 ceno

3 (3/33)

Beatriz wurde befragt, wie ihr Alltag normalerweise verläuft. Ihre Antworten finden Sie in dem Kästchen unten. Können Sie den Dialog richtig rekonstruieren?

Miguel: Beatriz, quiero saber lo que haces un día normal.

Beatriz: ______________________

Miguel: Pues sí.

Beatriz: ______________________

____

Miguel: ¿Y después del desayuno?

Beatriz: ______________________

____

Miguel: ¿Y qué haces a la una y media?

Beatriz: ______________________

____

Miguel: ¿Y después del almuerzo?

Beatriz: ______________________

____

Miguel: ¿Y después de eso regresas a casa?

Beatriz: ______________________

____

Miguel: Bien. ¿Y a qué hora te acuestas?

Beatriz: ______________________

A la una de la noche aproximadamente.

¿Lo que hago un día normal?

Pues almuerzo en un restaurante cerca del colegio.

Uy, muchas cosas, me levanto a las seis y desayuno.

Normalmente, sí. Regreso a casa y leo, veo la tele, algunas veces me arreglo y salgo a dar un paseo.

Vuelvo al trabajo y estoy allí hasta las cinco o las cinco y media.

Después del desayuno, voy al trabajo y estoy allí hasta la una y media.

Grammatik

Reflexive Verben

Sie sind in den Dialogen dieser *Unidad* einer Reihe von reflexiven Verben begegnet. Sicher ist Ihnen aufgefallen, dass die Reflexivpronomen *me, te, se* etc. in der Grundform ans Verb angehängt werden (*lavarse* etc.), in den konjugierten Formen dagegen *vor* dem Verb stehen *(nos lavamos)*. Ausnahme: die bejahten Imperativformen, z. B.: *date prisa* - beeil dich (*darse prisa* - sich beeilen).

levantarse - aufstehen

***me** levanto*	***nos** levantamos*
***te** levantas*	***os** levantáis*
***se** levanta*	***se** levantan*

Prägen Sie sich vor allem die fett gedruckten Reflexivpronomen ein. Sie sind für alle reflexiven Verben gleich.

Übung 1

Setzen Sie die richtigen Pronomen ein:

a. ____________ van.
b. ____________ arreglamos.
c. ¿ ____________ quedas?
d. ____________ levanto.
e. ¿ ____________ laváis siempre con agua fría?
f. ____________ marcha.

Übung 2

Übertragen Sie ins Spanische:

a. Wann stehst du normalerweise auf?
b. Gehen Sie schon?
c. Warum bleibt ihr nicht noch ein bisschen?
d. Sie können sich anziehen.
e. Meine Freunde gehen immer so spät zu Bett.

salir - ausgehen, fortgehen

salgo	*salimos*
sales	*salís*
sale	*salen*

Übung 3

Füllen Sie die Lücken mit den passenden Formen von *salir*.

a. Yo ____________ de compras.
b. Mi padre ____________ a trabajar a las seis.
c. Nosotras ____________ de paseo antes de la cena.
d. Ellas ____________ de la oficina a las dos de la tarde.
e. Porqué no ____________ vosotros a jugar?

Lesen und Verstehen

Lesen und Verstehen

Sie lesen hier einen Auszug aus einem Interview mit Marisol, einem bekannten spanischen Model.

Marisol

Bien, cuando no trabajo, me levanto muy tarde – a eso de las diez o las once de la mañana porque normalmente me levanto muy temprano para ir a trabajar. Pero si no trabajo, me levanto tarde y desayuno primero, antes de vestirme. Cuando termino el desayuno, me arreglo, me peino, me visto y salgo a la calle de compras, para mirar las tiendas o tomo algo en un bar con mis amigas. A las dos o así voy a mi restaurante favorito – un restaurante típico cerca del piso en que vivo – y almuerzo sola o con amigas, luego regreso a casa y descanso, duermo la siesta en verano, leo o veo la tele en el invierno. A eso de las siete, o siete y media, me arreglo otra vez y salgo de paseo, vamos a una cafetería y tomamos café o vino. Luego a casa otra vez a cenar, y después, me acuesto o algunas veces voy al cine con mi novio o voy a bailar ... así esas cosas.

Bien, Marisol, gracias.

temprano, -a	früh

Finden Sie nun heraus, welche Behauptungen falsch sind:

1 Marisol steht
- ☐ früh
- ☐ spät

auf, wenn sie nicht arbeitet.

2 Nach dem Abendessen
- ☐ spielt sie Karten.
- ☐ geht sie tanzen.
- ☐ sieht sie fern.

3 Das Restaurant, in dem sie isst,
- ☐ ist ein Selbstbedienungsrestaurant.
- ☐ ist eine Cafetería.
- ☐ ist ein typisch spanisches Speiselokal.

4 Sie
- ☐ hält nie eine Siesta.
- ☐ macht grundsätzlich Siesta.
- ☐ legt im Sommer eine Siesta ein.

5 Sie hat
- ☐ einen Freund.
- ☐ keinen Freund.

 Wissenswertes

Spanische Lebensart

Das Frühstück

Auf das Frühstück legen die Spanier weniger Wert als Angehörige anderer westeuropäischer Nationen. Wenn überhaupt zu Hause gefrühstückt wird, dann besteht dieses Frühstück meist nur aus einer Tasse Kaffee und ein wenig Weißbrot mit Marmelade oder einem Stück süßen Gebäcks. Viele berufstätige Spanier ziehen es vor, in der Bar um die Ecke oder in der Nähe ihres Arbeitsplatzes ein schnelles Frühstück im Stehen einzunehmen. Eine spanische Spezialität, die nicht nur als Frühstück, sondern auch tagsüber als kleine Zwischenmahlzeit beliebt ist, sind die *churros*, ein in schwimmendem Öl herausgebackenes Spritzgebäck, das mit heißer Schokolade gegessen wird. Man bekommt dieses Gebäck nicht nur in den Bars, sondern manchmal auch an Churro-Ständen auf der Straße. In den Fremdenverkehrsregionen Spaniens hat man sich natürlich den Frühstücksgewohnheiten der Gäste längst angepasst: Zumindest die großen Hotels bieten üppige Frühstücksbuffets an.

La siesta

Gibt es sie überhaupt noch, diese „spanische Yogaübung", wie ein Spötter sie genannt hat? Es gibt sie noch, auch wenn die Industrialisierung ihren Tribut gefordert hat. Im Norden Spaniens, aufgrund der klimatischen Bedingungen natürlich weniger als im Süden, wo in den heißen Sommermonaten immer noch der Spruch gilt, dass nur Hunde und Touristen zwischen 2 und 5 Uhr nachmittags auf den Straßen anzutreffen sind.

Jetzt haben Sie das Wort

El paseo

Sehen und gesehen werden ist die Devise, die hinter dem *paseo*, dem Bummel vor oder nach dem Abendessen, steckt. Wenn die Hitze des Tages einer angenehmen Abendtemperatur weicht, erwachen spanische Städte und Dörfer zu einem Leben eigener Prägung. Man macht sich fein und geht hinaus auf die Straße, wo man auf Freunde und Bekannte trifft, ohne sich mit ihnen verabreden zu müssen. Man plaudert, nimmt einen Aperitif in der Bar und diskutiert mit Leidenschaft über Gott und die Welt.

3/34

Bei diesem Dialog sollen Sie Ihren Tagesablauf beschreiben. Sie werden dabei den Lernstoff dieser *Unidad* in die Praxis umsetzen. Bevor Sie diese Übung machen, empfehlen wir Ihnen, die Zeitangaben in *Unidad 6* noch einmal zu wiederholen. Miguel ist wieder Ihr bewährter Begleiter durch die Übung. Geben Sie nicht auf, wenn Ihre Beschreibung nicht auf Anhieb klappt.

Hören Sie sich zum Schluss alle Dialoge noch einmal an. Versuchen Sie, ohne Zuhilfenahme des Buches zurechtzukommen, aber gehen Sie nicht weiter, wenn Sie merken, dass noch Unsicherheiten vorhanden sind.

Auf den Ramblas in Barcelona

14 ¿Adónde vamos?

Bevor Sie anfangen

Sie kennen bereits eine Möglichkeit, die nahe Zukunft auszudrücken: *ir a* + Infinitiv. Wiederholen Sie diese Formen (S. 53), bevor Sie sich mit den Zukunftsformen beschäftigen, die wir Ihnen in dieser *Unidad* vorstellen. Wiederholen Sie außerdem auch die Wegbeschreibungen S. 39 und 65 ff. sowie die Präsensformen von *tener* (S. 32); Sie werden sie brauchen, um auszudrücken, dass etwas getan werden muss.

Sie lernen in dieser Unidad

- Fragen über die Zukunft zu stellen
- über Künftiges zu sprechen
- in erweiterter Form nach dem Weg zu fragen
- Wissenswertes über Kino und Theater in Spanien

Wegweiser

Dialoge: Hören Sie sich die Dialoggruppen in der unten aufgeführten Reihenfolge bei geschlossenem Buch an. Hören Sie dann jeden Dialog einzeln an, lesen Sie ihn und arbeiten Sie ihn durch.

Reihenfolge: Dialoge 1–3; 4; 5–7.

Lernen Sie *Wichtige Wörter und Ausdrücke.*

Machen Sie die *Übungen* auf S. 193.

Arbeiten Sie die *Grammatik* durch.

Bearbeiten Sie den Abschnitt *Lesen und Verstehen.*

Lesen Sie den Abschnitt *Wissenswertes.*

Jetzt haben Sie das Wort.

Hören Sie sich alle Dialoge noch einmal ohne Buch an.

1 (3/35)

Was machen wir heute?

(A = Alvaro, N = Neni)

A – ¿Adónde vamos? ¿Qué vamos a hacer hoy?
N – No sé, ¿qué te apetece a ti?
A – ¿Por qué no vamos a bailar a la discoteca?
N – Oye, echan una buena de teatro. ¿Te parece que vayamos?
A – Bueno, si te interesa y después, si quieres, podemos ir a cenar a algún sitio, si quieres.
N – Estupendo, perfectamente.

apetecer	Appetit machen/haben
bailar	tanzen
la discoteca	die Diskothek
echar	hier: geben, veranstalten
interesar	interessieren

► **¿adónde vamos?** – wohin gehen wir?

► **¿qué vamos a hacer hoy?** – was machen wir heute [werden wir heute machen]?
¿qué te apetece a ti? – wozu hast du Lust?

echan una buena (obra) de teatro – es gibt eine gute Theatervorstellung.

► **¿te parece que vayamos?** – meinst du, wir sollten hingehen?

2 (3/36)

Was machen Sie morgen?

(P = Pepe, D. A. = Doña Angela)

P – Y mañana sábado, ¿qué hará Vd. Doña Angela?

D. A. – Pues lo siguiente: me levantaré y tomaré un baño como de costumbre. Desayunaré, ligeramente, yo desayuno poco, y después saldré de compras. Y por la tarde, tengo un par de nietas muy bonitas y las sacaré de paseo.

la costumbre	die Gewohnheit
ligeramente	leicht
la nieta	die Enkelin
bonito, -a	hübsch

▶ **¿qué hará Vd.?** – was werden Sie machen? (s. S. 195) Grundform: **hacer**. Weitere Futurformen in diesem Dialog: **desayunaré** (desayunar), **me levantaré** (levantarse), **tomaré** (tomar), **saldré** (salir), **sacaré** (sacar).

▶ **como de costumbre** – wie gewöhnlich, wie immer.

las sacaré de paseo – ich werde sie „spazierenführen".

3 (3/37)

Morgen muss ich zur Stadtverwaltung

(J = Juan, S = Sandra)

J – Mañana tengo que ir al ayuntamiento porque tengo que retirar unos documentos que me tienen que entregar.

S – ¿Y después tendrá Vd. tiempo? ¿Podremos comer juntos?

J – Sí, creo que sí, pasaré a ver un momento a unos amigos después, pero le telefonearé y nos pondremos de acuerdo para almorzar juntos.

el ayuntamiento	das Rathaus
retirar	zurückziehen, hier: abholen
el documento	das Dokument, die Unterlage
entregar	aushändigen
junto, -a	zusammen

▶ **tengo que (ir, retirar etc.)** – ich muss (gehen, abholen, etc.)

Futurformen: **tendrá** (tener), **podremos** (poder), **pondremos** (poner), **telefonearé** (telefonear).

▶ **nos pondremos de acuerdo para almorzar** – wir verabreden uns zum Essen; **ponerse de acuerdo de ...** – sich über etwas verständigen, verabreden.

4 (3/38)

Beim Friseur

(P = Pedro, S = Sandra)

S – Quiero que me corte algo el pelo, no sé, no me queda bien ahora como lo llevo.
P – Se lo voy a cortar de arriba porque está muy largo y tiene mucho peso, por eso le cae así. ¿Qué le parece? Y detrás, por abajo también un poquito.
S – Pues Vd. verá, si queda bien …
P – Sí, ya verá. ¿Se lo seco después con el secador de mano o prefiere …?
S – Sí, sí, como siempre.

cortar	schneiden
el pelo	das Haar, die Haare
arriba	oben
largo, -a	lang
el peso	das Gewicht
caer	fallen
detrás	hinten
secar	trocknen
el secador (de mano)	der (Hand)-Föhn

quiero que me corte algo el pelo – ich möchte, dass Sie mir die Haare etwas schneiden.

no me queda bien como lo llevo – es steht mir nicht gut so wie ich es trage.

▶ **un poquito** – ein klein wenig, ein bisschen.

Vd. verá – Sie werden sehen.

5 (3/39)

Eine mautpflichtige Autobahn

(P = Peter, N = Nadja)

P – Por favor, ¿para ir a Chipiona, la playa de Chipiona?
N – Pues puede Vd. ir por la autopista o coger la carretera nacional 4. Las dos cosas.
P – En esa autopista hay que pagar peaje, ¿verdad?
N – Sí, tiene que pagar.
P – ¿Y por la nacional es directo?
N – No, si va por ahí, en Jerez se desviará a la derecha por la carretera 440 que va a Sanlúcar. Y allí dejará la carretera y cogerá una que va hacia la izquierda por la 441.
P – Muchas gracias.

la playa	der Strand
el peaje	die Maut
desviar(se)	abbiegen

se desviará a la derecha – Sie werden rechts abbiegen.

dejará la carretera – Sie werden die Straße verlassen.

cogerá una que va hacia la izquierda – Sie werden eine (Straße) nehmen, die nach links führt. Achten Sie bei diesen Beispielen auf die Verwendung des Futurs. In der deutschen Umgangssprache würde hier Präsens stehen.

Dialoge

6 (3/40)

Wie weit ist es nach Utrera?

(P = Pepe, A = Alvaro)

P – Por favor, ¿para ir a Utrera?

A – Toma la autopista de Cádiz hasta la altura de Dos Hermanas. Lo atraviesa. Allí encontrará un cruce con la carretera 432, y allí gira Vd. a la izquierda y seguirá hacia Utrera.

P – ¿Sabe Vd. qué distancia aproximadamente hay desde aquí hasta Utrera, por favor?

A – Poco, unos treinta kilómetros.

la altura	die Höhe
atravesar	durchqueren, durchfahren, überqueren
encontrar	finden
el cruce	die Kreuzung
la distancia	die Entfernung
aproximadamente	ungefähr

▶ **lo atraviesa** – Sie durchqueren ihn (den Ort); **atravesar** gehört zu den Verben, deren Stamm-**e** in den stammbetonten Konjugationsformen zu **-ie** wird (vgl. **querer**, S. 59)

allí encontrará un cruce – dort werden Sie eine Kreuzung finden.

▶ **seguirá hacia Utrera** – Sie werden weiterfahren bis Utrera (s. Bemerkung zu Dialog 5).

7 (3/41)

Was machst du morgen?

(P = Pepe, A = Alejandro)

P – ¿Qué vas a hacer mañana?

A – Mañana tendré que ir al colegio, claro, pero después vendré a casa, comeré y me iré al cine con unos niños.

P – Ah, ¿y qué película irás a ver?

A – «El Libro de la Selva» …

venir	kommen
el cine	das Kino
la película	der Film
el libro	das Buch
la selva	der Urwald

▶ **tendré que ir al colegio** – ich muss in die Schule gehen [ich werde gehen müssen].

vendré a casa – ich werde nach Hause kommen. Grundform: **venir**

comeré y me iré al cine – ich werde essen und ins Kino gehen. Achten Sie auf die rückbezügliche Form: **me iré** (Grundform: **irse**). Sie könnten genauso gut auch sagen: **iré al cine** (Grundform: **ir**).

¿qué película irás a ver? – welchen Film wirst du sehen? **ir a ver** – [sehen gehen] ist an sich schon eine Form der Zukunft, die hier noch einmal in die Zukunft gesetzt wird: **irás a ver**. (Hier soll wohl das Gehen zum Kino stärker zum Ausdruck kommen.) Vgl. Sie auch: **verás** – du wirst sehen.

el Libro de la Selva – das Dschungelbuch.

Wichtige Wörter und Ausdrücke

4/14

¿qué vamos a hacer?	was sollen (werden) wir machen?
vamos a	wir werden
dar un paseo	einen Spaziergang machen
ir al cine	ins Kino gehen
comer	essen gehen
coger la carretera nacional 4	die Staatsstr. Nr. 4 nehmen
cortar el pelo	die Haare schneiden
voy a	ich werde
encontrarme con Luis	mich mit Luis treffen
ir por la autopista	auf der Autobahn fahren
seguir hacia (Utrera)	bis (Utrera) weiterfahren
ir al colegio	in die Schule gehen
ver una película	einen Film sehen
tengo que/tenemos que	ich muss/wir müssen
girar a la izquierda	links abbiegen
dejar la carretera	von der Landstraße abfahren
salir de compras	einkaufen gehen
retirar unos documentos	Unterlagen abholen
telefonear a …	… anrufen
hay que	man muss
pagar peaje	Maut bezahlen
secar el pelo	die Haare trocknen
levantarse temprano	früh aufstehen
comenzar el trabajo	die Arbeit beginnen
estudiar mucho	viel lernen
¿qué te apetece?	worauf hast du Lust?
¿qué te gustaría?	was würde dir Spaß machen?
¿qué prefieres?	was hast/machst du lieber?
te/os/les gustará	es wird dir/euch/Ihnen gefallen

Zukünftiges …

me levantaré	ich werde aufstehen
tomaré el tren	ich werde mit dem Zug fahren
comeré en casa	ich werde zu Hause essen
escribiré una carta	ich werde einen Brief schreiben
saldré de compras	ich werde einkaufen gehen
iré al cine	ich werde ins Kino gehen
atravesaremos (Utrera)	wir werden durch (Utrera) durchfahren
haremos muchas cosas	wir werden viele Dinge tun
¿podré ir al trabajo?	werde ich zur Arbeit gehen können?
¿tendrás tiempo?	wirst du Zeit haben?
nos pondremos de acuerdo	wir werden uns einigen

1 (3/42)

Hören Sie auf der CD einen Nachrichtenausschnitt und kreuzen Sie dann die Aussagen an, die Ihrer Meinung nach zutreffen.

participará	er wird teilnehmen
el acto	die Veranstaltung
habrá	es wird geben
las elecciones	die Wahlen

1 In Sevilla und Córdoba werden Wahlen abgehalten am
- ☐ a. 27.
- ☐ b. 22.
- ☐ c. 24.

2 Der spanische Präsident wird an
- ☐ a. drei
- ☐ b. vier
- ☐ c. zwei

Veranstaltungen teilnehmen.

3 Am 6. Dezember werden König Juan Carlos und Königin Sofia
- ☐ a. die Mailänder Oper
- ☐ b. die Filmfestspiele in Rom
- ☐ c. ein Konzert in Turin

besuchen.

4 Am 7. werden sie
- ☐ a. der Premiere eines neues Films
- ☐ b. einer Theateraufführung
- ☐ c. einem Staatsbankett

beiwohnen.

5 Am 10. wird das spanische Königspaar
- ☐ a. mit dem italienischen Präsidenten zu Mittag essen
- ☐ b. die Rückreise antreten
- ☐ c. an einem offiziellen Abendessen teilnehmen

2 (3/43)

Auf der CD hören Sie eine Unterhaltung zwischen Montse und ihrem Friseur Jesús. Nachstehend finden Sie eine Tafel mit dem Angebot des Friseursalons Vicente. Kreuzen Sie die Serviceleistungen, die Montse in Anspruch nehmen möchte, an.

Peluquería | *Vicente*

SERVICIOS	TARIFAS €
☐ Lavar y marcar	17,00
☐ Cortar	13,50
☐ Lavar (secador de mano)	14,00
☐ Crema revitalizante	2,50
☐ Loción para marcar	2,00
☐ Reflejos colorantes	22,00
☐ Manicura (según calidad de esmalte)	6,00–9,00
☐ Moldeadora	40,00
☐ Permanente en frío	45,00
☐ Champú ‚oro y plata‘	2,50

marcar	legen (Haare)
la manicura	die Maniküre
los reflejos colorantes	die Strähnen
el esmalte	der Nagellack
la moldeadora	die leichte Dauerwelle
la permanente en frío	die Kaltwelle
el champú	das Shampoo

 Übungen

3 (3/44)

Hören Sie nun auf der CD einen Dialog, der sich in einem Reisebüro abspielt. Die Angestellte informiert Antonio über Reisen, die speziell für Rentner (los jubilados) veranstaltet werden. Hören Sie sich den Dialog ein paar Mal an, machen Sie sich, wenn nötig, Notizen und versuchen Sie dann, in dem nachstehenden Werbeblatt die fehlenden Wörter zu ergänzen.

Sensacional ____________

para ____________

____________ de Gandía

Día 1

PALMA – VALENCIA

Salida en barco a las 23.00 h.
Noche ____________

Día 2

VALENCIA – GANDÍA

Llegada a Valencia a las ____________ salida en autocar hacia Gandía. Almuerzo, cena.

Día 7

GANDÍA – VALENCIA – PALMA

Desayuno y almuerzo en el hotel. Por la tarde a última hora después de la cena traslado al ____________ de Valencia. Salida en ____________ a las 23.00 h. Noche a bordo.

Por persona 320 €

Mínimo 40 participantes.
Este precio ____________ billetes de barco ida y vuelta.
Estancia en el Hotel Las Anclas en Gandía
Categoría ____________ estrellas.
Pensión ________ . Incluído ________ en las comidas.

Hotel Las Anclas

Características: salón social, piscina, parque infantil, todas las ____________ con baño, ________ y calefacción.

la oferta – das Angebot; *el barco* – das Schiff; *a bordo* – an Bord; *el puerto* – der Hafen; *la actividad* – die Tätigkeit.

 Grammatik

Zukunftsformen

Sie sind in den Dialogen dieser *Unidad* zwei verschiedenen Ausdrucksweisen für zukünftige Handlungen begegnet:

1. **ir a + Infinitiv** zum Ausdruck einer nahen Zukunft:
   se lo voy a cortar – ich werde sie Ihnen schneiden; *¿qué vas a hacer mañana?* – was machst du morgen?; *vamos a tomar un café* – trinken wir einen Kaffee

2. den reinen Futurformen, die im Allgemeinen durch Anhängen der Futurendungen an den Infinitiv der Verben gebildet werden. Diese Endungen sind für alle Verben gleich:

*comprar**é***	*comer**é***	*escribir**é***
*comprar**ás***	*comer**ás***	*escribir**ás***
*comprar**á***	*comer**á***	*escribir**á***
*comprar**emos***	*comer**emos***	*escribir**emos***
*comprar**éis***	*comer**éis***	*escribir**éis***
*comprar**án***	*comer**án***	*escribir**án***

Neben dieser regelmäßigen gibt es auch eine unregelmäßige Futurbildung. Bei folgenden Verben haben Sie sie in den Dialogen kennen gelernt:

poner	**pondré**	– ich werde stellen/legen
tener	**tendré**	– ich werde haben
venir	**vendré**	– ich werde kommen
salir	**saldré**	– ich werde weggehen
poder	**podré**	– ich werde können
hacer	**haré**	– ich werde machen

Übung 1

Setzen Sie die folgenden Sätze in die Zukunft: a. Voy a Madrid. b. Me levanto temprano. c. Vemos el partido de fútbol en la televisión. d. ¿Te quedas en casa? e. ¿Qué hacéis? f. ¿Tiene Vd. tiempo? g. Paso a ver un momento a unos amigos. h. Me pongo de acuerdo con él. i. Salgo de aquí hacia las nueve. j. ¿Vienes con nosotros? k. Tenemos que llamar a los González.

Übung 2

Suchen Sie sich, wenn Sie die Futurbildung intensiv einüben möchten, die Verben heraus, die in den Dialogen dieser *Unidad* vorkommen, und setzen Sie sie in die Zukunft.

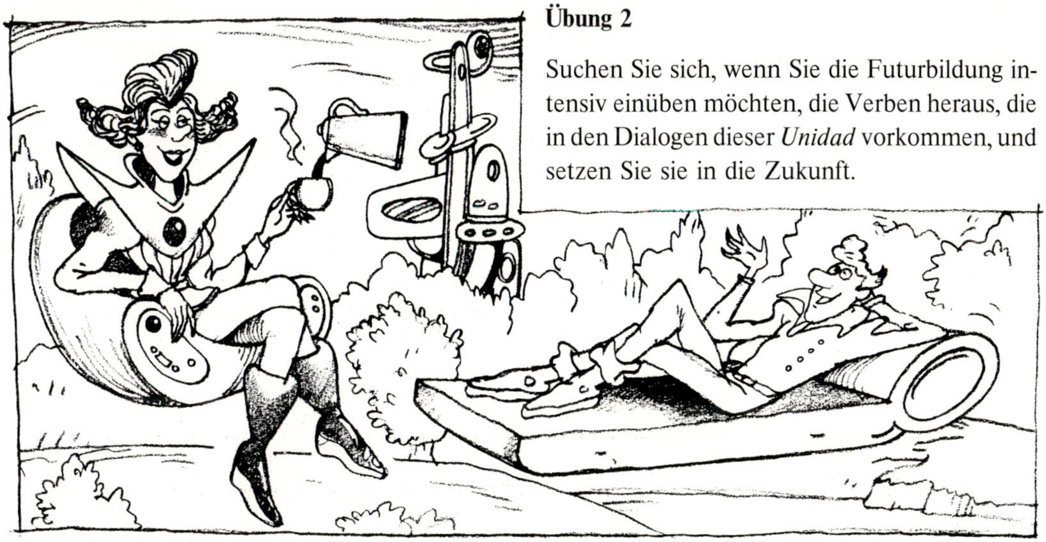

Lesen und Verstehen

Lesen und Verstehen

Der folgende Text ist ein Auszug aus einem Brief, den Fina an ihre Eltern schreibt. Sie verbringt ihre Ferien auf Ibiza und beschreibt, was sie, ihr Mann und ihre Kinder morgen vorhaben.

Y mañana - mañana vamos a visitar la capital de
la isla, que también se llama Ibiza. Parece que es
una ciudad muy bonita construida en una montaña
cerca del mar. Iremos a estos barrios famosos, muy
blancos... Seguro que es precioso, ¿verdad?
Tendremos que ir también a visitar el ayunta-
miento y la catedral que están en el barrio
de Dalt Vila. Parece que tiene murallas del
siglo XVI que le gustarán mucho a Juan. Pero
los niños no estarán contentos si no vamos a
la playa, así que después de almorzar en la
ciudad, iremos a la playa más cerca del
hotel y jugarán allí con otros niños también
del hotel. Pero antes tendré que ir de compras.
Muchos besos y abrazos de tu hija,

Fina

construida	erbaut
el barrio	das (Stadt-)Viertel
seguro	sicher
precioso, -a	kostbar, wunderbar
la muralla	die Mauer
el siglo	das Jahrhundert
el beso	der Kuss
el abrazo	die Umarmung

Wie viele Futurformen enthält dieser Brief? Unterstreichen Sie sie und überlegen Sie sich, wie die entsprechenden Präsensformen lauten. Finas Eltern zeigen diesen Brief einer deutschen Freundin. Übernehmen Sie die Aufgabe der Übersetzung ins Deutsche.
Versuchen Sie doch mal, selbst so einen Bericht zu verfassen …

Wissenswertes

Theater - Konzert - Kino

Wie überall in Europa konzentriert sich auch in Spanien der Theater- und Konzertbetrieb auf die großen Städte des Landes. Dementsprechend sind Madrid und Barcelona die Hochburgen des spanischen Theater- und Konzertgeschehens einheimischer wie internationaler Prägung. Ein Blick in den Veranstaltungskalender oder die entsprechenden Rubriken der Tageszeitungen gibt Aufschluss über die Vielfalt des Angebotes. Der Bogen spannt sich von der Klassik bis zur leichten Muse. Eine typisch spanische Theatergattung ist die *Zarzuela*, eine Mischung aus Singspiel und Operette, d. h. gesungene und gesprochene Szenen wechseln sich ab. Man nimmt an, dass sich der Name von dem königlichen Lustschloss *La Zarzuela* ableitet, wo solche Stücke im 17. Jahrhundert zuerst aufgeführt wurden. *Zarzuelas* werden außerhalb Spaniens selten gespielt. Vielleicht ist es gerade deshalb reizvoll, einen Spanienaufenthalt um einen *Zarzuela*-Besuch zu bereichern.

Seit der Öffnung Spaniens in Richtung einer größeren Autonomie der Regionen werden z. B. in Barcelona zunehmend Stücke auch in katalanischer Sprache aufgeführt. Vergewissern Sie sich also, bevor Sie Theaterkarten kaufen, in welcher Sprache die Aufführung stattfindet.

Wenn von Unterhaltung die Rede ist, darf natürlich auch der *Flamenco* nicht fehlen. Überall findet man die *Tablaos*, Flamencobühnen, auf denen dieser temperamentvolle, aufreizende und gleichzeitig tragisch wirkende Tanz (ursprünglich der Zigeuner Andalusiens) in unterschiedlichster Qualität zu sehen ist.

Auch das Kino spielt als Unterhaltungsfaktor in Spanien nach wie vor eine große Rolle. Neben spanischen Eigenproduktionen werden (meist synchronisiert) Filme aus den europäischen Nachbarländern und den USA gezeigt. Vor allem wenn „Publikumslieblinge“ auf dem Programm stehen, bilden sich an den Vorverkaufskassen oft lange Schlangen.

Jetzt haben Sie das Wort

3/45

In dieser Übung erzählen Sie Mercedes, was Sie morgen vorhaben. Sie üben *voy a …* etc. und da Sie präzisieren müssen, wann Sie gewisse Dinge unternehmen, schlagen wir Ihnen vor, die Uhrzeiten *(Unidad 6)* zu wiederholen.

Außerdem könnten Sie auch noch einmal einen Blick auf Dialog 4 in *Unidad 4* werfen, wo die Form *ir a* zum erstenmal vorkommt.

Hören Sie zum Schluss noch einmal alle Dialoge bei geschlossenem Buch an. Sie haben in dieser *Unidad* gelernt, über Zukünftiges zu sprechen. Machen Sie doch einfach einmal den Versuch niederzuschreiben, was Sie in den kommenden Ferien vorhaben. Sie werden überrascht sein, was Sie schon alles ausdrücken können.

15 ¿Qué te pasó?

Bevor Sie anfangen

Dies ist die letzte *Unidad* des Selbstlernkurses. Wir hoffen, dass die Sprachkenntnisse, die Sie erworben haben, bei einer Reise in ein spanischsprachiges Land für Sie von Nutzen sein werden. Sie haben eine sprachliche Grundlage geschaffen, die es Ihnen ermöglicht, sich in einfacher Form zu unterhalten. Versuchen Sie, nach Beendigung dieses Kurses in Übung zu bleiben und lassen Sie Ihre Kenntnisse nicht rosten, auch wenn Sie nicht regelmäßig Gelegenheit haben, sich mit Spanischsprechenden zu unterhalten. Lesen Sie so viel wie möglich, hören Sie sich regelmäßig die Rundfunk- und Fernsehsendungen für spanische Arbeitnehmer an und wiederholen Sie mit Hilfe des CD-Materials von Zeit zu Zeit die Übungen, in denen Sie selbst eine aktive Sprecherrolle übernehmen können. Wichtig ist die kontinuierliche Beschäftigung mit der Sprache.

Sie lernen in dieser Unidad

- über Vergangenes zu berichten
- und Sie erfahren Wissenswertes über die zweitgrößte spanische Stadt: Barcelona

Wegweiser

Dialoge: Hören Sie sich die Dialoge oder Dialoggruppen in der unten aufgeführten Reihenfolge bei geschlossenem Buch an. Hören Sie dann jeden Dialog einzeln an, lesen Sie ihn und arbeiten Sie ihn durch.

Reihenfolge: Dialoge 1; 2; 3–6; 7.

Lernen Sie *Wichtige Wörter und Ausdrücke.*

Machen Sie die *Übungen* auf S. 206.

Arbeiten Sie die *Grammatik* durch.

Bearbeiten Sie den Abschnitt *Lesen und Verstehen.*

Lesen Sie den Abschnitt *Wissenswertes.*

Jetzt haben Sie das Wort.

Hören Sie sich alle Dialoge noch einmal ohne Buch an.

Prüfen Sie mit Hilfe des Wiederholungskapitels auf S. 222, ob Sie den Stoff der *Unidades 11–15* beherrschen.

1 (3/46)

Kennst du Deutschland?

(P = Pepe, T = Tere)

P – ¿Conoces Alemania?
T – Sí, estuve hace 2 años. Me gustó mucho.
P – Ah, ¿sí? ¿Qué viste? ¿Qué ciudades te gustaron más?
T – Bueno, sólo estuve en Munich y en Colonia, fuimos con unos amigos alemanes. Lo que no me gustó es que los alemanes ... no hablan español y no entendí ni una sola palabra.

conocer	kennen
entender	verstehen

▶ **estuve hace 2 años** – ich war (dort) vor 2 Jahren. **Estuve** ist das erste (und leider auch gleich unregelmäßige) Beispiel einer Vergangenheitsform, mit der wir uns in dieser *Unidad* besonders beschäftigen wollen: des *pretérito perfecto simple* (s. S. 208). Achten Sie auch auf den Ausdruck **hace 2 años** – es ist 2 Jahre her (wörtlich: es macht 2 Jahre).

▶ **me gustó mucho** – es gefiel mir sehr. **¿qué ciudades te gustaron?** – welche Städte haben dir gefallen?

¿qué viste? – was hast du gesehen? Grundform: **ver.**

▶ **fuimos con unos amigos** – wir sind mit Freunden hingefahren. Grundform: **ir.**

▶ **no entendí ni una sola palabra** – ich habe kein einziges Wort verstanden. Grundform: **entender.**

2 (3/47)

Gestern war ein schrecklicher Tag

(N = Neni)

N – Chica, ayer fue horrible. Llevé al colegio a los niños y después quise encontrar la tienda en la que Luis y Pilar me dijeron que vendían ese quinqué que busco, y, nada ... Me perdí, perdí toda la mañana, llegué tarde a buscar a los niños y me pusieron una multa porque dejé el coche mal aparcado. Por eso no llamé como habíamos quedado.

horrible	schrecklich
llevar	(hin)bringen
la tienda	das Geschäft
buscar	suchen
el quinqué	die Öl-/Petroleumlampe
perder	verlieren
perderse	sich verirren
la multa	die Strafe

► **ayer fue horrible** – gestern war's schrecklich. Grundform: **ser**.

llevé al colegio a los niños – ich brachte die Kinder zur Schule.

quise encontrar la tienda – ich wollte den Laden finden. Grundform: **querer**.

me dijeron que vendían – sie sagten mir, dass sie verkaufen. Grundform: **decir.** In diesem Satz begegnen Ihnen zwei verschiedene Vergangenheitsformen, das *„pretérito perfecto simple"* (dijeron) und das *„imperfecto"* (vendían). Mehr über die Verwendung der beiden Zeiten erfahren Sie ebenfalls im Grammatikteil.

me perdí – ich verirrte mich.

me pusieron una multa – sie „verpassten" mir eine Strafe. Grundform: **poner.**

dejé el coche mal aparcado – ich stellte den Wagen falsch ab. Grundform: **dejar**.

no te llamé como habíamos quedado – ich habe dich nicht angerufen, wie wir es vereinbart hatten.

3 (3/48)

Was war denn gestern Abend los?

(L = Luisa, A = Antonio)

L – Ay, ¿qué les pasó anoche? ¿Se les estropeó el coche?

A – Sí, tuvimos una avería y por eso llegamos tan tarde.

L – ¿Fue algo importante?

A – No, hubo suerte, no fue nada grave, pero estuvimos en un taller dos horas. No sé qué hacer con este coche. El domingo pasado fue peor todavía porque no pudimos encontrar ni un solo garaje abierto y tuvimos que dejar el coche en donde nos ocurrió la avería.

L – Pues vaya, lo siento.

anoche	gestern Abend/Nacht
estropearse	kaputtgehen
la avería	die Panne, der Schaden
importante	wichtig, schwerwiegend
grave	ernst
el taller	die Werkstatt
el domingo	der Sonntag
ocurrir	passieren
pues vaya	hier: na so was!

 Dialoge

¿qué les pasó anoche? - was ist Ihnen denn gestern Abend passiert?

¿se les estropeó el coche? - ist Ihnen das Auto kaputtgegangen? **sí, se nos estropeó** - ja, es ist uns kaputtgegangen.

tuvimos una avería - wir hatten eine Panne. Grundform: **tener**.

¿fue algo importante? - war es etwas Entscheidendes?

hubo suerte - wir hatten Glück [da gab es Glück]. Grundform: **haber.** Neben dieser unpersönlichen Form ist auch die persönliche Form **tener suerte** - Glück haben gebräuchlich: **tuvimos mucha suerte** - wir hatten viel Glück. Das Gegenteil ist **mala suerte** - Pech.

fue peor todavía - es war noch schlimmer. Vgl.: **malo** - böse, schlimm; **peor** - schlimmer.

no pudimos encontrar un garaje abierto - wir konnten keine offene Werkstatt finden. Grundform: **poder**.

donde nos ocurrió la avería - dort, wo uns die Panne passiert war.

4 (3/49)

Letzten Sonntag war ich am Strand

(J = Juan)

J - El domingo pasado por fin tuve tiempo libre y como me encanta salir fuera me levanté muy temprano y me fui con un amigo a la playa. Lo pasamos muy bien allí, nadando y también estuvimos jugando a la pelota. ¡Hizo un día estupendo!

jugar a la pelota	Ball spielen

por fin tuve tiempo libre - ich hatte endlich frei.

▶ **me encanta salir fuera** - ich fahre gern weg.

▶ **lo pasamos muy bien allí** - wir haben es uns dort gut gehen lassen.

▶ **hizo un día estupendo** - es war ein herrlicher Tag. Grundform: **hacer.**

5 (3/50)

Wo wart ihr letztes Jahr?

(S = Sandra, A = Antonio)

S - ¿Dónde estuvisteis el año pasado de vacaciones?

A - Pues nos quedamos en España. Viajamos por toda la costa. Empezamos en Valencia, paramos unos días en Cullera, sabes, cerca de Valencia y luego despacio seguimos … Fueron unas vacaciones muy tranquilas. Probamos algunos platos típicos, nos bañamos mucho, descansamos mucho.

parar	sich aufhalten, Station machen
tranquilo, -a	ruhig
probar	versuchen, probieren
descansar	ausruhen

nos quedamos en España - wir sind in Spanien geblieben.

viajamos/empezamos/seguimos - wir reisten/begannen/hielten uns auf. Diese Beispiele machen Ihnen deutlich, dass bei den regelmäßigen Verben auf **-ar** und **-ir** die 1. Pers. Pl. des Präsens mit der 1. Pers. Pl. des „pret. perf. simple" formengleich ist.

despacio seguimos - langsam fuhren wir weiter.

fueron unas vacaciones muy tranquilas - es waren sehr ruhige Ferien.

Tarragona

6 (3/51)

Gestern war ich in Cuenca

(S = Serafín, M = María)

S – ¿Ayer fue Vd. por fin a visitar Toledo?
M – No, por fin me fui a Cuenca. Fue precioso.
S – Uy, ¡qué lejos! ¿Fue Vd. en tren?
M – Sí, pero volví en autobús porque llegué tarde al tren.
S – ¿Qué viaje tan largo, no?
M – Sí, acabé cansadísima. Salí muy temprano y no sé a qué hora volví. Tardísimo ...

visitar	besuchen
precioso, -a	wunderbar
cansado, -a	müde
acabar	beenden
volver	zurückkommen

me fui a Cuenca – ich fuhr nach Cuenca. Grundform: **irse**.

fue precioso – es war wunderbar.

acabé cansadísima – am Ende war ich erschöpft.

salí temprano y volví tarde – ich fuhr früh los und kam spät zurück.

7 (3/52)

Ist das Flugzeug schon gelandet?

(P = Pepe, E = Empleado)

P – Oiga, por favor, ¿ha llegado ya el avión de Zurich?
E – Sí, señor, llegó hace un cuarto de hora, a las cuatro y cuarto. Ahí arriba tiene Vd. las llegadas. Hay niebla pero hasta ahora no hay anunciado retrasos.

anunciado, -a	angekündigt
el retraso	die Verspätung

Wichtige Wörter und Ausdrücke

4/15

el año pasado	letztes Jahr
la semana pasada	letzte Woche
hace (dos) años	vor zwei Jahren
ayer	gestern
estuve en Austria	war ich in Österreich
fueron a Chile	fuhren sie nach Chile
fue a Italia	fuhr er/sie nach Italien
llegué tarde	kam ich zu spät
llegamos ayer	wir sind gestern angekommen
pasé las vacaciones en …	ich verbrachte die Ferien in …
nos quedamos en casa	wir blieben zu Hause
paramos unos días en …	wir verbrachten/blieben ein paar Tage in …
nos bañamos mucho	wir badeten viel
hicimos un viaje a …	wir machten eine Reise nach …
¿le gustó (Cuenca)?	gefiel Ihnen (Cuenca)?
sí, me gustó mucho	ja, es gefiel mir sehr
llegamos ayer	wir kamen gestern an
llegamos mañana	wir kommen morgen an
nos ocurrió una avería	wir hatten eine Panne
tuve tiempo	ich hatte Zeit
volví en autobús	ich kam mit dem Bus zurück
tuvimos suerte	wir hatten Glück

Übungen

Übungen

1 (3/53)

Versuchen Sie, mit Hilfe der Angaben im Kästchen, die Lücken in dem nachstehenden Text zu füllen und lesen Sie dann den ganzen Dialog laut vor. Hören Sie anschließend den vollständigen Text von der CD.

Folgende Wörter sind neu: *el hermano* – der Bruder; *la hermana* die Schwester; *así que* – so dass.

(A = Ana María, L = Luis)

A – ¿Y adónde ______________________ el año pasado?

L – Pues cerca de Valencia ______________________ ____________ que se llama Cullera.

A – Y ¿te gustó?

L – Oh, sí, claro ______________________ __ Cullera está cerca del mar, así que pudimos estar en la playa ______________________ ____________ .

A – Y ¿con quién fuiste?

L – Pues con mi familia, ______________________ ____________ .

A – ¿Y cómo fuisteis?

L – Pues ______________________ pero el coche se averió, así que tuvimos que ir en tren – muy temprano a las cinco y media de la mañana ______________________ a eso de las tres de la tarde. Fue un viaje demasiado largo para mi mamá, pero vamos ______________________ al llegar allí.

A – ¿Qué te gustó más de Cullera?

L – Pues el clima, el mar, la playa, todo eso.

A – Y ¿qué te gustó menos?

L – La gente – hay ______________________ ____ en el Mediterráneo.

todo el día
demasiada gente
decidimos ir en coche
fuiste de vacaciones
mis hermanos y mi hermana menor
pudo descansar
fue estupendo
a un pequeño pueblo
y llegamos allí

2

Was haben die verschiedenen Personen gestern gemacht?

Beispiel: Jaime – acostarse tarde. *Ayer Jaime se acostó tarde.*

a. los García – trabajar todo el día
b. Claudia – ver una película en la TV
c. la señora Rojo – escribir una carta a su madre
d. María y Roberto – ir a cenar al restaurante El Cid
e. yo – hacer una excursión a Granada
f. mi hermana – volver de Buenos Aires
g. nosotros – salir de la oficina ya a las 5 de la tarde
h. Pedro y yo – jugar al tenis
i. Elena – no hacer nada y descansar

 Übungen

3 (3/54)

Erzählen Sie auf Spanisch, was Sie nach Ihrer Ankunft in Palma gemacht haben (wir geben Ihnen ein paar deutsche Stichpunkte).

a. Ich kam um 4 Uhr nachmittags mit dem Flug LH 180 an.
b. Ich nahm den Bus nach Palma.
c. Ich ging in eine Bar.
d. Ich schrieb eine Karte an meine Freunde.
e. Ich fuhr ins Hotel.
f. Ich suchte ein typisch spanisches Restaurant und aß zu Abend.
g. Ich kam zu spät ins Hotel zurück.
h. Ich sah einen interessanten Film im Fernsehen.
i. Ich ging spät zu Bett.
j. Am anderen Tag musste ich früh aufstehen.
k. Ich machte einen Ausflug nach Sóller.
l. Es gefiel mir sehr gut.

Hören Sie im Anschluss an die Lösung dieser Aufgabe den ganzen Dialog von der CD. Erzählen Sie jetzt die ganze Geschichte noch einmal in der wir-Form (Llegamos a las 4 …) oder berichten Sie einem Dritten, was Ihr Freund/Ihre Freunde gemacht hat/haben (Llegó a las 4 …/Llegaron a las 4 …).

4

Sie sind am Flughafen und sehen folgende Schilder:

Was bedeuten sie?

____

____

____

____

____

____

Vergangenheitszeiten

Das *Pretérito perfecto simple*

Prägen Sie sich zunächst die Bildung der regelmäßigen Formen dieser Vergangenheitszeit ein:

An den Stamm der Verben auf **-ar** werden die Endungen **-é**; **-aste**; **-ó**; **-amos**; **-asteis**; **-aron** angehängt:

comprar – kaufen

*compr**é***	*compr**amos***
*compr**aste***	*compr**asteis***
*compr**ó***	*compr**aron***

An den Stamm der Verben auf **-er** und **-ir** werden die Endungen **-í**; **-iste**; **-ió**; **-imos**; **- isteis**; **-ieron** angehängt:

comer – essen

*com**í***	*com**imos***
*com**iste***	*com**isteis***
*com**ió***	*com**ieron***

escribir – schreiben

*escrib**í***	*escrib**imos***
*escrib**iste***	*escrib**isteis***
*escrib**ió***	*escrib**ieron***

Übung 1

Bilden Sie die Formen des *pretérito perfecto simple* folgender Verben:
levantarse – salir – acostarse – vivir – recibir – comenzar – pensar – entender.

Daneben gibt es auch viele unregelmäßige Formen. Wir nennen Ihnen hier einige wichtige Verben und geben jeweils die erste und die dritte Person an. Die anderen Personen können Sie dann ohne Schwierigkeit selbst bilden.

estar (sein) **estuve**, **estuvo**
tener (haben) **tuve**, **tuvo**
poder (können) **pude**, **pudo**
querer (wollen) **quise**, **quiso**
poner (setzen) **puse**, **puso**
hacer (machen) **hice**; **hizo** (3. Pers. Sg.)
ser (sein) } **fui**, **fue**
ir (gehen) }

Ser und *ir* haben die gleichen Formen. Beachten Sie, dass bei *hacer* in der 3. Pers. Sg. *(hizo)* das **-c** aus Gründen der Aussprache in **-z** verwandelt wird.

Übung 2

Setzen Sie die richtigen Formen des *pretérito perfecto simple* ein. Beispiel:

(yo, conseguir) conseguí hablar con él.

a. (ellos, hablar) ______ con el profesor de su hija.
b. (nosotros, entrar) ______ en el Palacio Real.
c. (vosotros, querer) El año pasado ______ ______ pasar las vacaciones en la Costa del Sol. ¿Lo (hacer) ______ ?
d. (él, tener) La semana pasada ______ un accidente en la autopista.
e. (ella, ponerse) ______ muy nerviosa.
f. (Vd., estar) ¿ ______ ya una vez en Suiza?
g. (Vds., poder) ¿ ______ ver la película ayer?

 Grammatik

Sie haben im Laufe dieses Kurses nun drei spanische Vergangenheitszeiten kennen gelernt: das **pretérito perfecto** (*he hablado, hemos dormido, ha comido* etc.), das durch die Verbindung von *haber + Partizip* gebildet wird, das **pretérito imperfecto** *(trabajaba, comía, vivía)* und das **pretérito perfecto simple**. Es ist für einen Ausländer nicht immer leicht zu entscheiden, welche Zeit im gegebenen Fall die richtige ist. Wir geben Ihnen deshalb hier ein paar Hilfen:

Pretérito perfecto bezeichnet eine abgeschlossene Handlung, die sich noch auf die Gegenwart auswirkt: *He comprado una casa.* (Ich habe ein Haus gekauft = jetzt besitze ich es).

Es steht auch häufig in Verbindung mit einem Zeitraum, der noch nicht ganz als vergangen betrachtet wird (*esta semana, este año, hoy* etc.).

Pretérito imperfecto dient zum Erzählen, *was* war oder *wie* es war:

Cuando yo era niño, vivíamos en una casa con jardín.

Mi marido trabajaba en una fábrica.

Es kann auch einen Zustand oder eine Handlung bezeichnen, die andauerte, als eine neue Handlung einsetzte:

En el avión conocí a un señor que también iba a Formentera.

Pretérito perfecto simple berichtet über Handlungen, die in der Vergangenheit zum Abschluss kamen:

Fui a casa a las seis de la tarde.

Tuve un accidente.

Ayer hicimos una excursión a Toledo.

Häufig wird diese Zeit deshalb auch in Verbindung mit *ayer, la semana pasada, el año pasado* usw. gebraucht:

El año pasado estuve en España.

Diese Hinweise können Ihnen natürlich nur erste Leitlinien geben. Der richtige Gebrauch dieser Zeiten festigt sich erst im Hören vieler Beispiele und im intensiven Umgang mit der spanischen Sprache.

Übung 3

Erzählen Sie, was Sie gestern gemacht haben. Die Zeichnungen sollen Ihnen dabei helfen.

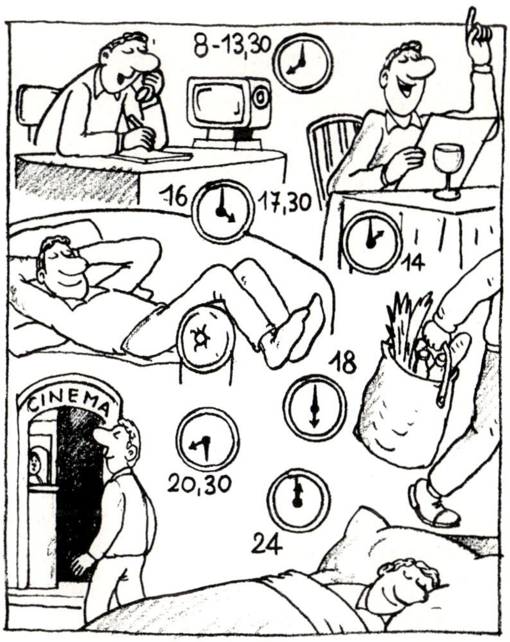

 Lesen und Verstehen

Der nachstehende Text enthält Informationen über den kolumbianischen Schriftsteller Gabriel García Márquez. Lesen Sie den Text aufmerksam durch und kreuzen Sie dann an, ob die folgenden Feststellungen dem Inhalt entsprechen (*verdad*) oder nicht (*mentira*).

Gabriel García Márquez

El escritor colombiano nació en 1928 en Aracataca/Colombia. Antes de empezar su carrera literaria trabajó de periodista para varios periódicos y de corresponsal de la agencia de noticias cubana *La Prensa* en Bogotá y más tarde en Nueva York. A consecuencia de su crítica política tuvo que salir de su país en los años sesenta y setenta. Hasta 1967 vivió en México y luego hasta 1975 en Barcelona. Hoy vive en México.
Logró fama mundial con su novela *Cien años de soledad*. Otras de sus obras famosas son *Crónica de una muerte anunciada*, *Los funerales de la Mamá Grande*, *El amor en los tiempos del cólera* y *El general en su laberinto*.
En 1982 recibió el premio Nobel de literatura.

nacer - geboren werden; *la carrera* - die berufliche Laufbahn; *la agencia de noticias* - die Nachrichtenagentur; *a consecuencia de* - infolge von, wegen; *lograr* - erlangen; *la fama* - der Ruf, das Ansehen; *la novela* - der Roman; *el premio Nobel* - der Nobelpreis

	verdad	*mentira*
1. García Márquez wurde in Caracas geboren.	☐	☐
2. Er war Korrespondent der kubanischen Zeitung *La Prensa* in Havanna.	☐	☐
3. Wegen seiner Kritik an der Politik seines Landes musste er ins Exil gehen.	☐	☐
4. Bis 1967 lebte er in Mexico.	☐	☐
5. Anschließend lebte er in Madrid.	☐	☐
6. Sein wohl bekanntester Roman hat den Titel *Mil años de soledad.*	☐	☐
7. 1982 erhielt er den Nobelpreis für Medizin.	☐	☐
8. García Márquez hat vor allem Gedichte und Theaterstücke geschrieben.	☐	☐

Wissenswertes

Barcelona, die stolze Metropole am Mittelmeer, rivalisiert seit der Erhebung Madrids zur Hauptstadt Spaniens mit der *Capital* um die Vormachtstellung. Und mächtig ist sie in der Tat, die südeuropäische und gleichzeitig nordspanische Großstadt, deren Entwicklung durch den Verlauf einer wechselvollen Geschichte bis zu den ersten Handelsniederlassungen der Griechen und Römer zurückzuverfolgen ist.

Barcelona, das ist für den oberflächlichen Betrachter zunächst einmal ein pulsierendes Handels- und Industriezentrum, das in statistischen Dimensionen fassbar ist: Zweitgrößte Stadt Spaniens, einer der wichtigsten Häfen und Flughäfen des Landes, bedeutendste Industriestadt mit Schwerpunkt auf der Metall verarbeitenden, der Textil- und der Bauindustrie, Hochburg des spanischen Verlagswesen etc.

Dass es zu all dem auch geistiges Zentrum, Ausdruck des katalanischen Andersseins, Herzstück der katalanischen Autonomiebewegung und damit auch eine un-spanische Stadt ist, wird erst auf den zweiten Blick deutlich. So wie die Katalanen nach ihrem eigenen Verständnis nicht als Spanier schlechthin gelten wollen. Man hat sie beschrieben als Menschen, die den harten, spröden Charakter der Kastilier und gleichzeitig die höflichen, empfindsamen Umgangsformen der Italiener haben. Bei aller Klischeehaftigkeit dieser Charakterisierung wird das Wesen erkennbar. Große Männer des Landes wie der Architekt Gaudí, die Maler Miró und Dalí oder der Dichter Josep Pla zeugen von dieser Eigenständigkeit, um deren Erhaltung die Katalanen zäh ringen. Eines der Zentren der katalanischen Autonomiebewegung ist übrigens auch das berühmte Benediktinerkloster Montserrat, das im Hinterland von Barcelona liegt.

Für den interessierten Touristen sollte Barcelona mehr sein als nur Durchgangsstation zu den Ferienorten an der Küste. Viele Urlaube könnte man hier verbringen, wollte man alle Sehenswürdigkeiten entdecken, die Barcelona zu bieten hat. Nur einige können wir hier nennen. Zum Beispiel: Das *Barrio Gótico.* Über römischen Mauern wurde dieses „gotische Viertel", das heute als der älteste Stadtteil Barcelonas gilt, erbaut. Hier liegen so bedeutende Bauwerke wie die Kathedrale Santa Eulalia, das Rathaus und das Erzbischöfliche Palais. Auch wenn spätere Baustile ihre Spuren hinterlassen haben, ist der gotische Charakter bis in unsere Zeit bewahrt geblieben.

Wissenswertes

Die *Ramblas.* Sie gelten als die Promenierallee Barcelonas schlechthin. Es ist eine Prachtstraße, die in mehrere Abschnitte eingeteilt ist (daher wohl der Plural *Ramblas*). Sie beginnt an der *Plaza de Cataluña* und endet am Hafen, der eine Sehenswürdigkeit für sich ist.

Montjuich, ein Hügel, der sich im Süden der Stadt erhebt, bietet nicht nur einen herrlichen Blick über Barcelona, in seinem Bannkreis finden sich auch Attraktionen wie ein Vergnügungspark, das Museum für katalanische Kunst, das Ethnologische Museum und *El pueblo español*, ein Freilichtmuseum, in dem die verschiedenen spanischen Provinzen mit typischen Bauwerken und Handwerkszweigen vertreten sind.

Wissenswertes

Beliebtes Ausflugsziel für Barcelonesen wie Fremde ist auch der *Tibidabo*, ein Hügel, der *Montjuich* gegenüberliegt. Der *Tibidabo* ist zu einem einzigen großen Vergnügungspark ausgebaut worden, der so ziemlich alles aufweist, was Zerstreuung verspricht.

Jetzt haben Sie das Wort

3/55

In dieser Übung sprechen Sie über Ihre letzten Ferien in Spanien im vergangenen Juli und üben dabei die Vergangenheitszeiten. Miguel führt Sie wie immer durch die Übung.

Hören Sie zum Schluss den Dialog noch einmal an und testen Sie mit Hilfe der Trainings-CD, ob Sie die wichtigsten Wörter und Ausdrücke beherrschen.

3/56 – **3**/59

Das Wiederholungskapitel für die *Unidades 11–15* wird Ihnen zeigen, wie gefestigt Ihre Kenntnisse sind.

Wir hoffen, dass Ihnen das Lernen mit unserem Selbstlernkurs Spanisch Spaß gemacht hat und dass Sie Lust haben weiterzumachen. *¡Adiós y mucha suerte!*

Unidades 1–5

Diese Wiederholungsabschnitte dienen Ihrer eigenen Lernkontrolle. Am besten Sie gehen die fünf betreffenden Unidades noch einmal sorgfältig durch, bevor Sie mit der Lösung der Wiederholungsaufgaben beginnen. Anhand des Schlüssels im Begleitheft können Sie nachprüfen, ob Sie den Lernstoff beherrschen.

Für die Lösung der ersten drei Übungen benötigen Sie wieder den CD-Player. Hören Sie sich jeden Dialog so oft an, bis Sie glauben, alles richtig verstanden zu haben und beantworten Sie dann die Fragen mit *verdad* oder *mentira.*

1 (1/70)

Dialog 1

a. Miguel García ist der Bruder von Juan.
b. Beide stammen aus Sevilla.
c. Juan studiert in Madrid.
d. Manuel García ist Angestellter in einer Bank.

Dialog 2

a. Die Kundin befindet sich in einem Sportartikelgeschäft.
b. Sie sucht ein größeres Familienzelt.
c. Die Campingabteilung liegt im Erdgeschoss.
d. Dort kann sie auch Hosen kaufen.

2 (1/71)

a. Die Dame, die nach dem Zimmer fragt, ist Ausländerin.
b. Sie ist verheiratet, reist aber allein.
c. Sie sucht ein Einzelzimmer für eine Nacht.
d. Sie hätte gern ein Zimmer mit Dusche, kann aber nur noch ein Zimmer mit Bad bekommen.
e. Der Portier bietet ihr zwei Zimmer mit Meerblick an.
f. Sie entscheidet sich für das Zimmer im zweiten Stock.

3 (1/72)

a. Der Kellner bietet dem Gast drei Eissorten an.
b. Der Herr bestellt ein Erdbeereis und einen Milchkaffee.
c. Er erkundigt sich nach einer Bank und erfährt, dass sich gleich hinter der Plaza Mayor ein Geldinstitut befindet.
d. Wenn er zu Fuß dorthin gelangen will, muss er die zweite Straße rechts einbiegen und dann immer geradeaus gehen.
e. Die Bank liegt neben der St. Peters-Kirche.

4

Ergänzen Sie den folgenden Dialog:

– ¿ ______________________________ ?
– Me llamo Isabel Moreno.
– ¿ ______________________________ ?
– No, no soy española, soy argentina.
– ¿ ______________________________ ?
– Soy de Buenos Aires.
– ¿ ______________________________ ?
– Sí, vivo aquí, en Madrid.
– ¿ ______________________________ ?
– Soy secretaria.
– ¿ ______________________________ ?

Wiederholung

- Trabajo en el Banco de Santander.
- ¿ ______________________________ ?
- No, soy soltera.
- ¿ ______________________________ ?
- No, (el) alemán no sé. Sólo hablo español e inglés.

5

Übersetzen Sie:

a. Ich heiße Martha Müller.
b. Ich bin Deutsche und komme aus Köln.
c. Ich bin mit einem Spanier verheiratet und studiere in Barcelona.
d. In Spanien gebe ich Deutschunterricht.
e. Wir haben zwei Kinder: Julia ist 5 Jahre alt und Antonio 3.
f. Zu Hause (en casa) sprechen wir nur Spanisch.
g. Wir wohnen in einem großen Haus mit Garten.

6

a. Setzen Sie die richtigen Artikel ein:
____ habitaciones, ____ cama, ____ baño, ____ niños, ____ pasaporte, ____ estrella, ____ calle, ____ puente, ____ mano, ____ indicadores, ____ sed.
b. Wie lauten jeweils die weiblichen Formen?
el profesor, el amigo, español, el peluquero, el novio, el alemán, el camarero, el estudiante, el turista, el empleado.
c. Bilden Sie die Pluralformen:
el hotel, el garaje, el comedor, el jardín, el bar, el restaurante, el hospital, el taxi, el pan, el club, el pantalón.

7

Übersetzen Sie:

a. – Seid ihr Deutsche?
– Nein wir sind Österreicher (el austríaco)
b. – Wo wohnt ihr?
– Wir wohnen in Madrid. Wir sind Studenten und haben ein kleines Appartement.
c. – Die Kinder von Frau González arbeiten in Deutschland.
– Wo arbeiten sie?
– Manuela arbeitet bei einer Immobilienfirma. Sie ist Sekretärin. Und Juan gibt Spanischunterricht in einer Schule (colegio).
d. – Wie alt bist du?
– 18 und du?
– Ich bin 23.
e. – Sind Sie verheiratet?
– Nein, ich bin ledig.
f. – Wo arbeiten Petra und Michaela?
– Im Corte Inglés. Sie verkaufen Spielzeug.
g. – Entschuldigen Sie, gibt es hier in der Nähe eine Bank?
– Ja, am Ende der Straße.
h. – Haben Sie ein Zimmer frei?
– Tut mir Leid. Für diese Nacht nicht.
i. – Möchten Sie lieber Wein oder Bier oder einen Saft?
– Ich trinke lieber Wein, aber mein Mann bevorzugt Bier.
j. – Herr Ober, die Rechnung bitte!
– Das macht zusammen 28,70 Euro.
– Danke!
– Bitte.
k. – Was möchtest du trinken?
– Ein Mineralwasser bitte.
– Mit oder ohne Kohlensäure?
– Mit Kohlensäure.

- Und zu essen? Es gibt gebackene Tintenfische, Tortillas, Schinken, Käse …
- Eine große Portion gebackene Tintenfische.
- Und du, was nimmst du?
- Nur einen Orangensaft. Sonst nichts.

8

Schreiben Sie diese Zahlen auf Spanisch aus:
125 - 563 - 987 - 1207 - 21 - 15

9

Ergänzen Sie den Dialog:

- Está prohibido circular por esta calle.
- ______________________________
- ¿La iglesia de Santa Eulalia está lejos?
- ______________________________
- Pero no me gusta ir a pie.
- ______________________________
- ¿Perdone Vd. queremos ir a la Iglesia de Sta. Eulalia. Hay un autobús?
- ______________________________

Mire Vd., la parada está aquí enfrente.

No mucho.

Sí, lo sé, aparcamos el coche aquí y seguimos a pie.

Entonces preguntamos si hay un autobús.

A unos 10 minutos.

Sí, el 23.

10

Erinnern Sie sich, wie das auf Spanisch heißt? Schreiben Sie die Begriffe neben die deutschen Stichwörter:

a. die Appetithappen ______________
b. die Stadt ______________
c. ich habe Durst ______________
d. die Sprache ______________
e. auf Wiedersehen ______________
f. der Westen ______________
g. das Geld ______________
h. guten Tag ______________
i. langsamer ______________
j. wie bitte? ______________
k. das Zimmer ______________
l. die Apotheke ______________
m. rechts ______________

Unidades 6–10

Für die ersten fünf Übungen arbeiten Sie wieder mit dem CD-Player. Hören Sie jede Übung wenn nötig mehrmals an und beantworten Sie dann die Fragen.

1 (2/63)

¿Verdad o mentira?

a. Die Dame erkundigt sich nach Busverbindungen von Toledo nach Madrid.
b. Sie möchte nachmittags fahren.
c. Der Fahrkartenverkäufer nennt ihr drei verschiedene Verbindungen.
d. Der Bus, der um 7.30 Uhr abfährt, kommt um 8.45 Uhr an.

Wiederholung

e. Die Hin- und Rückfahrkarte kostet 9 Euro.
f. Die Dame kauft eine einfache Karte für Mittwoch.

2 (2/64)

¿Verdad o mentira?

Die Kundin kauft
a. 10 große Eier
b. 2 Flaschen Weißwein aus der Rioja und 1 Flasche Mineralwasser
c. 1 Pfund Salz
d. 200 g gekochten Schinken
e. Oliven
f. drei Büchsen Sardinen.

3 (2/65)

¿Verdad o mentira?

a. Im Winter gibt es keine Tennisschläger zu kaufen.
b. Herabgesetzte Tennisartikel gibt es nur im Sommer.
c. Tennishosen sind im 3. Stock ganz hinten.
d. Die Sportabteilung befindet sich im 3. Stock.

4 (2/66)

¿Verdad o mentira?

a. Der Kunde lässt an der Tankstelle das Öl nachsehen.
b. Auch die Windschutzscheibe wird ihm gereinigt.
c. Dagegen braucht der Reifendruck nicht nachkontrolliert zu werden. Das hat er vor kurzem erst selbst gemacht.
d. Er bezahlt für 45 Liter Super 29 Euro.

5 (2/67)

¿Verdad o mentira?

a. Auf den Namen Guillermo Blanco ist ein Tisch für drei Personen reserviert.
b. Es ist Tisch Nr. 14
c. Die Gäste essen das Menü.
d. Einer der Gäste entscheidet sich für die Tagessuppe.
e. Das Spanferkel ist normalerweise ausgezeichnet, aber heute empfiehlt der Ober vor allem Forelle.
f. Zu trinken bestellen die Gäste eine Literflasche Rotwein, einen Liter trockenen Weißwein und ein Mineralwasser.

6

Beantworten Sie die Fragen. (Schreiben Sie die Uhrzeiten aus.)

a. ¿Qué hora es? (1.15)

____

b. ¿A qué hora sale el tren para Barcelona? (16.05)

____

c. ¿A qué hora llegas a Valencia? (8.30 de la mañana)

____

d. ¿A qué hora abre el «Kaufhof»? (Punkt 9 h)

____

e. ¿A qué hora cierran los museos? (6 h abends)

____

f. ¿Hasta qué hora trabajas hoy? (10 h nachts)

____

g. ¿A qué hora sueles ir a comer? (12 h mittags)

____

h. ¿A qué hora sale el avión para México? (23.20)

____

7

Übersetzen Sie:

a. – Wann fährt der nächste Bus nach León?
 – Um 15.45.
 – Gibt es keinen späteren?
 – Doch. Es gibt einen um 17.50, einen um 20.35 und der letzte fährt um 22.15 ab.
 – Dann fahre ich mit dem um 17.50. Was kostet die Fahrkarte, einfach?
 – 7 Euro.

b. – Peter, wie alt bist du?
 – 28 und du?
 – Ich bin 25.
 – Wann hast du Geburtstag?
 – Am 12. April und du?
 – Am 23. August.
 – Dann hast du ja morgen Geburtstag. Herzlichen Glückwunsch! (¡Felicidades!)

c. – Ich möchte nach Frankfurt telefonieren.
 – Wissen Sie die Vorwahlnummer von Frankfurt?
 – Ja hier habe ich sie ...
 – Dann müssen Sie die Vorwahl von Deutschland wählen (ich glaube, das ist die Nummer 0049), dann die Nummer der Stadt ohne die 0 und dann die des Fernsprechteilnehmers.
 – Vielen Dank.

8

¿este – esta – estos – estas?

a. _____ calle está cerrada al tráfico de miércoles a sábado.
b. _____ señor es el jefe de mi marido.
c. _____ fotos son de nuestras últimas vacaciones en las Islas Canarias.
d. _____ niños son los amigos de mi hijo.
e. _____ habitación no me gusta. Prefiero la otra.
f. En _____ sección venden artículos de perfumería.
g. ¿Es _____ el autobús para Jerez?
h. _____ pantalones son muy caros.
i. Deme Vd. _____ vino.

9

lo	la	?	las	los

a. – ¿Tienes tú el número de teléfono de Jaime? – Lo siento, no _____ tengo.
b. Los platos son muy baratos. _____ compro.
c. Estas camisas no me gustan. _____ prefiero en otros colores.
d. Esta raqueta es muy buena. Te _____ puedo recomendar.
e. – ¿Para cuándo necesita Vd. el billete? – _____ necesito para mañana.
f. – ¿Dónde está su pasaporte? – _____ tengo en la maleta.
g. – ¿Puedes decirme cuál es el prefijo de Francia? – No _____ sé, _____ siento.
h. La habitación es muy pequeña. No _____ tomo.

10

Übersetzen Sie:

a. – Ich möchte Wein kaufen.
 – Von dem hier, dem roten?
 – Ja, ich brauche 10 Flaschen Rotwein und 10 Weißwein. Welchen empfehlen Sie mir?

Wiederholung

- Vom Weißwein empfehle ich Ihnen diesen katalanischen Wein hier. Er ist trocken und trinkt sich sehr gut. Außerdem ist er billiger als die ausländischen Weine.
- Kann ich ihn probieren?
- Warum nicht? …
- Und was empfehlen Sie mir als Rotwein?
- Diesen Rioja. Es ist der beste, den ich habe, aber auch der teuerste. Wenn Sie einen billigeren haben möchten …
- Nein, nein. Ist schon gut.

b. - Was kostet der Schinken?
- 1,50 Euro.
- Geben Sie mir 300 Gramm.
- Brauchen Sie noch etwas?
- Ja, Oliven. 100 Gramm schwarze Oliven. Und Käse. Haben Sie Käse aus der Mancha da?
- Ja, er ist sehr gut.
- Dann geben Sie mir ein Pfund.
- Sonst noch etwas?
- Nein danke, das ist alles. Was macht das zusammen?
- 11 Euro.

c. - Guten Tag, womit kann ich Ihnen dienen?
- Ich suche ein Geschenk.
- Für eine Dame oder für einen Herrn?
- Für eine Dame.
- Hier habe ich zum Beispiel hübsche Halstücher. Aus chinesischer Seide. Sie sind hübsch und nicht zu teuer.
- Was kostet dieses hier?
- 33 Euro.
- Haben Sie nichts billigeres? Ich möchte nicht so viel ausgeben (gastar).
- Wie wär's mit diesen Perlen aus Manacor? Oder mit einer hübschen Keramik? Sie ist handgemacht und kommt aus dieser Gegend.
- Ich glaube, dass meine Frau die Perlen lieber hat. Was kosten zum Beispiel diese hier?
- 18 Euro.
- OK. Die nehme ich mit.

d. - ein Kilo Tomaten
eine Stange Brot
einen halben Liter Milch
eine Flasche Mineralwasser
eine Karaffe Wein
ein halbes Pfund Salz
ein Pfund Kaffee
eine Büchse Oliven
ein halbes Dutzend Eier
ein Paket Reis (arroz)
eine Schachtel Zigaretten.

11

Setzen Sie die richtigen Aufforderungsformen ein:

a. (dar, Vd.) _____ tres botellas de cerveza.
b. (tomar, nosotros) _____ las dos maletas.
c. (quedarse, tú) _____ para la cena.
d. (beber, Vd.) No _____ de esta agua. No es potable.
e. (escribir, tú) _____ a tus padres. No saben dónde estás.
f. (comprar, Vd.) No _____ este vino. No es bueno.
g. (comprar, tú) No _____ esta bolsa de piel de cocodrilo. Es de mala calidad.
h. (probar, vosotros) _____ este queso. Es típico de aquí.
i. (probarse, Vd.) _____ esta chaqueta. Tiene que ser su talla.
j. (quedarse, Vd.) No _____ todo el tiempo en la playa. El sol no le hace bien.

12

Übersetzen Sie:

a. – Kann ich mit Kreditkarte bezahlen?
 – Tut mir Leid, wir nehmen keine Kreditkarten (aceptar). Aber zwei Schritte von hier ist eine Bank mit einem Geldautomaten (cajero automático). Dort können Sie Geld abheben.

b. – Kann ich Sie beraten?
 – Nein, danke schön. Ich sehe mich ein bisschen um.

c. – Haben Sie etwas für Kopfschmerzen?
 – Hier habe ich sehr gute Tabletten, aber sie sind sehr stark. Nehmen Sie nicht mehr als 3 am Tag.

13

Übertragen Sie ins Spanische:

a. – Kannst du 100 Euro wechseln?
 – Tut mir Leid, ich habe kein Wechselgeld.

b. – Kannst du Spanisch?
 – Ein bisschen.
 – Und Französisch?
 – Ich kann es lesen, aber nicht sprechen.

c. – Können Sie Ski fahren?
 – Ja, ich fahre oft ins Gebirge.

d. – Dieses Jahr kann Pepe nicht Ski laufen.
 – Warum nicht?
 – Er hatte einen Unfall (accidente) und kann sich nicht bewegen (moverse).

e. – Kennst du Frau Pérez?
 – Nein, wer ist das?
 – Das ist die Schwägerin von Pablo.

14

Ergänzen Sie den Dialog:

– El ayuntamiento no está lejos. ¿Vamos a pie?
– ______________________
– Entonces tomamos el autobús.
– ______________________
– Podemos ir con el 4 o con el 21.
– ______________________
– Tenemos que doblar la esquina y allí está.
– ______________________
– Sí, señor. Cómo no. ¿Para dónde vamos?
– ______________________
– Ya hemos llegado.
– ______________________
– 4 euros.
– ______________________

Pues, yo prefiero ir en taxi

¡Taxi! ¿queda libre?

¿Qué número es?

Al ayuntamiento, por favor.

¿Cuánto le debemos?

¿Donde está la parada?

Nunca voy a pie.

Y quédese con la vuelta.

Aquí tiene …

15

Ergänzen Sie den Dialog:

– Buenas tardes. ¿Qué desea? ¿Lleno?
– (Nein, geben Sie mir 30 l Benzin. Bleifrei.)
– Tenemos súper o normal.
– (Gut, 30 l Super.)
– ¿Le miro también el aceite?
– (Das ist nicht nötig.)
– ¿Y la presión de las ruedas?
– (Das ja, ich glaube, es fehlt etwas Luft.)
– Espere un momento, que le voy a limpiar el parabrisas.

16

Ergänzen Sie den Dialog:

- Oiga, por favor, ¿hay aquí algún restaurante típico?
- ______________________
- Muchas gracias.

. . .

- Perdone Vd., ¿me podría decir dónde se come bien?
- ______________________
- ¿Cuál me recomienda?
- ______________________
- No, el pescado no me gusta mucho. Prefiero la carne.
- ______________________
- ¿Hacen también especialidades de la región?
- ______________________
- Muchas gracias.
- ______________________

17

Ergänzen Sie die Dialoge mit den richtigen Zahlen. Orientieren Sie sich dabei an den Ziffern in Klammern:

a. – ¿Sabe Vd. dónde vive la familia Ramírez?
   – Sí, en el (3) ______ piso.

b. – Perdone, señor, estoy buscando el Paseo de Gracia.
   – Pues, es muy fácil. Vd. toma la (2) ______ calle a la derecha, la sigue hasta la (4) ______ bocacalle y allí está.

c. – ¿Es difícil encontrar la casa donde vives?
   – No, es la (1) ______ casa de la calle Sierpes, a la derecha.

d. – ¿Dónde están los artículos de deporte?
   – En el (7) ______ piso.

e. – Y de (2) ______ , ¿qué van a tomar Vds.?
   – Huevos a la flamenca para mí.
   – Y para mí una tortilla de jamón.

Lo siento, no conozco ninguno.

Si le gusta el pescado, el Mesón del Pescador, claro.

Entonces le recomiendo la Tía Juanita.

No soy de aquí.

El Rincón Aragonés, la Tía Juanita, el Mesón del Pescador.

De nada.

Es un restaurante sencillo, pero la cocina es buena.

Pues, hay varios restaurantes por aquí cerca:

Depende.

Sí, sí. El cochinillo asado, por ejemplo, es una de sus especialidades.

18

Ergänzen Sie:

a. – ______ pasaportes, por favor.
 – Aquí están.

b. – Oye, Carmen, ¿ha cambiado ______ número de teléfono?
 – Sí, desde la semana pasada tengo el 40 78 39.

c. – Siento llegar tan tarde. ______ coche se ha estropeado.
 – No se preocupe Vd.

d. – ¿Qué tal ______ hotel?
 – Estamos muy contentos. Es muy agradable y además está cerca de la playa.

e. – ¿Dónde están ______ hijos, señora García?
 – Están de vacaciones con los hijos de ______ hermana.

Unidades 11–15

Bei diesem Wiederholungsblock benötigen Sie für die ersten vier Übungen wieder den CD-Player:

1 (3/56)

¿Verdad o mentira?

a. Die befragte Dame reist sehr gern.
b. Sie zieht den Norden dem Süden vor.
c. Von den südlichen Ländern kennt sie Spanien am besten.
d. Landschaftlich gefällt ihr die Costa Brava sehr gut.
e. Allerdings war es ihr bei ihrem Urlaub im vergangenen Sommer zu ruhig dort.

2 (3/57)

¿Verdad o mentira?

a. Juan ist sportlicher als seine Freunde.
b. Er spielt sogar im Winter Tennis.
c. Außerdem ist er verrückt nach Schnee.
d. Er und seine Freunde fahren jeden Sonntag ins Gebirge.

3 (3/58)

Kreuzen Sie die dem Text entsprechenden Aussagen an:

a. Das Paar hat unterschiedliche Vorstellungen darüber, wie es den morgigen Tag verbringen wird,
 ☐ kann sich am Ende aber einigen
 ☐ bleibt uneins

b. Er möchte
 ☐ zu Hause bleiben und arbeiten
 ☐ lesen
 ☐ mit den Kindern spielen
 ☐ fernsehen

c. Sie möchte
 ☐ abends etwas Gutes kochen
 ☐ ins Kino gehen
 ☐ Freunde treffen
 ☐ einen Ausflug ins Gebirge machen.

4 (3/59)

¿Verdad o mentira?

a. Die Dame hat ihre Freunde, mit denen sie verabredet war, nicht angerufen, weil es schon sehr spät war.
b. Die Freunde waren an diesem Abend ohnehin nicht zu Hause.
c. Sie waren für eine Woche nach Salamanca gefahren.

Wiederholung

d. Sie waren mit ihrem Wagen unterwegs, hatten aber eine Panne und mussten mit dem Bus zurückfahren.
e. Sie hätten auch mit dem Zug zurückfahren können, wären dann aber erst vier Stunden später nach Hause gekommen.
f. Die Dame verabredet sich mit ihren Freunden nun fest für das kommende Wochenende.

5

Stellen Sie sich vor, Sie werden von einem spanischen Journalisten interviewt. Beantworten Sie seine Fragen entsprechend den deutschen Vorgaben:

a. ¿Le gusta viajar por España?
(Ja, ich reise sehr gern in Spanien)

____

____

b. ¿Qué parte de España conoce Vd.?
(Die Costa Brava, Andalusien und Madrid und seine Umgebung.)

____

____

c. ¿Qué es lo que más le gusta de España?
(Das Landesinnere (el interior) habe ich am liebsten, weil es typischer ist als die Küsten, wo es für meinen Geschmack zu viele Touristen gibt)

____

____

d. ¿Y qué es lo que menos le gusta?
(Wie ich Ihnen schon gesagt habe, die Mittelmeerstrände im Sommer. Ich bevorzuge ruhigere Gegenden.)

____

____

e. ¿Y qué piensa Vd. de la cocina española?
(Ich mag sie sehr. Es ist eine einfache, aber sehr schmackhafte (sabrosa) Küche.)

____

____

f. ¿Cuál es su plato preferido?
(Ich esse gern Fisch: Seehecht, Tintenfische, Garnelen, Muscheln. Ich glaube, dass ich die *Zarzuela de pescado* am liebsten mag.)

____

____

g. ¿Y qué le parece la paella?
(Ich kann es Ihnen nicht sagen, ich habe sie noch nie probiert.)

____

____

6

Sie sind mit Freunden, die nicht Spanisch sprechen, in einem Restaurant in Madrid. Spielen Sie Dolmetscher und übersetzen Sie sowohl das, was der Kellner sagt, als auch die Wünsche ihrer Freunde:

– Buenas tardes, ¿los señores desean comer?

____

– Ja, bringen Sie uns bitte die Karte.

____

– ¿Ya sabe lo que van a beber?

____

– Noch nicht, das hängt davon ab, was wir essen wollen.

____

– ¿Han escogido ya?

____

– Ich nehme die Tagessuppe und das gebratene Spanferkel.

____

- Ich möchte lieber die gemischten Vorspeisen und ein Fischgericht. Gibt es Forelle?

____

- No, truchas no hay hoy, lo siento. Sólo merluza.

____

- Dann nehme ich das.

____

- ¿Y para Vd., señor?

____

- Ich probiere die Eier auf Flamenco-Art und dann nehme ich ein Kalbssteak mit Tomatensalat.

____

- Bien. ¿Y qué les traigo de beber?

____

- Eine Flasche Rotwein und Mineralwasser.

____

7

Wiederholen Sie die wichtigsten Ausdrücke in Verbindung mit dem Wetter. Wie heißt auf Spanisch:

a. es regnet
b. es ist windig
c. es ist sonnig
d. wechselnde Bewölkung
e. heiter
f. es schneit
g. es ist neblig
h. es gibt Gewitter

8

Übersetzen Sie:

a. Ich ging immer zu Fuß zur Schule.
b. Wir verbrachten die Ferien jedes Jahr an der Costa del Sol.
c. Drei Jahre lang arbeitete sie im Fremdenverkehrsamt.
d. Um diese Zeit (en esta temporada) war immer schönes Wetter.
e. Wir schrieben viele Briefe.
f. Es war ein interessantes Theaterstück (una obra de teatro).

9

Ergänzen Sie den Dialog:

- ¿Qué vamos a hacer mañana?
- ____________________
- ¡Siempre lo mismo! Yo quiero salir ...
- ____________________
- Podríamos hacer un picnic en la montaña o pasar el día en la playa. Conozco un sitio muy tranquilo.
- ____________________
- Bueno, bueno. Pero podríamos por lo menos salir a cenar o ir al cine. He leído que dan una nueva película de Carlos Saura.
- ____________________
- ¡Qué pesadez! Voy a llamar a los Carrera. A ver si tienen ganas de salir conmigo ...

Ir a cenar, quizás.

No, por Dios, no me vengas con esas cosas.

Yo quiero quedarme en casa y descansar un poco.

Pero después quiero ver el partido de fútbol en la televisión.

10

Erinnern Sie sich noch daran, wie im Spanischen die Zukunftsformen gebildet werden? Setzen Sie die folgenden Sätze in die Zukunft:

a. Voy al cine.
b. Vamos a Salamanca pero no vamos en coche. Tomamos el tren. Es más cómodo.
c. ¿Cuándo te levantas?
d. ¿Se queda Vd. algunos días más?
e. Comemos en casa.
f. ¿Compras el coche del cual hablamos el otro día?
g. ¿Qué haces?
h. Tengo que ir a Madrid para arreglar lo del pasaporte.
i. Escribo a la agencia de viajes para quejarme.

Wiederholung

11

Was haben Sie gestern gemacht? Wir geben Ihnen ein paar Stichwörter:

a. levantarse temprano
b. trabajar hasta el mediodía
c. llamar a una agencia inmobiliaria
d. ir a comer con un cliente
e. dar un paseo
f. echar una pequeña siesta
g. ir a jugar al tenis
h. ir a la piscina a bañarse
i. encontrarse con unos amigos
j. ver una película en el cine
k. ir a bailar a una discoteca
l. acostarse muy tarde.

A

a nach, um, zu
a las … um … Uhr
abajo unten, hinunter
el **abanico** der Fächer
abierto, -a* offen, geöffnet
el **abonado** der Abonnent; der Fernsprechteilnehmer
abonar abonnieren
el **abrazo** die Umarmung
el **abril** der April
abrir öffnen
acabar beenden, zu Ende gehen
acabar de … soeben … getan haben
acampar campen, zelten
el **aceite** das Öl
la **aceituna** die Olive
la **acomodadora** die Platzanweiserin
aconsejar raten
acostarse zu Bett gehen
la **actividad** die Tätigkeit
el **acto** die Vorstellung, die Veranstaltung
el **actor** der Schauspieler
la **actriz** die Schauspielerin
el **acuerdo** die Übereinkunft, das Einverständnis
de acuerdo in Ordnung, okay
adelante vorwärts, nach vorn
¡adelante! herein!
además außerdem
adiós auf Wiedersehen
¿adónde? wohin?
el **adulto** der Erwachsene
el **aeropuerto** der Flughafen
afuera außerhalb, draußen
las afueras die Außenbezirke, der Stadtrand
la **agencia inmobiliaria** die Immobilienagentur
agobiado, -a erschöpft, verbraucht
el **agosto** der August
agradable angenehm
el **agua** das Wasser
el agua mineral das Mineralwasser
el agua potable das Trinkwasser
ahora jetzt
el **aire** die Luft
al aire libre im Freien, in der frischen Luft
alemán, -a deutsch
Alemania Deutschland
algo etwas
el **algodón** die Baumwolle
algún, alguno, -a irgendein
almorzar zu Mittag essen, eine Mahlzeit zu sich nehmen
el **almuerzo** die Mahlzeit, das Mittagessen
la **altura** die Höhe
hasta la altura de bis zu einer Höhe von
la **alumna** die Schülerin
el **alumno** der Schüler
allí hier
allí mismo genau hier
el **ambiente** die Atmosphäre, die Umgebung
ambos, -as beide
americano, -a amerikanisch
la **amiga** die Freundin
el **amigo** der Freund
andaluz, -a andalusisch
andar gehen
el **andén** der Bahnsteig
el **animal** das Tier
anoche gestern abend
antes de vor, bevor
las **antigüedades** die Antiquitäten
anunciar ankündigen
el **año** das Jahr
¿cuántos años tiene? wie alt sind Sie?
aparcar parken
el **apartado de correos** das Postfach

* Bei Adjektiven, die auf **-o** enden, geben wir auf diese Weise jeweils die weibliche Form mit an; **abierto, -a** bedeutet demnach: **abierto, abierta.** Bei Adjektiven, die auf **-e** enden, ist die männliche und die weibliche Form gleich. Im deutschen Text geben wir dagegen nur die Grundform an. Bei den Pronomina steht in der deutschen Übersetzung immer nur die männliche Form.

el **apartamento** die (kleine) Wohnung
el **apellido** der Familienname
apetecer gefallen; Appetit haben/machen
aprovechar ausnützen
¡qué aproveche! guten Appetit
aproximadamente ungefähr
aquí hier
por aquí hier entlang, hier in der Nähe
el **ardor** das Brennen
el ardor de estómago das Sodbrennen, die Magenschmerzen
el **aroma** das Aroma, der Duft
arreglado, -a fertig, vorbereitet
arreglarse sich zurechtmachen
arriba oben
la **artesanía** das Kunsthandwerk
el **artículo** der Artikel
asado, -a gebraten
el **aseo** die Waschgelegenheit
así so
así que so dass
atender bedienen, sich kümmern um
el **Atlántico** der Atlantik
atraer anziehen, auf sich ziehen
atrás hinten, hinter
atravesar überqueren, durchqueren
el **atún** der Thunfisch
el **autobús** der Bus
el **autocar** der Überlandbus
la **autopista** die Autobahn
el **autoservicio** die Selbstbedienung
la **avenida** die breite Straße, die Avenue
la **avería** die Panne, der Schaden
averiarse einen Schaden erleiden
el **avión** das Flugzeug
el **ayuntamiento** das Rathaus
la **azafata** die Stewardess
azul blau

B

el **bacalao** der Stockfisch, der getrocknete Kabeljau
bacalao a la vizcaína Stockfisch auf Biskaya-Art
bailar tanzen
bajar hinuntergehen; aussteigen
bajo, -a niedrig
la planta baja das Erdgeschoss
el **balón** der Ball
el **banco** die Bank
la **tarjeta de banco** die Bankkarte
bañarse baden (gehen)
el **baño** das Bad
el **bar** die Bar
barato, -a billig
la **barbaridad** die Unmenge; die Ungeheuerlichkeit
¡qué barbaridad! sowas! unglaublich!
el **barco** das Schiff
la **barra** die Stange
la barra de pan die Stange Brot
el **barrio** das Viertel
bastante genug
beber trinken
beige beige
el **beso** der Kuss
la **bicicleta** das Fahrrad
montar/ir en bicicleta Rad fahren
bien gut
más bien eher
muy bien sehr gut
la **bifurcación** die Abzweigung
el **billete** die Fahrkarte; die Banknote
blanco, -a weiß
el **blazer** der Blazer
la **blusa** die Bluse
la **boca** der Mund
la **bocacalle** die Straßeneinmündung
el **bocadillo** das belegte Brötchen
la **boina** die Baskenmütze
la **bolsa** die Tasche
el **bolso** die große (Reise-) Tasche
bonito, -a hübsch, schön
el **borde** der Rand
a bordo an Bord
el **bosque** der Wald
la **bota** der Stiefel
la **botella** die Flasche
el **botellín** die kleine Flasche, das Fläschchen
la **brisa** die Brise
británico, -a britisch
el **bronceador** die Sonnencreme
bueno, -a gut
buscar suchen
la **butaca** der Sitz (Kino, Theater)

C

el **caballero** der Herr, der Mann

caballeros Herren (Toilette)
la **cabeza** der Kopf
el **cabo** das Ende
al cabo de am Ende von
la **cabra** die Ziege
cada jeder
caer fallen
el **café** der Kaffee
café solo schwarzer Kaffee, Espresso
la **caja** die Schachtel, die Kasse
los **calamares** die Tintenfische
calamares fritos gebackene Tintenfische
la **calefacción** die Heizung
la **calidad** die Qualität
el **calor** die Hitze
hace calor es ist heiß
caluroso, -a warm, heiß
la **calle** die Straße
la **cama** das Bett
el **camarero** der Kellner
la **camarera** die Kellnerin
cambiar wechseln
el **cambio** der Wechsel, der Umtausch
el **camino** der Weg
la **camisa** das Hemd
la **camiseta** das T-Shirt
el **camping** der Campingplatz
el **campo** der (Spiel)-Platz
canadiense kanadisch
cansado, -a müde
la **cantidad** die Menge
la **caña** das Glas (Bier)
la **capacidad** das Fassungsvermögen, die Kapazität
la **cara** das Gesicht
el **caramelo** das Bonbon
la **caravana** der Wohnwagen
la **carne** das Fleisch
el **carnet** der Ausweis
el carnet de camping der Campingausweis
el carnet de identidad der Personalausweis
caro, -a teuer
carísimo, -a sehr teuer
la **carrera** die berufliche Laufbahn
la **carretera** die Landstraße
la **carta** der Brief
el **cartel** das Schild, der Anschlag
la **casa** das Haus
la casa de huéspedes das Gästehaus
casado, -a verheiratet
casi fast
Cataluña Katalonien
la **catedral** die Kathedrale
la **categoría** die Kategorie, die Klasse
catorce vierzehn
la **cena** das Abendessen
cenar zu Abend essen
el **céntimo** der Cent
el **centro** das Zentrum
cerca in der Nähe
la **cerilla** das Streichholz
cero null
cerrar schließen
cerrarse geschlossen werden
la **cerveza** das Bier
cien/ciento hundert
el **cigarrillo** die Zigarette
cilíndrico, -a zylindrisch
cinco fünf
cincuenta fünfzig
el **cine** das Kino
circular verkehren
la **ciudad** die Stadt
claro, -a klar, natürlich
la **clase** die Klasse, die Art
clásico, -a klassisch
el **cliente** der Kunde
el **clima** das Klima
el **club náutico** der Segelclub
cobrar kassieren
la **cocina** die Küche
la cocina amueblada die eingerichtete Küche
cocinar kochen
el **coche** der Wagen, das Auto
el **cochinillo** das Spanferkel
coger nehmen, mitnehmen
el **colegio** die (höhere) Schule
el **color** die Farbe
el **comedor** das Esszimmer
comenzar beginnen
comer essen
la **comida** das Essen
¿cómo? wie?
como (so) wie, da
como de costumbre wie gewöhnlich
cómodo, -a bequem
complementar ergänzen
completo, -a voll, komplett
la **compra** der Kauf
ir de compras einkaufen gehen

comprar kaufen
comprender verstehen; umfassen
el **comprimido** die Pille, die Tablette
comprobar nachprüfen
con mit
conmigo mit mir
contigo mit dir
la **condición** die Bedingung
en buenas condiciones in guter Verfassung
conocer kennen
conocido, -a bekannt
conseguir erlangen, erhalten
el **consomé** die klare Suppe, das Konsommee
construir bauen
construido, -a erbaut
contar zählen
contento, -a zufrieden
conveniente passend, wünschenswert
los **correos** die Post, das Postamt
correr laufen, rennen
la **corrida** der Stierkampf
cortar schneiden
la **cosa** das Ding, die Sache
coser nähen
la **costa** die Küste
costar kosten
la **costumbre** die Gewohnheit
creer glauben
la **crema** die Creme
el **cruce** die (Straßen-) Kreuzung
cruzar kreuzen, überqueren
¿cuál? welch etc.; was?
cualquier, -a irgendein, etc.
cuando wenn, wann
¿cuándo? wann?
¿cuánto? ¿cuánta? wie viel etc.?
cuarenta vierzig
el **cuarto** das Viertel; das Zimmer
… menos cuarto … Viertel vor …
… y cuarto … Viertel nach …
el cuarto de baño das Badezimmer
cuatro vier
cubano, -a kubanisch
cubierto, -a bedeckt
la **cuenta** die Rechnung
el **cuero** das Leder
la **cuestión** die Frage
la **culpa** die Schuld
el **cumpleaños** der Geburtstag
cumplir erfüllen, vollenden
el **cupón** der Abschnitt
el **cuñado** der Schwager
la **cuñada** die Schwägerin
cuyo, -a dessen etc.

CH

el **champú** das Shampoo
la **chaqueta** das Sakko, die Jacke
el **cheque de viaje** der Reisescheck
el **chico** der Junge
la **chica** das Mädchen
el **chocolate** die Schokolade
el **chorizo** stark gewürzte Paprikawurst
el **churro** das Spritzgebäck

D

dar geben
dar un paso einen Spaziergang machen
dar clases unterrichten
de von
deber schulden, müssen
decir sagen
dejar lassen, verlassen
delante (de) vor
demás anderes
demasiado zu sehr, zu viel
dentro innen
depender (de) abhängen (von)
el/la **dependiente** der Verkäufer, die Verkäuferin
el **deporte** der Sport
deportista sportlich
derecho, -a rechts
a la derecha auf der rechten Seite, rechts
desayunar frühstücken
el **desayuno** das Frühstück
descansar ausruhen
el **descanso** die Ruhepause
desde von
desde aquí von hier aus
desear wünschen
despacio langsam
despejado, -a heiter
después dann, danach
desviarse abbiegen
detestar hassen
detrás hinten

el **día** der Tag
buenos días guten Tag
el día del santo der Namenstag
diario, -a täglich
el **diciembre** der Dezember
diecinueve neunzehn
dieciocho achtzehn
dieciséis sechzehn
diecisiete siebzehn
diez zehn
la **diferencia** der Unterschied
difícil schwierig
la **digestión** die Verdauung
el **dinero** das Geld
la **discoteca** die Diskothek
la **distancia** die Entfernung
distinto, -a unterschiedlich, verschieden
divertirse sich vergnügen
doblar abbiegen
doble doppelt
doce zwölf
la **docena** das Dutzend
el **documento** das Dokument
el **dolor** der Schmerz
dolores de estómago Magenschmerzen
doméstico, -a häuslich
el **domicilio** das Heim, der Wohnsitz
el **domingo** der Sonntag
don Herr
doña Frau
donde wo
¿dónde? wo?
dorado, -a golden, vergoldet
dormilón, -a verschlafen, „schlafsüchtig"
el **dormitorio** das Schlafzimmer
doscientos, -as zweihundert
la **ducha** die Dusche
dulce süß
la **duración** die Dauer, die Länge
durante während
durar dauern
el **duro** der Duro, das 5-Peseten-Stück
duro, -a hart

E

echar werfen; geben, veranstalten
echar a correr zu laufen anfangen
echar una siesta eine Siesta machen
echarse a reír in Gelächter ausbrechen
la **edad** das Alter
¿qué edad tiene? wie alt sind Sie (ist er/sie)
efectivamente tatsächlich, genau
el der
él er
las **elecciones** die Wahlen
el **electrotrén** der elektrische Zug
ella sie
ellos, -as sie, ihnen
la **empleada** die Angestellte
el **empleado** der Angestellte
en in
encantado, -a angenehm, entzückt
encantar verzaubern, entzücken
encargarse sich kümmern
encima (de) oberhalb (von), über
por encima de über
encontrar finden, treffen
encontrarse sich befinden
enfrente (de) gegenüber (von), auf der gegenüberliegenden Seite
el **enero** der Januar
la **ensaladilla** der russische Salat
enseñar zeigen
entender verstehen
entonces so, dann
entrar eintreten, hineingehen
entregar aushändigen
los **entremeses** die Vorspeisen
entretener unterhalten
enviar schicken
la **época** die Zeit, der Zeitabschnitt
escribir schreiben
ese, -a dieser, diese
el **esmalte** der Nagellack
eso dieses
esos, -as diese
España Spanien
español, -a spanisch
especialmente besonders
especificar spezifizieren
esperar warten
el **esposo** der Ehemann
la **esposa** die Ehefrau
esquiar Ski fahren
el **establecimiento** das Unternehmen, die Niederlassung
la **estación** der Bahnhof; die Jahreszeit

estampado, -a gedruckt
el **estanco** der Tabakladen
estar sein
¿cómo estás? wie geht es dir?
está bien es geht/ist gut, in Ordnung
¿dónde está Estany? wo liegt Estany?
el **este** der Osten
este, -a dieser etc.
éste, -a dieser (alleinstehend) etc.
el **estilo** der Stil
esto dieses
el **estómago** der Magen
estos, -as diese
éstos, -as diese (alleinstehend)
la **estrella** der Stern
estropearse kaputtgehen
el/la **estudiante** der Student, die Studentin
estupendo, -a wunderbar, prima
eterno, -a ewig
el **euro** der Euro
el **expreso** der Schnellzug
extenderse sich erstrecken, sich ausdehnen
la **extensión** die Ausdehnung
extremo, -a äußerst
el **extremo** das Extrem; das äußerste Ende

F

la **faena** die Aufgabe, die Arbeit
la **falda** der Rock
la **fama** der Ruf
la **fantasía** die Phantasie
la **farmacia** die Apotheke
la **farmacéutica** die Apothekerin
favorito, -a Lieblings …
el **febrero** der Februar
la **fecha** das Datum
el **ferrocarril** die Eisenbahn
festivo, -a festlich
el día festivo der Feiertag
fijo, -a fest, festgesetzt
el precio fijo der Festpreis
el **fin** die Absicht, der Zweck
en fin schließlich
el **final** das Ende
al final (de) am Ende (von)
fino, -a fein
la **firma** die Unterschrift
la **ficha** der Zettel, das Formular
el **flan** die Karamellcreme
la **flor** die Blume
la **fonda** das Gasthaus
formar bilden
francés, -a französisch
freír braten
la **frecuencia** die Häufigkeit
con frecuencia häufig
la **fresa** die Erdbeere
frío, -a kalt
hace frío es ist kalt
frito, -a gebraten, frittiert
los calamares fritos die gebackenen Tintenfische
las patatas fritas Pommes Frites
la **fruta** das Obst
fuerte kräftig
fumar rauchen
el **fútbol** der Fußball

G

gallego, -a galicisch, aus Galicien
la **gamba** die Garnele
ganar gewinnen, verdienen
el **garaje** die Garage, die Werkstatt
la **garrafa** die Karaffe
el **gas** das Gas; die Kohlensäure
con/sin gas mit/ohne Kohlensäure
la **gasolina** das Benzin
la **gasolinera** die Tankstelle
el **gasolinero** der Tankwart
el **gazpacho** der Gazpacho (kalte, würzige Tomatensuppe)
general allgemein
en general im Allgemeinen
la **gente** die Leute
girar kreisen; abbiegen
el **girasol** die Sonnenblume
aceite de girasol Sonnenblumenöl
el **gobierno** die Regierung
gordo, -a grob, dick
gracias danke
muchas gracias vielen Dank
el **grado** der Grad
el **gramo** das Gramm
gran, grande groß
grave ernst

gris grau
grueso dick, grob
la **guapa** das hübsche Mädchen
guapo, -a hübsch, schön
gustar gefallen
  ¿te gusta? gefällt es dir? magst du es?
  no me gusta ich mag es nicht, es gefällt mir nicht
el **gusto** der Geschmack
  mucho gusto sehr erfreut, angenehm

H

la **habitación** das Zimmer
hablar sprechen
hacer tun, machen
  no me hace gracia das mag ich nicht, das gefällt mir nicht
  hacer la cama das Bett machen
  hacer las maletas die Koffer packen
hacia gegen
hasta bis
hay hier ist, hier gibt es
  hay que man muss
el **helado** das Eis
el **hermano** der Bruder
la **hermana** die Schwester
los **hermanos** die Geschwister
la **hija** die Tochter
el **hijo** der Sohn
los **hijos** die Kinder
histórico, -a historisch, geschichtlich
la **hoja de reclamaciones** das Beschwerdeblatt
¡hola! hallo!
el **hombre** der Mann, der Mensch
  ¡hombre! Mensch!
la **hora** die Stunde
  ¿qué hora es? wie spät ist es? wie viel Uhr ist es?
  a su hora rechtzeitig
el **horario** der Zeitplan, der Fahrplan
horizontal horizontal, waagrecht
horrible schrecklich
horroroso schauderhaft
el **hostal** die Gaststätte, das Hotel
el **hotel** das Hotel
hoy heute
el **huevo** das Ei

I

la **ida** die Hinfahrt
  ida y vuelta Hin- und Rückfahrt
el **idioma** die Sprache
igual gleich, gleichförmig
imaginar(se) (sich) vorstellen
la **imitación** die Nachahmung, das Imitat
importante wichtig
los **impuestos** die Steuern
incomparable unvergleichlich
el **indicador** das Hinweisschild, das Zeichen
el **ingeniero** der Ingenieur
Inglaterra England
inglés, -a englisch
interesar interessieren
el **invierno** der Winter
ir gehen
  ir a pie zu Fuß gehen
  ir de compras einkaufen gehen
  ir de paseo spazierengehen
la **isla** die Insel
  las islas Baleares die Balearen
  las islas Canarias die Kanarischen Inseln
el **itinerario** die Strecke, die Route
la **izquierda** die Linke, die linke Seite
  a la izquierda auf der linken Seite, links
izquierdo, -a links

J

el **jamón** der Schinken
  el jamón serrano der luftgetrocknete/geräucherte Schinken
el **jarabe** der Sirup, der Saft
el **jardín** der Garten
el **jefe** der Chef, der Vorgesetzte
los **jóvenes** die jungen Leute
el **jubilado** der Rentner
la **jubilada** die Rentnerin
el **jueves** der Donnerstag
jugar spielen
el **juguete** das Spielzeug
el **julio** der Juli

el **junio** der Juni
junto, -a zusammen
justo, -a gerecht; genau
cien euros justos genau 100 Euro

K

el **kilo** das Kilo
el **kilómetro** der Kilometer

L

la die
el **lado** die Seite
al lado (de) an der Seite (von), neben, nebenan
la **lana** die Wolle
largo, -a lange
la **lata** die Büchse, die Dose
el **lavabo** das Waschbecken
lavar waschen
la **leche** die Milch
la **lechuga** der Kopfsalat
leer lesen
lejos weit entfernt, weit weg
la **lengua** die Zunge, die Sprache
les ihnen, sie (Pl.)
levantarse aufstehen
libre frei
el **libro** das Buch
ligeramente leicht (Adverb)
ligero, -a leicht (Adjektiv)
limpiar saubermachen
liquidar auflösen; begleichen
el **litro** der Liter
lo (que) das (was)
loco, -a verrückt
la **localidad** der Sitz (Kino/Theater)
lograr erlangen
Londres London
luego dann, später
el **lugar** der Ort
lujoso, -a luxuriös
el **lunes** der Montag

LL

la **llamada** der Anruf
llamar (an)rufen
llamarse heißen, sich nennen
¿cómo se llama? wie heißen Sie?
la **llegada** die Ankuft
llegar ankommen
llenar füllen, volltanken
lleno, -a voll
llevar dabeihaben, hinbringen
llover regnen
lluvioso, -a regnerisch
la **lluvia** der Regen

M

el **maíz** der Mais
aceite de maíz Maisöl
mal schlecht, schlimm
malo, -a schlimm; krank
la **maleta** der Koffer
hacer la maleta den Koffer packen
mallorquín mallorquinisch
manchego, -a aus der Mancha
la **manicura** die Maniküre
la **mano** die Hand
la **manta** die Decke
la **mantilla** das Schultertuch
mañana morgen
pasado mañana übermorgen
por la mañana morgens
el **mar** das Meer, die See
la **marca** die Marke
marcar wählen (Telefon); legen (Haare)
marcharse weggehen, aufgeben
el **marido** der Ehemann
el **marisco** das Schalentier
marrón braun
el **martes** der Dienstag
el **marzo** der März
más mehr
más de/que mehr als
¿algo más? noch etwas?
más bien eher
el **matrimonio** das Ehepaar
la cama de matrimonio das Ehebett
la habitación de matrimonio das Doppelzimmer
el **mayo** der Mai
mayor älter, größer
la Plaza Mayor der Hauptplatz
la persona mayor der/die Erwachsene
el/la mayor der/die Erwachsene
mayormente hauptsächlich, überwiegend, meistens
la **medicina** die Medizin
el **médico** der Arzt
la **medida** das Maß, die Größe

medio, -a halb
media hora eine halbe Stunde
las dos y media halb drei
el **mediodía** der Mittag
medir messen, Maß nehmen
los **mejillones** die Muscheln
mejor besser
el **melocotón** der Pfirsich
menos weniger
las doce menos veinte zwanzig vor zwölf
la **mentira** die Lüge
el **menú** die Speisekarte; das Menü
merendar vespern, eine Zwischenmahlzeit einnehmen
la **merienda** die Zwischenmahlzeit, die Vesper
la **merluza** der Seehecht
el **mes** der Monat
la **mesa** der Tisch
meter (se) setzen, legen, stellen; sich einordnen
el **metro** der Meter; die U-Bahn
mexicano, -a mexikanisch
mi mein, etc.
el **miércoles** der Mittwoch
mil tausend
el **minuto** die Minute
mío, -a mein, etc.
mirar schauen, anschauen
mismo, -a selbst, sehr
el **modelo** das Modell
la **moldeadora** die leichte Dauerwelle
el **momento** der Augenblick
la **moneda** die Münze, das Wechselgeld
la **montaña** das Gebirge
montañoso, -a gebirgig
montar en bicicleta Rad fahren
la **mortadela** die Mortadella (Wurst)
el **mostrador de facturación** der Schalter
mostrar zeigen
la **moto** das Motorrad
la **mujer** die Frau
la **multa** die Strafe
la **muralla** die Mauer
muy sehr

N

nacer geboren werden
nacional national
la nacional uno die Staatsstraße Nr. 1
la **nacionalidad** die Nationalität, die Staatsangehörigkeit
nada nichts
de nada bitteschön (als Antwort auf einen Dank)
nadar schwimmen
la **naranja** die Orange
naturalmente natürlich
necesario, -a notwendig
necesitar brauchen
negro, -a schwarz
nevar schneien
ni … ni weder … noch
el **nieto** der Enkelsohn
la **nieta** die Enkeltochter
los **nietos** die Enkel
la **nieve** der Schnee
el **niño** der Junge
la **niña** das Mädchen
el **nivel** das Niveau, der Stand
no nein, nicht
la **noche** die Nacht
el **nombre** der Name
normal normal
normalmente gewöhnlich, im Allgemeinen
el **norte** der Norden
al norte (de) im Norden (von), nach Norden
nos uns
nosotros, -as wir
novecientos, -as neunhundert
la **novedad** die Neuigkeit, die Neuheit
la **novela** der Roman
noventa neunzig
el **noviembre** der November
la **novillada** der Stierkampf mit Jungstieren
el **novio** der Verlobte
la **novia** die Verlobte
la **nube** die Wolke
nubes alternas wechselnd bewölkt
nubloso, -a; nuboso, -a wolkig, bewölkt
nueve neun
el **número** die Nummer, die Zahl
nunca nie

O

o oder
el **octubre** der Oktober

ocurrir passieren
ochenta achtzig
ocho acht
odiar hassen
el **oeste** der Westen
la **oferta** das Angebot
la **oficina** das Büro
la oficina de turismo das Fremdenverkehrsamt
oir hören
el **ojo** das Auge
¡ojo! Achtung, aufgepasst!
la **oliva** die Olive
aceite de oliva Olivenöl
el **oro** das Gold
oscilar schwanken
el **otoño** der Herbst
otro, -a anderer etc.
la **oveja** das Schaf

P

el **padre** der Vater
los **padres** die Eltern
la **paella** die Paella (spanisches Reisgericht)
pagar bezahlen
parar sich aufhalten, anhalten
el **país** das Land
el **paisaje** die Landschaft
el **palco** die Loge (Theater)
el **pan** das Brot
el **pantalón**/los **pantalones** die Hose(n)
el **pañuelo** das Handtuch
el pañuelo de cuello das Halstuch
el **paquete** das Paket
el **par** das Paar
un par de zapatos ein Paar Schuhe
para für, nach
el **parabrisas** die Windschutzscheibe
la **parada** die Haltestelle
la parada de autobuses die Bushaltestelle
el **parador** der Parador (staatliches Hotel)
el **paraíso** das Paradies
parar anhalten
parecer scheinen
me parece que ich glaube, dass
¿qué le parece? was halten Sie davon?
el **parque** der Park
el parque infantil der Kinderspielplatz
el parque zoológico der Tierpark, der Zoo
la **parte** der Teil
participar teilnehmen
el **partido** das Spiel; die Partei
el partido de fútbol das Fußballspiel
pasar verbringen
pasadas dos horas nach zwei Stunden
el **pasaporte** der Pass
pasear(se) spazieren gehen
el **paseo** der Spaziergang
dar un paseo/ir de paseo spazieren gehen
la **patata** die Kartoffel
el **peaje** die Maut, die Autobahngebühr
pedir bestellen; nach etw. fragen, um etw. bitten
peinarse sich kämmen
la **película** der Film
el **pelo** das Haar
la **pelota** der Ball
el **peluquero** der Friseur
la **peluquera** die Friseuse
peninsular Halbinsel (auf Spanien bezogen)
pensar denken
la **pensión** die Pension
peor schlechter, schlimmer
el **pepino** die Gurke
pequeño, -a klein
perder verlieren
perderse sich verirren
perfectamente genau, perfekt
perfecto, -a perfekt
la **perfumería** die Parfümerie
el **periódico** die Zeitung
el **período** die Periode, der Zeitabschnitt
la **permanente** die Dauerwelle
pero aber
la **persona** die Person
la **pesadez** die Langeweile
el **pescado** der Fisch (als Gericht)
el **peso** das Gewicht
picante scharf
el **pie** der Fuß
a pie zu Fuß
la **piel** die Haut
la **pila** die Batterie
el **pimiento** der Paprika
la **piscina** das Schwimmbad
el **piso** das Stockwerk; die Wohnung
el primer piso der erste Stock

planchar bügeln
la **planta** die Pflanze; das Stockwerk
la primera planta der erste Stock
la **plata** das Silber
plateado, -a silbrig, versilbert
el **plato** der Teller; das Gericht
de primer plato als erster Gang
el plato combinado das Tellergericht
la **playa** der Strand
la **plaza** der Platz
el **plomo** das Blei
sin plomo bleifrei
poco, -a wenig
un poco (de) ein bisschen (von)
poder können
el **poliester** das Polyester
la **polipiel** das Kunstleder
poner setzen, legen, stellen
ponerse de acuerdo sich mit jdm. verständigen, Übereinstimmung erzielen
por durch, entlang, für
por allí/aquí hier in der Gegend/Nähe
por favor bitte
por encima de über, oberhalb von
por supuesto selbstverständlich
el **porciento** das Prozent
porque weil
¿por qué? warum?
posible möglich
la **posibilidad** die Möglichkeit
el **postre** der Nachtisch
de postre zum Nachtisch
potable trinkbar
el **precio** der Preis
a precio fijo zu einem festen Preis
precioso, -a kostbar, hübsch, schön
preferir bevorzugen
el **prefijo** die Vorwahl
la **pregunta** die Frage
el **premio Nobel** der Nobelpreis
preparado, -a vorbereitet, fertig
el **presidente** der Präsident, der Vorsitzende
la **presión** der Druck
la **primavera** der Frühling
primero, -a erst
de primer plato als erstes Gericht
la **prisa** die Eile
probar versuchen
probarse anprobieren
la **procedencia** die Herkunft
procedente de aus (Herkunft)
la **profesión** der Beruf
el **profesor** der Lehrer
la **profesora** die Lehrerin
el **programa** das Programm
programado, -a programmiert
prohibido, -a verboten
propio, -a eigen, besonders
la **provincia** die Provinz
el **pueblo** das Dorf
el **puente** die Brücke
el **puerto** der Hafen
pues nun, da
el **punto** der Punkt
en **punto** pünktlich

Q

que das, der, die
¿qué? was? welcher?
quedar(se) bleiben
querer wollen, lieben
querer decir meinen, heißen
quisiera ich möchte
el **queso** der Käse
quien der etc.; wer
¿quién? wer?
quince fünfzehn
quinientos, -as fünfhundert
el **quinqué** die Petroleumlampe

R

la **ración** die Portion
el **rápido** der Express(zug)
rápido, -a schnell
la **raqueta** der Schläger (Tennis)
el **rato** die Weile
dentro de un rato innerhalb kurzer Zeit
realmente wirklich
rebajado, -a reduziert, herabgesetzt
la **recepción** der Empfang
el **recepcionista** der Hotelportier, der Empfangschef
recibir empfangen, erhalten
la **recogida** die Sammlung
recomendar empfehlen
recto, -a gerade
todo recto immer geradeaus
el **recuerdo** das Andenken

el **reflejo** der Reflex
los reflejos colorantes die Strähnchen (Friseur)
el **regalo** das Geschenk
la **región** die Region
regional regional
regresar zurückkehren
regular regeln, regulieren
¿cómo estás? regular wie geht's dir? so lala
la **reina** die Königin
reír lachen
echarse a reír loslachen
relajante entspannend
el **reloj** die Uhr
rellenar ausfüllen; wieder auffüllen
reparar reparieren
el **repuesto** der Ersatz
retirar zurückziehen, abholen
el **retraso** die Verspätung
el **retrete** die Toilette
el **rey** der König
rico, -a reich; köstlich
el **río** der Fluss
rojo, -a rot
el **rollo** der Quatsch
romano, -a römisch; Natur ... (Küche)
la **ropa** die Kleidung, die Wäsche
rubio, -a blond
la **rueda** das Rad, der Reifen
la rueda de repuesto der Ersatzreifen

S

el **sábado** der Samstag
saber kennen, wissen
no sé ich weiß nicht
sacar herausnehmen, holen
la **sal** das Salz
la **salida** der Ausgang; die Abfahrt (-szeit)
salir ausgehen; abfahren
salir de compras Einkäufe machen
el **salón** das Wohnzimmer, der Aufenthaltsraum
la **sandalia** die Sandale
el **santo**/la **santa** der/die Heilige
el día del santo der Namenstag
santo, -a heilig
la sardina die Sardine
se selbst, sich
sea: o sea das heißt
el **secador de mano** der Handföhn
secar trocknen
la **sección** die Abteilung
seco, -a trocken
la **sed** der Durst
la **seda** die Seide
la seda natural die Naturseide
seguida: en seguida sofort
seguido: todo seguido immer geradeaus
seguir fortfahren, folgen
según entsprechend
segundo, -a zweiter etc.
de segundo als zweiten Gang
seguro, -a sicher, gewiss
seis sechs
la **selva** der (Ur)Wald
la **semana** die Woche
el **semidirecto** der Eilzug
sencillamente einfach
sencillo, -a einfach
la habitación sencilla das Einzelzimmer
el **sentido** die Richtung
sentir fühlen, empfinden
lo siento es tut mir Leid
la **señal** das Signal, das Zeichen
el **señor** der Herr
la **señora** die Dame
la **señorita** das Fräulein
el **septiembre** der September
ser sein
el **servicio** der Service; die Verbindung
los **servicios** die Toiletten
servir bedienen, dienen
sesenta sechzig
setecientos, -as siebenhundert
setenta siebzig
sevillano, -a aus Sevilla
el **sexo** das Geschlecht
si wenn
sí ja
siempre immer
la **sierra** das Gebirge
la **siesta** die Siesta, die Ruhepause
dormir/echar la siesta eine Siesta halten
siete sieben
el **siglo** das Jahrhundert

significar bedeuten
siguiente folgend
lo siguiente das Folgende
sin ohne
sin gas ohne Kohlensäure
el **sitio** der Platz
sobre auf
sobre todo vor allem
el **sol** die Sonne
solamente nur
sólo nur
solo, -a allein
el café solo der schwarze Kaffee
soltero, -a ledig, allein stehend
solucionar lösen; retten
la **sombra** der Schatten
el **sombrero** der Hut
la **sopa** die Suppe
el **sótano** das Untergeschoss
su; sus sein, ihr etc.
suave sanft, mild
el **subterráneo** der Untergrund; die U-Bahn
subterráneo, -a unterirdisch
sucio, -a schmutzig
suelto, -a lose, getrennt
la **suerte** das Glück
sumar zusammenzählen
(la) **súper** (das) Superbenzin
supuesto: por supuesto selbstverständlich, natürlich
el **sur** der Süden
suyo, -a sein, seine, ihr, ihre

T

el **tabaco** der Tabak
tal so
¿qué tal? wie geht's?
tal vez vielleicht
la **talla** die Größe
el **taller** die Werkstatt
el **tamaño** das Ausmaß; die Größe
también auch
tampoco auch nicht
tanto, -a so viel etc.; so sehr
tanta gente so viele Leute
las **tapas** die kleinen Appetithäppchen
tardar en zögern zu; lange brauchen zu etwas
¿cuánto tiempo tarda en llegar? wann kommt er an?
tarde spät
la **tarde** der Nachmittag
buenas tardes guten Tag
la **tarjeta** die Karte
la tarjeta de crédito die Kreditkarte
la **tarta helada** die Eistorte
el **taxista** der Taxifahrer
el **teatro** das Theater
la obra de teatro das Theaterstück
la **Telefónica** die Telefongesellschaft
el **teléfono** das Telefon
la **televisión** das Fernsehen
la **temperatura** die Temperatur
templado, -a mild, lauwarm
la **temporada** die Jahreszeit
alta/baja temporada Hoch-/Nachsaison
temprano, -a früh
el **tenedor** die Gabel
tener haben
¿cuántos años tiene Vd.? wie alt sind Sie?
tener que müssen
el **tenis** das Tennis
tercero, -a dritter, etc.
la **tercera planta** der dritte Stock
el **tercer número** die dritte Zahl
la **terminación** die Machart
terminar beenden
la **ternera** das Kalbfleisch
la **terraza** die Terrasse
ti dir, dich etc.
el **tiempo** die Zeit; das Wetter
la **tienda** der Laden, das Geschäft
el **(vino) tinto** der Rotwein
típico, -a typisch
el **tipo** der Typ, die Art
todo, -a alles, jeder etc.
sobre todo vor allem
todo seguido/todo recto immer geradeaus
tomar nehmen; trinken
el **tomate** die Tomate
el **tono** der Ton, die Schattierung
el **torero** der Stierkämpfer
la **tormenta** der Sturm, das Gewitter
el **torneo** der Wettkampf, das Turnier

la **tortilla** das Omelett
la tortilla de patatas das Kartoffelomelett
total insgesamt
el **total** die Gesamtsumme
trabajar arbeiten
el **trabajo** die Arbeit
el trabajo doméstico die Hausarbeit
traer bringen
el **traje** der Anzug
tranquilo, -a ruhig
el **traslado** der Transfer; der Umzug
trece dreizehn
treinta dreißig
el **tren** der Zug
tres drei
trescientos, -as dreihundert
la **trucha** die Forelle
tu dein etc.
tú du
el **turismo** der Tourismus, der Fremdenverkehr
la oficina de turismo das Fremdenverkehrsbüro
el/la **turista** der Tourist, die Touristin
tuyo, -a deiner etc.

U

último, -a letzter etc.
un, -a ein
único, -a einzig
el **uso** der Gebrauch
usted Sie (Sg.)
ustedes Sie (Pl.)
útil nützlich

V

la **vaca** die Kuh
las **vacaciones** die Ferien
vago, -a faul, müßig
la **vainilla** die Vanille
valer wert sein, kosten
¿cuánto vale? was kostet das?
vale okay, alles in Ordnung
valenciano, -a aus Valencia
el **valle** das Tal
la **variación** die Variante; die Abwechslung
variado, -a verschieden etc.
tapas variadas verschiedene *Tapas*
la **variedad** die Vielfalt
varios, -as verschiedene
el **vaso** das Glas
el **vecino** der Nachbar
la **vecina** die Nachbarin
vecino, -a benachbart
vegetal pflanzlich
aceite vegetal Pflanzenöl
veinte zwanzig
veinticinco fünfundzwanzig
vender verkaufen
el **vendedor** der Verkäufer
la **vendedora** die Verkäuferin
venir kommen
ver sehen
a ver mal sehen
el **verano** der Sommer
la **verdad** die Wahrheit
no es verdad das ist nicht wahr
verde grün
vertical vertikal, senkrecht
el **vestido** das Kleid
vestirse sich anziehen
la **vez** das Mal
a veces manchmal
algunas veces hin und wieder
en vez de anstelle von
más de una vez mehr als einmal
viajar reisen
el **viaje** die Reise
viejo, -a alt
el **viernes** der Freitag
el **viento** der Wind
el **vinagre** der Essig
el **vino** der Wein
el **visitante** der Besucher
visitar besuchen
viudo, -a verwitwet
vivir leben
volver zurückkommen, zurückgehen
vosotros, -as ihr
el **vuelo** der Flug
la **vuelta** die Rückfahrt, Rückkehr; das Wechselgeld

W

el **water** die Toilette

Y

y und
ya schon
yo ich

Z

el **zapato** der Schuh
el **(parque) zoológico** der Zoo
el **zumo** der Saft